테마별로 배우는

통합형
세계사
교과서

A SHORT
HISTORY
OF THE
WORLD

II

테마별로 배우는

통합형
세계사
교과서

A SHORT HISTORY OF THE WORLD

알렉스 울프 지음 · 김민수 옮김

II

빅북

서문

중국의 마오쩌둥 주석에게 1789년의 프랑스 혁명을 어떻게 생각하느냐고 묻자 "평가를 내리기에는 너무 이르다."는 응답이 돌아왔다. 어쩌면 그의 대답이 정답일지도 모른다. 역사에 대한 견해와 글쓰기는 긴 안목이 필요한 작업이다. 역사 서술을 특징짓는 패턴과 주기가 전체적인 모습을 드러내기까지 상당한 시간이 걸리기 때문이다. 21세기의 관점에서 볼 때 현재의 역사는 손에 뚜렷하게 잡히지 않을 수 있다. 뉴스는 24시간 정신없이 쏟아져 나오고, 세계를 뒤흔들고 역사에 길이 남을 만한 사건들이 쉴 새 없이 일어난다.

역사는 우리가 이해할 수 있는 능력보다 빠른 속도로 흘러간다. 어제의 뉴스는 하루 만에 해묵은 느낌이 들고, 한 달 전 헤드라인은 이미 시대에 뒤쳐진 뉴스가 되어 버린다. 이렇다 보니 저 까마득한 1789년 프랑스 혁명에서 우리가 과연 무엇을 배울 수 있을지 의구심이 드는 것도 무리가 아니다. 그러나 이것이 바로 역사적 관점에 숨어 있는 속임수다. 우리의 집단의식 속에서 현재로부터 가까운 과거는 현재로부터 더 먼 과거보다 큰 자리를 차지하고 있다. 따라서 우리는 18세기나 그 이전에 일어난 어떤 사건보다도 현재로부터 좀 더 가까운 과거에 일어난 사건이 더 중요하다고 여긴다. 마찬가지로 이전 세대 사람들은 의심의 여지없이 자신의 시대가 가장 중요하다고 생각했을 것이다.

세계사는 한 걸음 물러서서 긴 안목으로 역사를 바라볼 수 있는 기회를 제공한다. 세계사를 통해 좀 제한된 범위의 역사 속에서는 덜 뚜렷해 보였던 현상이나 폭넓은 패턴과 주기를 한눈에 파악할 수 있다. 한 걸음 물러서서 바라보면 과거와 현재가 놀랄 만큼 닮았다는 사실을 알 수 있다. 전혀 다른 시대와 장소에서 공통적인 테마가 그대로 되풀이되고 있는 것이다. 우리는 기원전 1400년 미타니 왕국과 이집트 간에 영토와 자원을 놓고 벌였던 충돌을, 19세기와 20세기 중국과 일본 사이의 영토 분쟁에서 다시 볼 수 있다. 기원후 1~2세기 팔레스타인에서 로마

의 지배를 받던 유대인들이 자유와 민족자결권 쟁취를 위해 일으킨 반란이, 현대 스리랑카에서 타밀족과 신할리족이 민족자결권을 놓고 벌이는 내전에서 그대로 재현되고 있다. 존재의 의미를 알고 싶다는 고대 그리스 철학자들의 열망을 오늘날 그들의 후배 철학자들이 똑같이 품는다. 기원전 3세기 아쇼카 왕이 불교를 장려하는 과정에서 개인이 대중 운동을 불러일으킬 수 있음을 보여 주었듯이, 2200년 후 마하트마 간디 역시 시민 불복종 운동을 통해 개인이 가진 힘을 증명해 보였다.

이 책은 1, 2권에 걸쳐 6~7백만 년 전 아프리카에서 시작된 인류 최초의 역사에서부터 복잡하고 세계화된 2008년까지의 세계를 다룬다. 나는 누구나 부담 없이 읽을 수 있는 책을 쓰고 싶었다. 따라서 이 책을 읽기 위해 미리부터 역사에 대한 깊이 있는 지식을 갖춰야 할 필요는 없다.

나는 인류의 전체 역사를 쭉 훑어본다는 느낌으로 이 책을 썼다. 책을 읽고 나면 독자는 선사시대 아프리카의 숲과 대초원에서 수렵 생활을 하며 무리를 지어 다녔던 인류가 오늘날 사람들로 북적이는 마을과 도시에서 인터넷으로 소통하고 아이팟으로 음악을 듣게 되기까지 하나의 종(種)으로서 어떻게 진화해 왔는지 좀 더 분명하게 이해하게 될 것이다.

미래의 학자들은 역사를 이해하려는 우리의 노력을 어떻게 평가할까? 지금 우리가 이해하고 있는 과거가 세월의 검증에도 살아남을 수 있는, 정녕 폭넓은 의미의 과거일까? 아니면 우리가 쓴 역사를 언젠가는 누군가가 또 다른 버전으로 다시 쓰게 될까? 지금 당장 판단을 내리기에는 너무 이른 문제다.

2011년 8월
알렉스 울프

II 근세 시대에서 근·현대 시대까지

서문 4

Part 1 근세 시대 : 1500 ~ 1783년

Lecture 1 새로운 시대의 여명 1494 ~ 1559   16

Lecture 2 유럽인의 탐험 시대 1415 ~ 1600   19

Lecture 3 유럽의 종교 개혁 1517 ~ 1618   23

Lecture 4 30년 전쟁 시대의 유럽 1618 ~ 1648   27

Lecture 5 발트 해에서 스웨덴의 팽창 1521 ~ 1721   31

Lecture 6 러시아의 팽창 1492 ~ 1783   35

Lecture 7 절대왕정 시대의 유럽 1648 ~ 1715   39

Lecture 8 18세기 유럽 1715 ~ 1783   42

Lecture 9 유럽 자본주의의 등장 1492 ~ 1775   46

Lecture 10 유럽 계몽주의 1650 ~ 1800   50

Lecture 11 오스만 제국의 번성 1492 ~ 1640   54

Lecture 12 오스만 제국의 쇠퇴 1640 ~ 1783   58

Lecture 13 페르시아 사파비 제국과 인도 무굴 제국의 발흥 1500 ~ 1779   62

Lecture 14 인도 무굴 제국 1605 ~ 1765   66

Lecture 15 명나라 1368 ~ 1644   70

Lecture 16 청나라의 번성 1644 ~ 1783   73

Lecture 17 일본 1500 ~ 1800   77

Lecture 18 동남아시아 1500 ~ 1800   81

Lecture 19 아프리카 왕국 1500 ~ 1800   85

Lecture 20 스페인의 아메리카 침략 1550 ~ 1783   89

Lecture 21 유럽의 북아메리카 탐험 1500 ~ 1700   93

Lecture 22 식민지 시대의 북아메리카 1650 ~ 1775   97

Lecture 23 미국 독립 전쟁 1763 ~ 1783   101

Part 2 19세기 : 1783 ~ 1914년

Lecture 1 프랑스 혁명 1789 ~ 1799   106

Lecture 2 나폴레옹 시대의 유럽 1800 ~ 1815   111

Lecture 3 산업 혁명 1770 ~ 1914   114

Lecture 4 산업 혁명의 영향 1800 ~ 1914   118

Lecture 5 유럽 민족주의의 성장 1815 ~ 1849   122

Lecture 6 독일과 이탈리아의 통일 1815 ~ 1871   126

Lecture 7 러시아 제국 1783 ~ 1917   131

Lecture 8 유럽 동맹 체제 1871 ~ 1914   135

Lecture 9 오스만 제국의 종말 1783 ~ 1923   139

Lecture 10 미국의 서부 개척 1783 ~ 1910   144

Lecture 11 미국 남북전쟁 1861 ~ 1865   148

Lecture 12 미국의 산업 확장 1800 ~ 1914   152

Lecture 13 캐나다의 발전 1763 ~ 1914   156

Lecture 14 라틴아메리카 대륙의 독립 운동 1783 ~ 1830   160

Lecture 15 독립 이후의 라틴아메리카 1830 ~ 1910   164

Lecture 16 인도와 영국 1765 ~ 1905   168

Lecture 17 청나라의 쇠퇴 1783 ~ 1911   172

Lecture 18 일본의 근대화 1800 ~ 1914   176

Lecture 19 동남아시아에서의 식민주의 1790 ~ 1914   180

Lecture 20 오스트레일리아와 뉴질랜드에서의 식민주의 1788 ~ 1914   184

Lecture 21 아프리카 1800 ~ 1880   188

Lecture 22 아프리카 쟁탈전 1880 ~ 1914   192

Lecture 23 과학과 기술 1783 ~ 1900   196

Part 3 근·현대 시대 : 1914 ~ 2010년

Lecture 1 1차 세계대전 1914 ~ 1918   202

Lecture 2 러시아 혁명과 소비에트 연방 1917 ~ 1939   207

Lecture 3 1, 2차 세계대전 사이의 유럽 1918 ~ 1939   211

Lecture 4 미국과 캐나다 1914 ~ 1945   216

Lecture 5 유럽의 2차 세계대전 1939 ~ 1945   220

Lecture 6 홀로코스트 1942 ~ 1945   225

Lecture 7 군국주의 일본의 팽창 1914 ~ 1941   229

Lecture 8 태평양에서의 2차 세계대전 1941 ~ 1945   233

Lecture 9 중화민국 1911 ~ 1949   237

Lecture 10 인도의 독립 1905 ~ 1949   241

Lecture 11 동서 냉전 시대 1945 ~ 1989   246

Lecture 12 미국과 캐나다 1945 ~ 2007   250

Lecture 13 소비에트 연방과 전후 러시아 1945 ~ 2007   254

Lecture 14 유럽 1945 ~ 2007   259

Lecture 15 중화인민공화국 1949 ~ 2007   263

Lecture 16 한국과 일본 1945 ~ 2007   267

Lecture 17 동남아시아 1914 ~ 2007   272

Lecture 18 인도차이나 전쟁 1954 ~ 1979   276

Lecture 19 중앙아시아와 남아시아 1948 ~ 2007   280

Lecture 20 오스트레일리아와 뉴질랜드 1914 ~ 2007   284

Lecture 21 중동 1923 ~ 2007   288

Lecture 22 아랍 민족과 이스라엘의 갈등 1948 ~ 2007   292

Lecture 23 이슬람교의 부흥 1979 ~ 2007   297

Lecture 24 아프리카 1914 ~ 2007   301

Lecture 25 라틴아메리카 1910 ~ 2007   305

Lecture 26 환경의 위협 1970 ~ 2007   310

Lecture 27 과학, 기술, 의학의 발전 1900 ~ 2007   314

Lecture 28 미래로 2008 ~   318

세계사와 한국사 연표

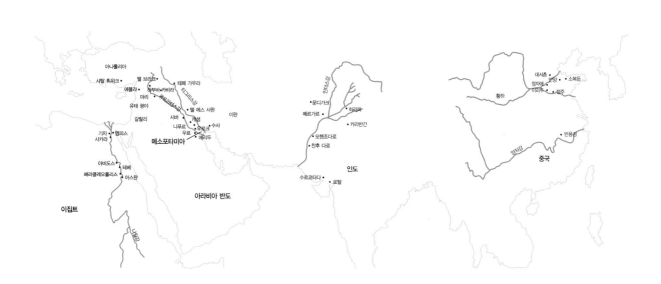

초기 정착 사회 분포도
이런 인류 초기의 사회는 기원전 1만~2만년 사이에 형성되었는데 티그리스·유프라테스강 유역, 나일강 유역, 인더스강 유역, 황하강 유역의 네 지역에 집중되어 있다. 이렇게 해서 '4대 고대문명'이 형성되기에 이르렀다.

I 선사 시대에서 중세 시대까지

서문 4

Part 1 선사 시대 : BC 700만 년 ～ BC 1만 년

Lecture 1 인류의 기원 BC 700만 ~ BC 200만　　　　　　　16

Lecture 2 인류의 정착 생활 BC 200만 ~ BC 4만　　　　　　　19

Lecture 3 인류의 발전 BC 4만 ~ BC 8천　　　　　　　22

Part 2 고대 시대 : BC 1만 년 ~ BC 500년

Lecture 1 수렵에서 농경까지 BC 8000 ~ BC 3000　　　　　　28

Lecture 2 초기 농경 사회 BC 8000 ~ BC 2000　　　　　　32

Lecture 3 문명의 시작 BC 4500 ~ BC 2000　　　　　　35

Lecture 4 중동의 초기 문명 BC 9000 ~ BC 4300　　　　　　39

Lecture 5 수메르 문명 BC 4300 ~ BC 2334　　　　　　43

Lecture 6 메소포타미아 최초의 제국 BC 2334 ~ BC 1595　　　　　　47

Lecture 7 메소포타미아의 왕국과 제국 BC 1595 ~ BC 1000　　　　　　51

Lecture 8 아시리아 제국과 바빌로니아 제국 BC 1000 ~ BC 539　　　　　　56

Lecture 9 히브리인 BC 1200 ~ BC 539　　　　　　60

Lecture 10 아케메네스 왕국 BC 559 ~ BC 480　　　　　　64

Lecture 11 초기 이집트 문명 BC 6000 ~ BC 2040　　　　　　68

Lecture 12 이집트 중왕국 BC 2040 ~ BC 1532 · · · · · · · · · · 72

Lecture 13 신왕국과 후기 이집트 BC 1532 ~ BC 332 · · · · · · · · · · 75

Lecture 14 인더스 문명 BC 3300 ~ BC 1700 · · · · · · · · · · 79

Lecture 15 베다 시대 BC 1700 ~ BC 500 · · · · · · · · · · 83

Lecture 16 동아시아 최초의 문명 BC 6000 ~ BC 221 · · · · · · · · · · 87

Lecture 17 중앙아시아의 민족들 BC 6000 ~ BC 400 · · · · · · · · · · 91

Lecture 18 신석기와 청동기 시대의 유럽 BC 6500 ~ BC 500 · · · · · · · · · · 95

Lecture 19 에게 문명의 등장 BC 3000 ~ BC 1100 · · · · · · · · · · 99

Lecture 20 그리스의 번영 BC 1100 ~ BC 480 · · · · · · · · · · 103

Lecture 21 페니키아인과 카르타고인 BC 900 ~ BC 480 · · · · · · · · · · 107

Lecture 22 아메리카 대륙의 문명 BC 4000 ~ BC 200 · · · · · · · · · · 110

Lecture 23 아프리카 대륙의 문명 BC 7000 ~ BC 500 · · · · · · · · · · 114

Part 3 고전 시대 : BC 500년 ~ AD 500년

Lecture 1 고대 그리스 BC 500 ~ BC 435 · · · · · · · · · · 120

Lecture 2 그리스와 마케도니아 BC 435 ~ BC 336 · · · · · · · · · · 124

Lecture 3 알렉산더 대왕과 헬레니즘 세계 BC 336 ~ BC 30 · · · · · · · · · · 128

Lecture 4 파르티아와 사산조 페르시아 BC 238 ~ AD 636 · · · · · · · · · · 132

Lecture 5 에트루리아 문명과 로마의 등장 BC 800 ~ BC 290 · · · · · · · · · · 136

Lecture 6 로마 공화국 후기 BC 290 ~ BC 27 · · · · · · · · · · 140

Lecture 7 로마 제국 BC 27 ~ AD 300 · · · · · · · · · · 144

Lecture 8 서로마 제국의 몰락 AD 300 ~ 476 · · · · · · · · · · 148

Lecture 9 켈트족 BC 500 ~ AD 500 · · · · · · · · · · 152

Lecture 10 게르만족과 스텝 지대의 민족들 BC 400 ~ AD 500 · · · · · · · · · · 156

Lecture 11 초기 비잔틴 제국 AD 480 ~ 629 · · · · · · · · · · 160

Lecture 12 인도 마우리아 왕조 BC 500 ~ AD 50 164

Lecture 13 인도 쿠샨 왕조와 굽타 왕조 AD 50 ~ 550 168

Lecture 14 한 제국 BC 221 ~ AD 220 172

Lecture 15 중국의 전국 시대 AD 220 ~ 589 176

Lecture 16 남동아시아와 태평양 BC 300 ~ AD 500 180

Lecture 17 마야 문명 BC 200 ~ AD 900 184

Lecture 18 멕시코와 남아메리카 BC 200 ~ AD 700 188

Lecture 19 아프리카 BC 500 ~ AD 500 192

Lecture 20 기술의 발전 BC 500 ~ AD 600 196

Lecture 21 동양의 종교 BC 600 ~ AD 500 200

Lecture 22 서양의 종교 BC 500 ~ AD 500 203

Part 4 중세 시대 : AD 500 ~ 1500년

Lecture 1 카롤링거 제국 600 ~ 814 210

Lecture 2 바이킹 시대의 유럽 793 ~ 1100 214

Lecture 3 신성로마 제국 962 ~ 1806 218

Lecture 4 기독교 제국 500 ~ 1300 222

Lecture 5 봉건 유럽 1000 ~ 1300 226

Lecture 6 중세 유럽의 전쟁과 전염병 1000 ~ 1400 230

Lecture 7 부활하는 유럽의 마을과 도시 1000 ~ 1500 234

Lecture 8 이슬람교의 탄생과 확산 622 ~ 750 238

Lecture 9 아바스 제국 750 ~ 1037 242

Lecture 10 비잔틴 제국 629 ~ 1453 246

Lecture 11 투르크 제국 1037 ~ 1453 250

Lecture 12 십자군 전쟁 1095 ~ 1291 254

Lecture 13 유럽의 르네상스 1400 ~ 1500   258

Lecture 14 아프리카 500 ~ 1500   262

Lecture 15 인도 550 ~ 1500   266

Lecture 16 수나라와 당나라 589 ~ 907   270

Lecture 17 송나라 907 ~ 1279   273

Lecture 18 몽골 제국 1204 ~ 1405   277

Lecture 19 한국과 일본 600 ~ 1500   281

Lecture 20 동남아시아 500 ~ 1500   285

Lecture 21 북아메리카와 태평양 500 ~ 1500   289

Lecture 22 톨텍과 아스텍 문명 800 ~ 1520   293

Lecture 23 남아메리카와 잉카 문명 1000 ~ 1533   296

Lecture 24 세계의 종교 500 ~ 1500   300

세계사와 한국사 연표   303

A SHORT
HISTORY
OF THE
WORLD

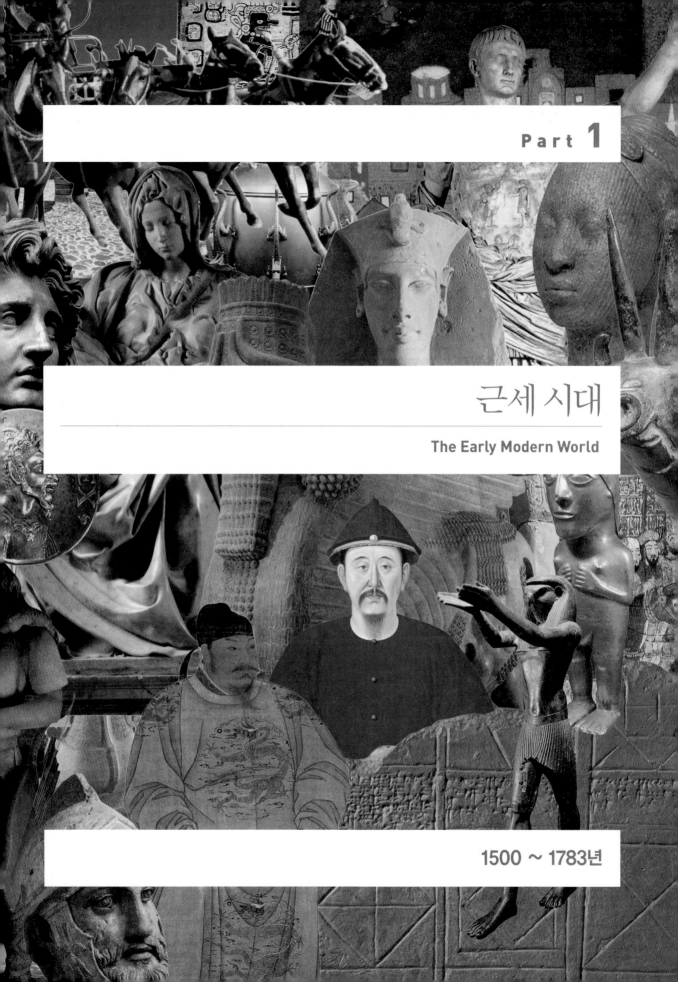

Part 1

근세 시대
The Early Modern World

1500 ~ 1783년

새로운 시대의 여명

1494~1559

A SHORT HISTORY OF THE WORLD

15세기와 16세기가 만나는 시점은 유럽과 세계 역사에서 후대 역사학자들이 '근세 시대'라고 부르는 시기가 시작된 대변혁의 시대였다. 1490년대 초부터 유럽 국가들은 무역로를 개척하고 새로운 영토를 식민지화하면서 세계를 탐험하기 시작했다. 이후 수 세기에 걸쳐서 세계 여러 지역이 이전과는 비교도 안 될 만큼 많은 교류를 하고, 서로 영향을 주고받게 되었다. 이 시대를 지배할 새로운 세계 열강은 스페인과 포르투갈, 프랑스, 네덜란드, 영국이었다. 유럽 내부적으로 근세 시대의 주된 화두와 이 시기에 이루어진 변화에는 종교 개혁과 그에 따른 종교적 갈등, 절대 군주의 등장, 민족 국가의 발흥, 과학 혁명, 자본주의 발전 그리고 도시화 등이 있다.

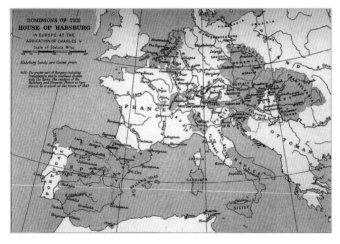

● 1547년 뮐베르크 전쟁 이후에 합스부르크 제국이 만든 지도

1490년대에 영국과 프랑스, 스페인의 왕들은 내부 정적과 싸워서 승리하고 왕국 내에서 확고한 지위를 확립했다.(1권 258-261쪽 참조) 한편 중세 시대에 권력이 분산되는 데 일조한 오랜 봉건적 유대가 해체되었다. 대신, 왕정으로 권력이 집중되기에 이르렀다. 국왕이 충성심을 확보할 필요가 있는 유력 귀족과, 보호와 권력을 갈망하는 약소 귀족에게 관직을 제공하면서, 왕정은 규모 면에서 눈에 띄게 성장했다. 하지만 이 당시가 강력한 중앙집권 국가였을 거라고 확대 해석하는 건 금물이다. 지방에서는 여전히 영주들이 굳건한 지위를 유지했고 국경은 유동적이었으며 민족 국가라는 개념은 아직 매우 낯선 것이었다. 일례로, 스페인은 아라곤 왕국과 카스티야 왕국으로 구성되어 있었고, 1512년에는 여기에 작은 공국들로 구성된 나바라 왕국까지 가세했다. 스페인에서 정치적 안정은, 왕이 이들 소왕국들의 전통과 특권을 존중하려는 의지 여부에 따라 좌우되었다. 프랑스에서도 권력은 상당히 분산되어 있었다. 25개 주 가운데 16개만 왕권의 지배를 받았고 그마저도 지역마다 법이 달랐다.

합스부르크 제국

1500년대 초에 유럽의 오랜 왕조들 가운데 하나인 합스부르크 왕조는 혼인을 통해서 강력한 제국을 완성했다. 그리고 이 제국이 향후 200년간 유럽을 지배했다. 13세기 이후로 합스부르크 왕조가 신성 로마 제국을 지배했다.(1권 221쪽 참조) 16세기에 이르러 이 제국은 오스트리아와 독일로 축소되었다. 황제 막시밀리안 1세(재위 1493-1519)는 부르고뉴 공작 가문과의 결혼을 통해서 베네룩스 3국과 프랑슈콩테 지방을 합스부르크 영토에 추가했다. 막시밀리안의 아들 미남왕 펠리페 1세는 스페인과 그 자치령인 마요르카, 시칠리아, 나폴리, 신세계 식민지의 후계자인 후아나와 결혼했다. 그에 따라 펠리페의 아들 카를 5세(재위 1519-1556)는 샤를마뉴 시대 이후로 유럽에서 가장 큰 제국을 물려받았다. 카를 5세는 1522년에 밀라노를 합병시켰다. 또한 나폴리와 플로렌스, 피에몬테를 침략한 프랑스군을 상대로 승리하고 이탈리아에 대한 합스부르크의 지배를 확실히 했다.

카를 5세는 또한 오스만 제국이 1529년에 빈을 공격하자 이를 물리쳤으며, 이슬람 제국의 위협으로부터 지중해 여러 나라와 헝가리, 오스트리아 같은 유럽 기독교 국가들을 보호하는 책임을 떠맡았다. 1535년에는 튀니스를 점령하면서 북아프리카에 거점을 마련하기도 했지만, 이 거점은 1574년에 이르러 다시 오스만 제국에게 넘어갔다. 카를 5세는 네덜란드와 스페인을 직접 다스리면서, 동생인 페르디난드 1세에게 오스트리아를 넘겨주었다. 페르디난드 1세는 정략 결혼으로 1526년에 헝가리와 보헤미아를 획득했다. 이때부터 합스부르크 왕조는 카를 5세로부터 내려오는 스페인 혈통과 페르디난드 1세로부터 이어지는 오스트리아 혈통, 두 갈래로 나뉘었다. 스페인 혈통을 계승한 펠리페 2세(재위 1556-1598)는 계속해서 카를 5세의 정책을 이어갔다. 신세계 제국을 개척하면서 많은 이익을 챙기는 한편, 아메리카대륙에서 생산되는 은을 이용해 유럽에서 벌이는 군비로 충당했다.

● '상냥한 왕'으로 알려진 샤를 8세는 1483년부터 1498년까지 프랑스의 국왕을 지냈다. 그는 겨우 13세의 나이로 왕좌에 오르는 데 성공했다.

이탈리아 전쟁

새로운 시대가 도래 했음에도 불구하고 군주들의 마음속에는 왕조가 지속되었다. 때로는 군주의 위치보다 왕조의 일원이라는 사실에 더욱 집착할 정도였다. 프랑스 왕 샤를 8세가 1494년에 이탈리아를 침공한 것도 프랑스의 영광을 위해서가 아니었다. 단지 친할머니를 근거로 나폴리 왕국에 대한 가상의 영유권을 주장한 것에 불과했다. 하지만 이탈리아 침공은 재앙에 가까운 실패로 끝이 났다. 그리고 1559년까지 이탈리아 반도에서 르네상스가 남긴 유산을 위협하는 파괴적이고 긴 전쟁이 시작되었다. 이 전쟁은 프랑스와 스페인, 신성 로마 제국, 잉글랜드, 스코틀랜드, 스위스, 베니스, 교황령 국가들, 그 외에 많은 이탈리아 도시국가들이 참전한 가운데 여러 차례에 걸쳐서 진행되었다. 곧 전쟁의 발단이 된 소규모 왕조 간의 논쟁은 잊혀졌고, 여러 참전국들이 권력과 영토를 놓고 벌이는 전면전으로 발전했다. 전쟁이 끝났을 즈음에는, 합스부르크 왕조가 지배하는 스페인이 이탈리아와 유럽에서 절대적인 권력을 확립했고, 프랑스가 쇠락했으며, 이탈리아의 많은 도시 국가들이 열등한 국가로 남거나 완전히 붕괴되었다.

연대표	
1494	프랑스의 샤를 8세가 이탈리아를 침략
1513	플로든 전투에서 잉글랜드가 스코틀랜드에게 승리하고, 튜더 왕조가 스코틀랜드에 대한 잉글랜드의 지배력을 확고히 함
1515	프랑스의 프랑수아 1세가 마리냐노 전투에서 스위스 군대를 물리치고 북이탈리아를 장악
1519	1516년부터 스페인의 왕이던 합스부르크 왕조의 카를 5세가 신성로마제국의 황제로 추대됨
1525	프란시스 1세가 이탈리아 파비아 주에서 스페인 군대에게 체포되어 1년간 구금 당함
1529	오스만 투르크 제국이 빈을 공격
1556	카를 5세가 퇴임하면서 펠리페 2세는 스페인을 물려받고, 페르디난드 1세는 황제 자리를 계승
1559	카토-캉브레지 조약으로 이탈리아 전쟁이 끝남

유럽인의 탐험 시대

1415~1600

A SHORT HISTORY OF THE WORLD

유럽인은 15세기부터 새로운 무역로와 거래처를 개척하기 위해 대대적으로 탐험에 나섰다. 이 같은 탐험은 지도 제작과 항해술, 조선술의 발달이 있었기 때문에 가능했다. 1400년대 중반까지 오스만 투르크 제국이 동서양을 이어주는 대부분의 육로를 장악하고 있었다. 또한 아시아와 중동 사이의 바닷길은 이슬람 세력이 장악했고, 베니스가 독점적으로 향신료 같은 동양 상품을 중동에서 사들여 유럽에 판매했다. 다른 유럽 열강들은 인도로 가는 해로를 직접 개척해서 이 큰 돈이 걸린 무역업에 뛰어들고자 했다.

포르투갈의 탐험

포르투갈은 1415년부터 아프리카 대륙 서부 해안으로 일련의 원정대를 파견하면서 탐험에 앞장섰다. 1445년에는 아프리카의 서부 해안을 일주하는 데 성공했다. 그리고 1460년까지 이들 포르투갈 원정대는 오늘날의 시에라리온 지역에 무역 거점을 마련하고 황금과 향신료, 노예들을 실어왔다.

● 아메리고 베스푸치가 아메리카 대륙으로 가는 길을 찾고자 아스트롤라베(고대의 천문 관측의)를 들고 있다. 판화. 요한네스 스트라다누스(1523~1605)

1488년에는 바르툴루메우 디아스가 아프리카의 최남단인 희망봉을 돌아 인도양에 도달하면서 해로를 통해 인도로 갈 수 있는 가능성을 처음 확인했다. 그리고 마침내 1497년과 1498년 사이에 바스코 다 가마가 인도에 도착했다.

아메리카 대륙에서의 스페인과 포르투갈

포르투갈이 동쪽에서 인도로 가는 뱃길을 찾고 있을 때, 크리스토퍼 콜럼버스라고 불리는 제노바 출신 항해사는 대서양을 가로질러 서쪽으로 가는 뱃길이 있다고 확신했다. 1485년에 콜럼버스는 스페인의 이사벨라 여왕을 설득해서 원정에 필요한 지원을 얻어내는 데 성공했다. 1492년에 원정대가 출발했고, 바하마에 상륙함으로써 유럽인으로는 처음으로 아메리카 대륙을 밟았다. 1000년경에 바이킹이 우연히 아메리카 대륙에 흘러온 이래로 처음이었다.

유럽과 아시아의 거리를 단단히 착각한 콜럼버스는 자신이 인도에 도착했다고 믿었고 그곳의 원주민을 '인디언'이라고 불렀다. 콜럼버스는 1492년부터 1502년까지 대서양을 가로질러 4번의 탐사를 실시했으며, 서인도 제도와 베네수엘라 해변까지 탐험했다. 1506년 숨을 거둘 때까지 그는 자신이 착각하고 있다는 사실을 깨닫지 못했다.

콜럼버스가 발견한 대륙을 최초로 '신세계'라고 부른 사람은, 1499년부터 1502년까지 남아메리카의 동부 해안을 탐사한 이탈리아인 항해사 아메리고 베스푸치였다. 독일인 지도 제작자가 새롭게 발견된 대륙을 아메리고의 라틴어식 이름을 따서 '아메리카'라고 명명했다. 1500년에 스페인의 빈센테 야녜즈 핀존과 포르투갈의 페드루 알바레스 카브랄, 두 탐험가가 각자 탐사를 통해 미래에 포르투갈령 식민지가 되는 브라질을 발견했다.

스페인은 새롭게 발견한 대륙을 개척하기로 결정하고 히스파니올라와 쿠바, 푸에르토리코에 있는 정착지를 약탈과 식민지화를 위한 기지로 삼았다. 아메리카 대륙에는 1509년 파나마에 최초의 기지가 들어섰다. 1513년에 스페인 정복자 바스코 누녜스 데 발보아는 탐험대를 이끌고 파나마 지협을 가로질러 태평양에 도착해서, 태평양 동부 해안에 도착한 최초의 유럽인이 되었다. 1519년부터 1521년에는 에르난 코르테스가 멕시코에 있는 아즈텍 제국을 정복했다.(1권 295쪽 참조) 1530년대에 들어서는 프란시스코 피사로가 잉카 제국과 볼리비아에서 스페인의 영향력을 확대시켰다.(1권 298-299쪽 참조)

배와 항해술

포르투갈이 선도한 선박 설계 기술과 항해술의 눈부신 발전은 16세기와 17세기에 대대적이고 활발한 해상 탐험을 촉진시켰다. 포르투갈 선원들은 소형 범선이 개발된 덕분에 아프리카 해안까지 장거리 항해를 할 수 있었다. 지극히 유용한 2개 또는 3개의 돛을 지닌 이 소형 범선은 이전 배들보다 더욱 효율적으로 바람을 이용할 수 있었다. 별자리에 의존하던 항해 기술은, 포르투갈 항해사들이 1480년대에 아랍에서 발명된 쿼드란트(상한의, 18세기 말까지 자오선 관측에 쓰던 기계)와 아스트롤라베(별의 위치, 시작, 경위도를 관측하기 위한 기계)를 사용하기 시작하면서 크게 발전했다. 세바스찬 캐벗은 이러한 항해 기술을 영국에 전파했다.

● 소형 범선은 화물을 싣고 다니기에는 공간이 부족했지만 얕은 만을 항해하기에 적합했다.

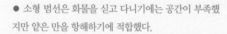

항해사인 페르디난드 마젤란은 1519년에 스페인의 지원을 받아 남아메리카 최남단에서 태평양으로 탐험대를 이끌었다. 비록 마젤란은 필리핀 제도 근처에서 살해되었지만, 탐험대에 속해 있던 배 한 척이 최초의 세계 일주를 마치고 1522년 스페인으로 돌아왔다.

스페인은 북아메리카까지 탐험을 계속했다. 1513년에 후안 폰세 데 레온은 플로리다 남서부 해안을 탐험했다. 그리고 1539년에는 에르난도 데 소토가 오늘날의 조지아, 앨라배마, 미시시피, 아칸소 지역을 여행했다. 이듬해에 프란시스코 바스케스 데 코로나도가 애리조나, 뉴멕시코, 텍사스, 오클라호마, 캔자스를 탐험했다. 이 일련의 탐험으로 유럽인들은 북아메리카 대륙이 갖고 있는 엄청난 가능성을 깨닫게 되었다.

● 항해사인 크리스토퍼 콜럼버스(1451~1506)는 신세계를 발견했다.

북아메리카 대륙에서의 영국과 프랑스

스페인과 포르투갈은 의도적으로 그들이 중앙아메리카와 남아메리카에서 새로 건설한 식민지와 그곳으로 가는 바닷길을 비밀에 부쳤다. 따라서 영국과 프랑스를 주축으로 하는 바다와 접해 있는 다른 유럽 국가들은 아시아로 가는 북서쪽 통로를 찾기 위해 북아메리카에 집중했다. 영국의 헨리 7세로부터 지원을 받은 존 캐벗은 1497년 북아메리카 대륙에 첫발을 내디뎠다. 그는 뉴펀들랜드부터 케이프브레턴까지 640킬로미터에 달하는 캐나다 해안을 탐사했다. 캐벗의 아들 세바스찬은 1509년에 다시 그곳을 찾아 남쪽으로 케이프코드까지 탐험을 이어갔다.

1520년대에 들어서자 프랑스가 기선을 잡았다. 프랑스 국왕이 고용한 베라자노가 더 아래쪽으로 탐험을 계속해서, 캐벗과 콜럼버스가 발견한 곳이 단지 대륙의 일부에 불과하다는 사실을 밝혀냈다. 1530년대와 1540년대 초에 자크 카르티에가 캐나다의 내륙을 탐사하기 시작했고, 세인트로렌스 강을 따라 몬트리올까지 올라갔다. 그는 그 탐사로 북서쪽 통로를 찾지는 못했지만 해당 지역까지 프랑스 영유권을 확장하는 데 일조했다. 영국은 1570년대에 마틴 프로비셔와 존 데이비스가 신대륙을 향한 항해를 시작하면서 탐험을 재개했다.

유럽의 종교 개혁

A SHORT HISTORY OF THE WORLD

종교 개혁은 16세기에 유럽을 휩쓴 강력한 종교 운동이었다. 그리고 이를 계기로 교회가 분열되었고 수많은 전쟁이 일어났으며 교황의 권위가 약해졌다. 15세기 후반과 16세기 초에 로마 가톨릭 교회가 저지른 부정행위와 권력남용이 드러나면서 이에 대한 반발로 종교 개혁이 일어났다. 그리고 속인들의 생활에서 교회가 더욱 많은 역할을 해주길 갈망하는 포괄적인 종교적 부흥 운동이 여기에 힘을 보탰다. 그 결과, 성경이 각국 언어로 번역되었고 교황의 권위로부터 자유로운 새로운 수많은 교회가 대대적인 개신교 기치 아래 설립되었다.

마르틴 루터의 논제

종교 개혁은 독일인 성직자 마르틴 루터가 작센 주 비텐베르크에 있는 성곽 교회의 문에 95개조 논제를 써 붙여놓은, 1517년 10월 31일을 시작으로 보는 것이 일반적이다. 루터의 논제는 교회가 저지른 가장 악명 높은 부정행위 가운데 하나인 면죄부에 대한 비판이었다. 교황은 죄를 지은 사람이 지옥에서 보내야 하는 시간을 부분적으로 감면해주는 이른바 면죄부를 사람들에게 돈을 받고 팔았다. 루터가 쓴 글이 인쇄되어 널리 유통되면서, 그리고 1450년대에 유럽에 인쇄술이 도입된 이래로 식자율이 크게 늘어난 덕분에 루터의 주장은 순식간에 유럽 전체로 퍼져나갔다. 많은 사람이 루터가 제시한 비판과 그리스도의 원래 가르침으로 돌아가자는 주장에 동감했다. 로마 가톨릭 교회와 신성 로마 제국은 루터를 심각한 위험인물로 간주하고 1521년에 그를 파문했다.

● 마르틴 루터의 초상. 그의 친구이자, 독일 회화의 전성기인 16세기에 중요하고 영향력 있는 예술가였던 루카스 크라나흐(1472-1553)가 그렸다.

루터교의 영향

독일을 포함한 유럽의 여러 지역에서 농민과 하층민이 루터를 지지하고 성직자를 반대하는 대대적인 폭동을 일으켰다. 일부 독일 군주들은 제국과 교황으로부터 독립하기 위한 수단으로서, 대중의 호응을 얻고 있는 루터교의 운동을 지지했다.

신성로마제국의 황제인 카를 5세는 이들 군주에게 강력히 반대하고 나섰지만, 1531년에 개신교 국가들이 슈말칼덴 동맹을 결성하는 것까지 막지는 못했다. 황제는 이 동맹에 가입한 국가들과 1546년부터 1547년까지 전쟁을 벌였으나, 1555년 아우크스부르크 평화협정에서 이들 동맹국에게 루터교로 개혁할 권리를 인정하는 수밖에 없었다.

루터교와 상관없는 다른 지도자들도 로마 가톨릭 교회의 권위를 위협했다. 1527년 스웨덴에서는 구스타프 바사가 로마 가톨릭 교회의 땅을 몰수했다. 한편 1534년 영국에서는 헨리 8세가 교황의 권위를 거부하고 스스로 새로운 영국 국교회의 수장이 되었다.

유럽 곳곳에서 종교 개혁자들이 루터의 주장을 지지하고 수용하였다. 스위스에서는 울리히 츠빙글리가 성찬식 의미를 루터교와 달리하는 종교 개혁 운동을 확립했다. 재세례파(Anabaptist, 개신교 교파)는 로마 가톨릭 교회의 맹세와 십일조, 미사, 유아 세례 같은 관행을 비난하면서 더 근본적인 개신교 형태를 수용했다.

그렇다고 해도 종교 개혁에 가장 큰 영향을 끼친 인물은 장 칼뱅이었다. 신앙생활에 대한 칼뱅의 완고한 접근 방식은 1540년대에는 프랑스(위그노파)에서, 1560년대에는 네덜란드에서 개신교 운동을 주도했다. 스페인의 지배에 저항해

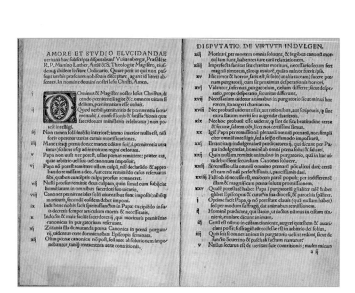

● 멜히오르 로터가 마르틴 루터를 위해 인쇄한 '95개조 논제'. 1519년 말까지 대략 25만부가 유통되었다.

서 일어난 네덜란드 독립전쟁(1566-1648)을 뒤에서 이끈 것도 칼뱅주의였다.

스위스(1541년), 스코틀랜드(1560년대)와 3개의 독일 군주국(1600년대)에서는 칼뱅주의를 공식적으로 채택하기도 했다. 영국에서는 메리 여왕이 한동안 영국을 가톨릭으로 복귀(1553-1558)시키려고 했지만, 언니의 뒤를 이은 엘리자베스 1세가 1559년에 왕위를 계승하면서 마침내 개신교를 국교로 삼았다. 17세기 초에 이르러서는 유럽 인구의 거의 40퍼센트가 개신교도였다.

● 종교 개혁을 주도한 장 칼뱅

반종교 개혁

꽤 일찍부터 가톨릭 교회는 개신교의 도전에 대해서 공동으로 대응할 필요가 있다고 느꼈다. 교황이 1540년에 예수회를 채택하면서 후에 반종교 개혁이라고 불린 반격이 시작되었다. 이 개혁을 통해서 교황은 전도와 자선 활동에 헌신하고,

● 스페인 무적함대는 영국을 침략하기까지 무려 4년에 걸쳐 계획을 세웠지만, 정작 스페인 군함이 해전에 적합하지 않은 것으로 드러났다

프랑스 종교전쟁

프랑스에서는 왕정 소속의 많은 관료와 귀족이 강력한 정치적, 종교적 세력을 형성하며 위그노파(프랑스 개신교도)가 되었다. 1562년부터 위그노파는 군주국과 프랑스 종교전쟁으로 알려진 일련의 전쟁을 치렀다. 위그노파에 대한 프랑스 국민의 반감이 급증했다. 이것은 국왕에게 유리하게 작용했다. 그리고 이 반감은 1572년 8월 23일, 성 바르톨로메오 축일의 학살 사건에 이르러 절정에 달했다. 이 학살로 대략 30,000명에 달하는 위그노파가 목숨을 잃었다. 1598년 앙리 4세가 낭트 칙령을 선포함으로써 종교전쟁이 끝나고 프랑스에 종교적 자유가 보장되었지만, 위그노파는 가톨릭 국가에 존재하는 일개 소수 종교 집단으로 간주되었다.

가톨릭 교회를 내부적으로 개혁하는 데 앞장서라고 역설했다. 뒤이어 트리엔트 종교회의(1545-1563)가 열렸다. 모든 가톨릭 교회에서 미사 방식이 통일되었고, '이단'인 개신교도들이 믿음을 되찾도록 하려는 다양한 성직 개혁이 추진되었다.

하지만 반종교 개혁이 추진한 것은 개혁이나 복음 전도 그 이상이었다. 펠리페 2세가 통치하는 스페인에서는, 가톨릭 교회가 신앙을 저버린 나라에 대해서 군사 행동도 불사하려는 왕을 탄생시켰다.

1568년, 독실한 가톨릭 신자였던 펠리페 2세는 스페인 영토에 살면서 기독교로 개종한 무어인의 반란을 무력으로 진압했다. 또한 네덜란드 남부 지역을 다시 점령해서 네덜란드 독립전쟁을 진압하고자 했다.

펠리페 2세는, 특히 1587년에 엘리자베스 1세가 가톨릭교도이자 사촌인 스코틀랜드의 메리 여왕을 처형시키고, 그로 인해 메리 여왕의 통치 아래 가톨릭 교회를 부활시키려던 희망이 사라지자, 대규모 함대를 동원해 영국을 공격했다. 하지만 이 원정은 실패로 돌아갔다. 스페인 무적함대는 영국 해군은 물론이고 그에 못지않게 궂은 날씨와 허술한 계획으로 많은 손실을 입었다.

30년 전쟁 시대의 유럽

1618~1648

A SHORT HISTORY OF THE WORLD

17세기 상반기에 많은 사람이 유럽 대부분 지역에서 경제적 어려움을 비롯해 종교와 정치, 사회적 대변동을 겪었다. 이 기간에 30년 전쟁(1618–1648)으로 알려진 장기간에 걸친 갈등이 중앙 유럽에서 지속되었다. 군주들은 종교를 시민의 지지를 얻거나 정치적 이익을 위한 수단으로 이용해서 권력을 키우고자 했다. 종교는 여전히 긴장을 초래하는 핵이었다. 칼뱅주의자와 반종교 개혁을 추진하는 가톨릭 교회는 한 치의 양보 없이 대립했고, 그로 인해 빈번한 갈등이 빚어졌다. 군국주의 시대에는 대규모 군대를 유지하기 위해 많은 돈이 필요했고, 따라서 인구 감소에도 불구하고 세금은 더 많이 거둬들여야 했다. 그리고 이것은 국가 안정에 빈번한 위협을 초래했다.

스페인의 쇠퇴

17세기 초에 스페인은 과도한 정부의 지출과 아메리카 대륙으로부터 수입이 감소하면서 경제적 어려움을 겪었다. 1609년에 이르자 스페인은 재정이 극도로 악화되었고, 할 수 없이 네덜란드와 12년간 휴전을 합의했다. 하지만 그 대가로 네덜란드에게 독립을 인정해주어야 했다. 1619년에는 지속적인 경제적 어려움에도 불구하고, 오스트리아의 합스부르크 왕가가 보헤미아에서 개신교도와 벌인 전쟁에 재정을 지원했다. 그리고 1621년에는 네덜란드와 전쟁을 재개했다. 이 전쟁 비용을 대기 위해 스페인 군주는 세금을 올렸고, 그로 인해 포르투갈(1640년), 카탈루니아(1640–1653), 나폴리(1647–1648)에서 반란이 일어났다. 프랑스가 지원한 이들 반란은 서서히 스페인을 약화시켰고, 세계 열강으로서 스페인의 쇠퇴를 알리는 서막이 되었다.

● 스웨덴의 구스타프 아돌프는 1632년 뤼첸 전투에서 기병 부대를 이끌다가 전사했다.

프랑스의 전략

프랑스 국왕 앙리 4세(1589-1610)는, 스페인과 오스트리아의 합스부르크 왕조가 약해져야만 프랑스가 안전해질 수 있다는 확신을 바탕으로 전략을 추진했다. 이 정책은 프랑스의 유능한 총리인 리슐리외(재임 1624-1642) 추기경과 그의 계승자 마자랭(재임 1642-1661)에 의해 계속 추진되었다. 프랑스는 플랑드르, 라인란트, 이탈리아, 피레네 산맥에서 합스부르크 왕조를 상대로 승리를 거두었고, 스페인 영토 내에서 일어난 반(反)스페인 폭동을 지원했다.(27쪽 참조) 또한 외국에서는 가톨릭 교회와 싸움을 벌이는 한편 자국 내에서는 개신교도와 싸웠다. 1627년에 위그노파가 반란을 일으키자 리슐리외는 군대를 보내 위그노파의 본거지인 로셸을 공격하도록 명령했다. 반란군은 1년 동안 버티다가 결국 투항했다.

30년 전쟁

30년 전쟁은 신성로마제국 내 보헤미아(오늘날의 체코 공화국)에서 개신교와 구교, 즉 가톨릭 사이에서 벌어진 내전으로 시작되었다. 가톨릭교도인 황제 페르디난드 2세에 반대해 반란을 일으킨 보헤미아 개신교도들은 황제가 임명한 관리 2명을 창밖으로 던져버렸다. 프라하 사건(1618)으로 알려진 이 일은 보헤미아인의 반란을 예고하는 전주곡이었으며, 기나긴 30년 전쟁을 초래한 사건 중 하나였다.

반란군은 보헤미아의 가톨릭교도 왕 페르디난드를 파면시키고, 개신교도인 프리드리히 대공을 후임으로 앉혔다. 1619년 신성 로마의 황제가 된 페르디난드는 군대를 파견해 보헤미아를 철저히 무너뜨리고 가톨릭을 국교로 회복시켰다.

보헤미아의 패전에 놀란 덴마크의 개신교도 왕 크리스티안 4세(재위 1588-1648)는 작센 지방(오늘날 독일의 일부)에서 신성로마제국을 상대로 군대를 일으켰다. 하지만 독일 가톨릭 국가들의 군사 동맹인 신성동맹이 루테르 전투(1626년)에서 덴마크를 물리쳤고, 크리스티안 4세는 퇴각했다.

가톨릭 황제의 권력이 점점 커지는 것에 불안을 느낀 개신교도인 스웨덴 왕 구스타프 아돌프(재위 1611-1632)가 1630년 전쟁에 개입했다. 스웨덴 군대는 1631년에 제국 군대와 2번을 싸워서 모두 승리했다. 동맹국인 스페인으로부터 지원을 받은 페르디난드 군대가 1632년 뤼첸에서 스웨덴군을 만났다. 이 전투에서 스웨덴이 승리했지만 구스타프 아돌프가 전사했다. 그럼에도 계속해서 전쟁을 수행한 스웨덴 군대는 결국 1634년 뇌르틀링겐에서

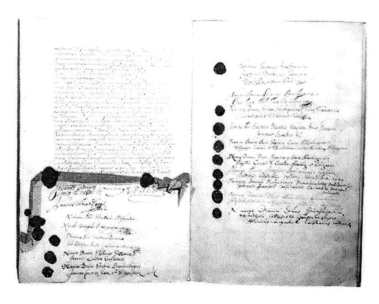

● 베스트팔렌 조약이 체결됨으로써 30년 전쟁이 막을 내렸다.

패전하고 말았다.

　이 시기에 이르러서 전쟁은 더 이상 종교전쟁이 아닌 영토와 패권을 놓고 다투는 전면전 양상으로 변해 있었다. 합스부르크 왕조를 약화시키려는 프랑스의 리슐리외 추기경이 개신교도 편에서 전쟁에 가담했다. 당시에 프랑스는 가톨릭 국가였다. 1635년부터 프랑스와 스웨덴 연합군이 긴 일련의 전쟁에서 신성로마제국을 상대로 승리를 거두었다.

　1648년에 베스트팔렌 조약이 체결되었다. 이 조약으로 프랑스가 알자스와 로렌 지방을 획득했다. 그리고 스웨덴은 포메라니아 서부, 브레멘, 베르덴 지역을 지배하게 되었다. 또한 1555년에 추가로 아우크스부르크 평화협정이 승인되어 독일의 모든 군주들이 자국 국교를 스스로 결정할 수 있게 되었다. 칼뱅주의가 처음으로 루터교, 가톨릭교와 나란히 법적으로 인정을 받았다. 베스트팔렌 조약으로 모든 독일 군주국에게 거의 완전한 주권이 인정되면서 정치적 존재로서 신성로마제국은 실질적인 막을 내렸다.

연대표	
1605	화약 음모 사건(영국의 제임스 1세를 암살하려던 가톨릭 교회의 음모) 실패
1609	스페인과 네덜란드가 12년간의 휴전 협정을 체결
1613-1625	개신교도들이 얼스터 지방으로 이주
1620	스페인이 라인 강 유역의 팔츠를 점령
1627-1628	로셸에 있는 위그노파의 본거지가 점령당함
1629	페르디난드가 교회령을 가톨릭교도에게 돌려주고 제국 내의 가톨릭 지위를 복권하라고 요구하는 복원칙령을 발표
1648	베스트팔렌 조약으로 칼뱅주의자에게 종교의 자유가 주어짐

발트 해에서 스웨덴의 팽창

A SHORT HISTORY OF THE WORLD

16세기가 시작되면서 발트 해 지역은 이제 막 대대적인 변화를 앞두고 있었다. 1397년에 칼마르 동맹이 맺어진 이래 처음으로 코펜하겐을 거점으로 덴마크와 노르웨이, 스웨덴-핀란드가 단일 군주의 지배 아래로 통일되었다. 발트 해 무역은 12세기 이후로 강력한 한자동맹이 장악하고 있었다. 한자 동맹은 요소에 위치한 주요 북유럽 항구들을 점유하고, 곡물과 구리, 모피를 비롯해 해당 지역 발전에 필수적인 해군 군수품 등을 거래했다. 발트 해 동부에서는 독일 십자군 단체인 튜튼 기사단이 13세기부터 동프로이센과 에스토니아, 리보니아, 쿠를란트에 이르는 지역을 지배했다. 1385년에 왕족 간 결혼으로 합쳐진 폴란드-리투아니아가 이 지역에서 가장 큰 나라였다.

스웨덴의 부흥

16세기 초에 불거진 몇 가지 변화가 발트 해 상황에 위협을 가했다. 우선, 영국과 네덜란드가 북유럽 항구도시에 대한 지배권을 놓고 한자동맹과 경쟁하기 시작했다. 동쪽에서는 튜튼 기사단이 쇠퇴했다. 한자동맹 도시인 뤼베크의 지원을 받은 스웨덴 귀족 구스타프 바사는, 1521년에 네덜란드 왕 크리스티안 2세를 상대로 반란에 성공하고 칼마르 동맹을 종식시켰다. 구스타프 바사가 1523년에 스웨덴 왕이 되면서 스웨덴의 팽창주의 시대가 열렸다. 구스타프가 통치를 시작한 스웨덴은 영국, 네덜란드와 손을 잡고 발트 해에서 한자동맹의 독주를 저지하려 노력했다. 또한 효율적인 통치와 엄격한 강제 징병제도를 통해서 적은 인구와 열악한 함대, 겨울에는 얼어서 쓸모가 없어지는 항구에 이르기까지 불리한 요소들을 점차 극복해 나갔다.

● 14세기 채색 사본인 '코덱스 마네세(Codex Manesse)'에 등장하는 튜튼 기사단 복장을 한 시인 탄호이저

● 15살 난 포메라니아의 에리크가 1397년 6월 17일 칼마르 동맹 최초의 왕이 되었다. 이 동맹은 126년간 지속되었다.

1520년대에 튜튼 기사단이 무너지면서 1556년부터 1557년까지 발트 해 동부 지역에서 내전이 일어났다. 스웨덴은 이 지역에서 특히 항구도시에 대한 지배권을 놓고 덴마크, 러시아, 폴란드와 경쟁을 벌였다. 뒤이어 벌어진 리보니아 전쟁(1557–1582)에서 스웨덴은 한자동맹의 항구도시였던 탈린을 포함해 에스토니아 전체를 획득하면서 새로운 열강으로서 지위를 굳혔다. 리보니아의 대부분 지역은 폴란드가 차지했다.

17세기 초까지 네덜란드는 과거 한자동맹이 보유했던 무역망 대부분을 장악하게 되었다. 한편 덴마크는 발트 해에서 군사 강국의 지위를 유지했다. 1613년에는 북해의 항구도시 엘브스보리에서 스웨덴 군대를 격퇴하여 재차 이 지역 군사 강국으로서 면모를 과시하기도 했다. 하지만 덴마크는 1625년부터 1629년까지 독일 북부에 파괴적인 무력 침략을 시도하다가 심각한 타격을 입으면서 영향력이 점점 미약해졌다.

스웨덴의 융성

혼란의 시대(1598–1613)로 알려진 러시아의 내부 혼란을 틈타 스웨덴은 1617년 러시아의 카렐리야와 잉그리아를 손에 넣었다. 그리고 구스타프 아돌프(재위 1611–1632)의 지휘 아래 폴란드를 공격해서 1621년에 리가를 점령하고 1625년에 리보니아 전체를 장악했다. 1626년에 이르러서는 프로이센의 모든 항구도시를 지배했고, 이때부터 덴마크를 제치고 발트 해의 새로운 강자가 되었다.

스웨덴은 구스타프 아돌프가 뤼첸(1632년)에서 전사하고 뇌르틀링겐(1634)에서 패전하며 주춤했지만 덴마크와의 전쟁(1643-1644)에서 커다란 성과를 거두면서 다시 한 번 군사력을 과시했다.

덴마크는 이 전쟁을 통해서 스웨덴에게 옘틀란과 헤레스달렌 지방을 넘겨주었고, 네덜란드를 20년간 임대해주었으며, 심해 해협을 이용한 자유로운 통행을 제공했다. 얀카우 전투(1645년)에서 제국군을 상대로 결정적인 승리를 거둔 스웨덴은 베스트팔렌 조약으로 포메라니아 서부지역과 슈테틴, 비스마어를 획득했다.

프로이센 항구도시에 대한 스웨덴의 지배권을 보호하기 위해서, 카를 10세(재위 1654-1660)는 1655년에 폴란드를 침공해서 1660년까지 점령했다. 카를 10세가 폴란드 침공에 성공하고 스웨덴의 국력이 커지자 러시아와 덴마크, 브란덴부르크, 신성로마제국이 반(反)스웨덴 동맹을 결성했다. 제1차 북방전쟁(1655-1660)은 비록 스웨덴이 스웨덴 본토에 있는 덴마크의 점령지들을 되찾기는 했지만 이렇다 할 결론 없이 끝이 났다.

● 율리우스 코사크(1824-1899)가 1660년 라초비체 전투에서 그린 폴란드의 귀족이자 군인인 얀 크리조스톰 파제크

스웨덴의 쇠퇴

1660년에 이르러 스웨덴은 세력의 정점에 도달했다. 겨우 백만 명 남짓한 인구를 가진 스웨덴은 점점 커져가는 제국의 방어를 위해 인력을 확보하는 데 항상 어려움을 겪었다. 그리고 스웨덴 군대가 페르벨린 전투에서 브란덴부르크 군대에게 패한 1675년에 마침내 이러한 약점이 드러나기 시작했다.

1700년에 덴마크와 작센, 폴란드, 러시아가 스웨덴에 대항하고자 동맹을 결성했다. 제2차 북방전쟁(1700–1721) 초반에는 카를 12세(재위 1697–1718)가 이끄는 스웨덴이 우세를 보이며 빠른 속도로 연속해서 적들을 물리쳤다. 1708년에 카를 12세는 우크라이나 십자군과 동맹을 결성하고자 러시아를 침공했다. 그는 퇴각하는 러시아군의 유인작전에 말려 남쪽으로 계속해서 진격했고, 결국 지칠 대로 지친 스웨덴 군대는 1709년 폴타바에서 러시아 황제 표트르 1세가 이끄는 군대에게 패배했다. 스웨덴의 제국주의 야심은 거기에서 끝이 났다. 1721년에 니스타드 조약이 체결되면서 스웨덴은 리보니아와 에스토니아를 러시아에게 넘기고 포메라니아 서부 지역 일부를 프로이센에게 넘겨줬다.

러시아의 팽창

A SHORT HISTORY OF THE WORLD

15세기 중반까지 모스크바는, '황금군단' 인 투르크–몽골족 후손인 타타르족에게 공물을 바치던 유럽 북동부에 위치한 작고 외딴 공국에 불과했다. 1453년에 콘스탄티노플이 오스만 제국에게 넘어가면서 이 작은 공국은 이 지역에서 유일한 정통 기독교 중심지가 되었다. 팽창주의 정책을 실시한 이반 3세(재위 1462–1505) 치하의 모스크바 공국은 랴잔·야로슬라블(1463년), 로스토프(1474년), 트베르(1485년) 그리고 가장 강력한 적수이던 한자동맹국 노브고로트(1478년)를 합병했다. 이반은 1480년에 모스크바를 타타르족으로부터 해방시키면서 소기의 목적을 달성했다. 이반의 치세 말기에 모스크바 공국은 국가로 발전해 러시아가 되었다.

이반 뇌제의 실책

바실리 3세(재위 1505–1533)는 프스코프(1510년), 랴잔(1521년)을 흡수하여 러시아의 영토로 합병시켰다. 1514년에는 스몰렌스크를 차지하고 폴란드–리투아니아 영토를 침략하기 시작했다. 바실리 3세의 아들 이반 4세 '뇌제' (재위 1533–1584)는 겨우 세 살 때 병약한 상태로 왕위를 물려받았다. 섭정 기간을 통해 대규모 군대가 육성되고 행정 개혁이 이루어지면서 러시아는 더욱 강력한 국가로 발전했다. 1550년대에 들어서는 러시아 군대가 타타르족의 영토인 카잔과 아스트라한을 정복하면서 러시아 영토를 방대하게 확장했고, 카스피해와 중앙아시아로 가는 무역로를 개척했다. 1550년대 후반 권력을 장악한 이반 4세는 이런 개혁을 상당 부분 과거로 되돌렸다. 숙련된 행정관을 측근이나 아첨꾼으로 갈아치우고 '오프리치니나' (사적인 영토)를 만들었다. 이반 4세는 일단의 영토를 '오프리치니나' 라는 이름으로 개인적인 통제권 아래 두고, 사치스런 궁정 생활비를 충당하기 위해 그곳에서 세금을 거두어들였다. '오프리치니나' 에 있던 상류층 귀족이자 일정 부분 자치권

● 이반 뇌제. 1897년 빅토르 바스네초프가 그린 세밀화

● 17세기 책에 등장하는 이 삽화에는 이파티예프 수도원에서 사람들이 미하일 로마노프의 어머니에게 아들이 차르가 되게 해달라고 애원하고 있다.

을 지니던 보야르는 강제로 영지에서 쫓겨났고 그로 인해 반란이 일어났다. 이렇게 촉발된 내전에서 크리미아 타타르족 군대가 모스크바를 상대로 약탈을 자행했다. 이반은 또한 리보니아 전쟁(32쪽 참조)에서 현명치 못한 대응으로 에스토니아와 리보니아를 잃었다. 이반의 끔찍한 통치가 끝나갈 즈음에는 러시아는 이미 붕괴 직전에 처해 있었다.

혼란의 시대와 그 후

이반 4세 이후로 정치적 불안은 혼란의 시대(1604-1613)에 이르러 극에 달했다. 절대 권력의 공백으로 러시아는 혼돈과 내전에 휩싸였다. 폴란드 군대가 이 기회를 틈타서 1610년에 모스크바를 점령했고, 1612년에 보야르 연합군이 이들을 물리쳤다. 새로운 차르인 미하일(재위 1613-1645)이 등극해 로마노프 왕조를 세웠다. 약해질 대로 약해진 러시아는, 1617년에 스웨덴이 잉그리아와 카렐리야를 차지하고 1618년에 폴란드가 스몰렌스크와 체리니고프를 점령해도 이를 막을 힘이 없었다. 하지만 17세기 후반에 이르러 이러한 흐름을 바꿀 정도로 러시아의 국력이 회복되었다. 1650년대에 러시아는 스웨덴이 폴란드를 점령하고 있는 사이에 우크라이나를 합병했다. 그리고 1667년과 1689년 사이에는 스몰렌스크와 체리니고프를 되찾았다.

계속되는 동진 정책

16세기 후반과 17세기 전체에 걸쳐서 러시아 상인과 탐험가는 국경 민족인 카자크인과 함께 우랄 산맥 동쪽으로 탐험을 개시하고 영토를 개척하기 시작했다. 이들은 1581년에 시베리아 칸국을 정복하고 이르티슈 강과 오브 강을 따라 요새화된 무역 거점인 오스트리그를 건설해 나갔다. 그리고 1592년에 이르러서는 이 두 강의 저지대 지역에 대한 지배권을 확보할 수 있었다. 러시아 국경은 이후 17세기에도 계속해서 동쪽으로 확장되었다. 러시아 정착민은 새롭게 점령한 영토에 거주하는 원주민에게 '오스트리그'의 군사력을 바탕으로 강제로 러시아 규정을 적용했다. 이들은 1632년에 레나 강을 비롯해 1639년에는 인디기르카 강, 1644년에는 콜리마 강에 도달했다. 또한 러시아 탐험가들은 1637년에 태평양과 1648년에 베링 해협, 1679년에 캄차카 반도에 도착했다. 1800년에 이르러서는 알래스카에 정착지를 설립했다.

● 표트르 대제. 프랑스 화가 폴 들라로슈의 1838년 작품

표트르 대제의 근대화

후에 '대제'라는 별칭이 붙는 표트르 1세가 1689년 권좌에 오를 즈음에, 러시아 영토는 아시아 북부를 가로질러 확장하면서 겨우 1세기 만에 크기 면에서 3배로 늘어나 있었다. 하지만 표트르의 주된 관심은 서쪽에 있었다. 그는 자국에 서구

● 대관식 복장을 한 러시아 제국의 여제 예카테리나 2세. 알렉세이 페트로비치 안트로포프 작품

의 문화와 사상, 기술을 도입해야겠다고 결심하고, 직접 실상을 파악하고자 1697년과 1698년에 유럽을 여행했다. 여행에서 돌아온 표트르는 러시아에 광업과 군수산업, 조선업을 장려했다. 하지만 이런 산업화 시도는 대체로 러시아의 지방 경

제나 농민들의 생활에 거의 아무런 영향도 끼치지 못했다.

제2차 북방전쟁(1700-1721)에서, 러시아는 발트 해에서 가장 강력한 적수인 스웨덴을 무너뜨리고 에스토니아, 리보니아, 잉그리아, 카렐리야를 비롯해 비보르크의 해안 항구도시인 탈린과 리가를 되찾았다. 표트르는 수도를 발트 해에 위치한 상트페테르부르크로 옮겨서 프랑스 문화를 도입하고, 영국과 네덜란드 상인들을 끌어들였다. 또한 1696년에 크리미아 타타르족의 아조프 항구를 점령해서 흑해로 가는 무역로를 개척했다. 이 지역은 1711년에 다시 빼앗겼다가 안나(재위 1730-1740) 여제가 1739년에 되찾았다.

1725년에 사망한 표트르 대제는 러시아가 유럽 무대에서 초강대국이자 중요한 역할자로 활동할 수 있도록 토대를 만들었고, 18세기 후반에 이르러 예카테리나 2세(재위 1762-1796)가 이를 실현했다. 러시아는 7년 전쟁(1756-1763)에서 프로이센을 거의 괴멸시키고, 1772년 폴란드의 분할에 참여함으로써 유럽 전쟁에서 중요한 역할을 수행했다. 그리고 1768년과 1783년 사이에는 남쪽으로 확장을 계속해서 흑해 연안 지역에서 오스만 투르크 제국을 몰아냈다.

연대표	
1480	모스크바 공국이 킵차크한국으로부터 독립
1565	이반 4세가 오프리치니나를 만들어 보야르와 갈등을 초래
1571	크리미아 킵차크한국이 모스크바를 약탈
1581	러시아가 시베리아를 정복
1613	로마노프 왕조가 발족됨
1637	러시아 탐험가들이 시베리아의 태평양 연안에 도착
1655	러시아의 '오스트로그'가 아무르 강을 따라 건설됨
1700-1721	제2차 북방전쟁
1768-1783	러시아가 오스만 투르크 제국에게 승리하고 흑해 연안을 정복

절대왕정 시대의 유럽

1648~1715

A SHORT HISTORY OF THE WORLD

30년 전쟁을 종식시킨 베스트팔렌 조약(1648년)으로 종교개혁 이후 유럽을 휩쓴 종교적인 갈등이 진정되었다. 그리고 유럽 대륙 곳곳에서 국가 권력을 위협했던 종교적 극단주의도 대체로 진압되었다. 귀족들은 영토권을 주장하며 호시탐탐 권력을 노리던 유력자에서 순종적인 신하로 길들여졌다. 17세기 후반은 왕권이 확대되고 절대왕정이 출현한 시대였다.

영국의 통합

절대왕정으로 가는 세계적인 추세에도 불구하고 영국 제도에 있는 왕국들은 예외였다. 영국 제도에서는 청교도라고 불리는 종교적 극단주의 세력이 1650년대에 국왕을 상대로 벌인 싸움(영국내란 또는 청교도혁명)에서 승리하고 권력을 잡았다. 1660년에 영연방은 무너졌지만, 절대왕정이 들어서는 대신 입헌 군주제가 수립되었다. 영국 국민들은 어렵게 쟁취한 권리와 자유를 쉽게 포기하지 않았다. 입헌주의가 뿌리를 내리고 잉글랜드와 스코틀랜드가 개신교 국가로 남게 되자, 가톨릭교도인 국왕 제임스 2세(재위 1685-1688)가 압력을 가했다. 개신교도 반란군은 국왕의 사위이자 개신교도인 네덜란드의 윌리엄 3세를 지도자로 반란에 끌어들였다. 제임스 국왕이 도주하면서 윌리엄은 잉글랜드와 스코틀랜드, 아일랜드의 왕이 되었다. 1707년에 스코틀랜드와 잉글랜드가 통일되어 영국이 되었다.

● 개신교도인 네덜란드의 오렌지 공(公)이 잉글랜드의 윌리엄 3세이자 스코틀랜드의 윌리엄 2세가 되었다

프랑스-스페인 전쟁

합스부르크 왕조가 이끄는 스페인과 프랑스의 갈등은 베스트팔렌 조약이 체결된 뒤에도 끝나지 않았다. 프랑스는 마자랭이 군비 확보를 위해 세금을 늘려 야기된 프롱드의 난(1648-1653)을 겪으면서 쇠약해져 있었다. 스페인은 이 기회를 이용해 1654년부터 1656년까지 프랑스에게 여러 차례 승리를 거두었다. 잉글랜드로부터 지원을 받은 프랑스는 플랑드르와 됭케르크에서 스페인군을 격파하고, 피레네 평화조약(1659년)을 맺으면서 소중한 영토를 손에 넣었다. 하지만 이탈리아와 네덜란드에 영토를 보유한 스페인이 여전히 유럽에서 가장 큰 나라였다.

루이 14세의 야망

● 루이 14세는 행성이 태양 주위를 회전하듯이 프랑스와 궁정이 전제 군주를 중심으로 돌아가야 한다고 주장해서 태양왕으로 불렸다.

전제주의의 대표적인 상징이 된 군주가 바로 루이 14세(재위 1643-1715)였다. 루이 14세는 네 살의 나이로 왕좌에 올랐지만, 1661년 마자랭이 죽고 나서야 권력을 쥐게 되었다. 루이 왕은 카리스마가 있었고 귀족 계층과도 원만한 관계를 유지했으며 프랑스에 정치적 안정을 가져왔다. 또한 미술을 대대적으로 후원하여 그의 군사적 업적을 찬양하는 수많은 그림이 그려졌다. 대외 정책과 관련해서는 과거 프랑스가 지배했던 영토를 되찾을 뿐 아니라, 스페인 합스부르크 왕조를 누르고 유럽의 패권을 차지하려는 의지가 결연했다. 루이 14세의 생각은 한낱 꿈같은 희망이 아니었다. 프랑스는 서유럽에서 인구가 가장 많은 나라였고, 덕분에 말 그대로 무한한 군사적 잠재력을 보유하고 있었기 때문이다. 루이 왕은 권력을 손에 쥐자 곧바로 군대를 육성

● 1713년에 영어와 스페인어, 라틴어로 인쇄된 위트레흐트 조약의 원본. 이 조약으로 스페인 왕위 계승 전쟁이 종식되었다.

스페인 왕위 계승 전쟁(1701-1714)

스페인 황제인 카를로스 2세는 후사가 없이 1700년에 숨을 거두면서, 루이 14세의 손자인 앙주의 필리프에게 왕위를 물려주라고 유언했다. 이에 다른 유럽열강들은 프랑스가 스페인 제국을 합병할까봐 두려움을 느꼈다. 따라서 오스트리아 합스부르크 왕조와 영국, 네덜란드, 포르투갈, 기타 몇몇 독일 군주국은 필리프의 왕위 계승을 막기 위해서 1701년에 대동맹을 결성했다. 대동맹군은 1704년과 1708년 사이에 프랑스를 상대로 일련의 승리를 거두었다. 하지만 프랑스 군대는 막강했고 여러 전선에서 효과적으로 전쟁을 수행했다. 대동맹군이 스페인 왕으로 추천했던 카를 대공이 1711년에 신성로마제국의 황제이자 오스트리아의 통치자가 되면서 상황이 급변했다. 카를이 스페인과 오스트리아를 모두 지배하는 상황을 꺼린 오스트리아의 동맹국들이 프랑스와 협상을 시작했다. 1713년에 위트레흐트 조약이 체결되면서, 스페인령 이탈리아와 네덜란드 영토를 카를에게 넘긴다는 조건으로 필리프의 스페인 왕위 계승이 승인되었다. 따라서 이미 쇠퇴해버린 스페인 합스부르크 왕조의 영토는 유럽의 세력 균형을 유지하기 위해서 프랑스 부르봉 왕조와 오스트리아 합스부르크 왕조에 의해 분할되었다.

하기 시작했다.

프랑스는 상속전쟁(1667-1668)에서 스페인령 네덜란드를 침략하여 릴 지방을 점령했다. 뒤이은 네덜란드 전쟁(1672-1679)에서는 네덜란드를 침공했다. 이 전쟁에서 네덜란드 군은 암스테르담 근처에 있는 둑을 무너뜨려 프랑스 군의 발목을 붙잡았다. 여기에 더해서 영국 연합군이 루이 왕을 배신했고 몇몇 독일 군주국마저 그를 적대시했다. 그럼에도 프랑스는 프랑슈콩테와 프라이브리크, 그 밖의 스페인령 네덜란드 지역을 점령하는 데 성공했다.

1680년대 들어서 추가로 영토를 확장한 프랑스는 요새 건설 계획을 실시해 국경을 강화했다. 루이 왕의 침략 행위는 다른 국가들이 프랑스에 맞서기 위해서 동맹군을 결성하는 계기가 되었다. 1690년에 이르러 프랑스는 오스트리아, 바이에른, 영국, 네덜란드, 스페인을 위시해 이탈리아에서 주도권을 장악한 사보이-피에몬테와 전쟁을 벌였다. 비록 프랑스는 이 전쟁과 뒤이은 스페인 왕위 계승 전쟁(Tips 참조)을 성공적으로 막아냈지만 쉼 없이 계속된 전쟁으로 상당한 대가를 치러야 했다. 루이 왕이 사망하는 1715년에 이르러 프랑스는 완전히 탈진했고 재정마저 고갈되었다.

18세기 유럽

스페인 왕위 계승 전쟁(41쪽 참조)이 끝나면서 유럽에는 새로운 질서가 확립되었다. 한때 유럽에서 독보적인 위치를 차지했던 스페인은 다른 나라의 야심을 채우기 위한 전쟁터로 전락했다. 오랜 기간 전쟁을 치르느라 지친 프랑스는 세력이 약해지긴 했지만 여전히 지배적인 지위를 유지했다. 한편 황금시대인 17세기를 맞이했음에도 불구하고 전쟁을 통해 영토를 지나치게 불려놓은 네덜란드는 경제적으로나 정치적으로 큰 힘을 발휘하지 못했다. 영국은 강력한 경제력과 군사력을 과시했다. 스페인 합스부르크 왕조로부터 네덜란드와 이탈리아 영토를 물려받은 오스트리아 합스부르크 왕조는 중앙 유럽에서 새로운 강자로 등극했다. 한편 신성로마제국에서는 1740년부터 오스트리아와 프로이센의 패권 다툼이 이어졌다.

1714년 이후에 '힘의 균형'에 대한 개념이 새롭게 도입되면서 어떤 나라도 16세기의 스페인이나 17세기 프랑스처럼 유럽을 지배할 수 없었다. 같은 이유로 부르봉 왕가의 스페인 왕 필리프 5세가 1717년과 1718년 사이에 오스트리아의 사르데냐와 사보이의 시칠리아를 점령하자, 영국과 오스트리아, 프랑스, 네덜란드는

● 가족과 함께 있는 펠리페 4세와 두 번째 부인 엘리자베스 파르네세. 루이-미셸 반 루 그림

1720년에 4국 동맹을 결성하고 스페인에게 이들 지역을 반환하도록 압박했다.

왕위 계승 전쟁

이전 시대에 있었던 왕권 다툼을 재현이라도 하듯이 부르봉 왕조와 합스부르크 왕조는 폴란드에 대한 지배권을 놓고 폴란드 왕위 계승 전쟁(1733-1738)을 벌였다. 폴란드 왕 아우구스트 2세가 1733년에 사망하자 폴란드 귀족들은 프랑스 루이 15세의 장인인 스타니슬라스 레츠친스키를 새로운 군주로 선출했다.

　프랑스는 이 같은 결정을 지지하고 나섰다. 프랑스와 폴란드가 부르봉 왕가를 통해 동맹을 맺

ELISABETA PRIMA,
Imperatrix et Autocratrix
Omnium Rossiarum .

● 표트르 대제와 예카테리나 1세의 딸인 엘리자베타 여제는 러시아 제국에서 가장 인기 있는 군주 가운데 한 명이었다.

으면, 오스트리아나 러시아 세력과 균형을 유지할 수 있다고 생각했기 때문이다. 하지만 똑같은 이유로 러시아와 오스트리아가 반대하고 나섰다. 그들은 폴란드에게 작센 선제후인 아우구스트를 새로운 왕으로 추대하도록 강요했다.

　프랑스와 스페인은 오스트리아, 러시아를 비롯해 일부 독일 군주국들과 전쟁을 벌였다. 프랑스는 대부분의 전투에서 승리를 거두고 오스트리아로부터 독일과 이

연대표	
1717-1720	4국 동맹 전쟁
1721	최초 영국 수상인 로버트 월폴이 경제 성장의 시대를 예고
1733-1738	폴란드 왕위 계승 전쟁
1740-1748	오스트리아의 왕위 계승 전쟁
1756-1763	7년 전쟁

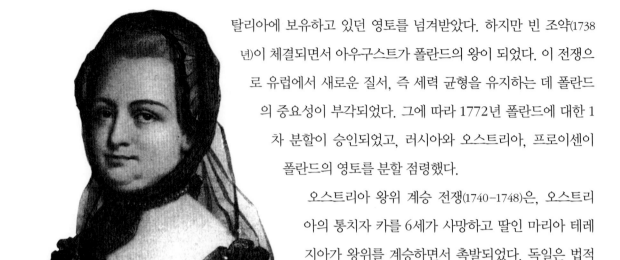

탈리아에 보유하고 있던 영토를 넘겨받았다. 하지만 빈 조약(1738년)이 체결되면서 아우구스트가 폴란드의 왕이 되었다. 이 전쟁으로 유럽에서 새로운 질서, 즉 세력 균형을 유지하는 데 폴란드의 중요성이 부각되었다. 그에 따라 1772년 폴란드에 대한 1차 분할이 승인되었고, 러시아와 오스트리아, 프로이센이 폴란드의 영토를 분할 점령했다.

오스트리아 왕위 계승 전쟁(1740-1748)은, 오스트리아의 통치자 카를 6세가 사망하고 딸인 마리아 테레지아가 왕위를 계승하면서 촉발되었다. 독일은 법적으로 남자만 왕위 계승권을 가졌기 때문에 테레지아가 왕위를 계승하자 논란이 일어났다. 곧 프로이센의 프리드리히 2세는 오스트리아를 공격했고 슐레지엔을 점령했다. 프랑스와 스페인, 바이에른, 사르데냐 왕국이 공격에 가담했다. 하지만 오스트리아는 마리아 테레지아의 용감한 지도력과 영국, 네덜란드의 지원으로 공격을 막아내고, 슐레지엔을 제외한 대부분의 영토를 지킬 수 있었다.

● 오스트리아의 마리아 테레지아는 신성로마제국의 황제인 프란츠 1세와 결혼했고 16명의 자녀를 낳았다. 그녀의 막내딸이 후에 프랑스 국왕 루이 16세의 왕비가 된 마리 앙투아네트였다

Tips of History

프로이센의 발흥

18세기에 일어난 가장 중요하면서도 뜻밖의 변화 중 하나는 프로이센이 주요 열강의 반열로 급부상한 것이었다. 브란덴부르크-프로이센의 영토는 유럽 북부 이곳저곳에 흩어져 있었다. 포메라니아 동부와 브란덴부르크, 프로이센 동부로 구성된 나라였고 호엔촐레른 왕조가 지배했다. 인구도 적었고 천연 자원도 부족했다. 하지만 프로이센의 통치자인 프리드리히 1세(재위 1713-1740)와 프리드리히 2세(재위 1740-1786)는 유능하고 야심찬 지배자의 모습을 보여주었다. 그들은 규율과 권위를 바탕으로 정부를 조직했다. 그리고 이 정부는 프로이센 군대에 대한 지원을 최우선으로 삼았고, 그로 인해 프로이센 군대는 유럽 곳곳의 전쟁터에서 기대 이상의 성과를 낼 수 있었다. 유럽은 1740년에 프로이센이 오스트리아의 슐레지엔을 함락시키자 프로이센 군대의 능력을 절감하고, 이후 7년 전쟁 내내 프로이센이 다른 나라와 동맹을 결성해서 더 이상 강력해지지 못하도록 견제해야 했다.

7년 전쟁

슐레지엔을 되찾기로 단단히 결심한 마리아 테레지아는 러시아의 엘리자베타 여제와 반(反)프로이센 동맹을 결성하고 여기에 교묘한 외교적 수완을 발휘해 프랑스도 끌어들였다. 프리드리히 2세는 오스트리아의 공격을 예측하고, 영국과 동맹을 맺었다. 프리드리히 2세가 1756년에 오스트리아의 동맹국인 작센에 선제공격을 감행하면서 7년 전쟁(1756~1763)이 시작되었다.

프로이센이 작센을 점령하기는 했지만 상황이 좋지만은 않았다. 오스트리아와 프랑스, 러시아, 스웨덴, 대부분의 독일 군주국이 프로이센에 대적하기 위해 뭉쳤기 때문이다. 프리드리히 2세는 속도가 유일한 희망이었기에 결단력 있게 움직였다. 1757년에 프로이센 군대는 로스바흐와 작센에서 프랑스 군을 물리치고, 슐레지엔 로이텐에서 오스트리아군을 격퇴했다. 이듬해에는 영국이 추가로 프랑스 군에게 패배를 안겨주었다. 하지만 프로이센 군대는 한계에 다다랐고 거의 탈진할 지경에 이르렀다. 적들이 도발하지 않은 것이 그들로서는 정말 다행스러운 일이었다.

한편 1762년 러시아에서는 엘리자베타 여제가 사망하자, 열렬한 프리드리히 지지자인 표트르 3세가 그 뒤를 계승하면서 독단적으로 프로이센과 평화 조약을 체결했다. 프로이센은 이 운명의 전환으로 간신히 위기를 넘기고 1763년에 체결된 조약에 따라 슐레지엔을 계속 점유했다.

유럽 자본주의의 등장

1492~1775

유럽이 근세에 들어서 세계 경제를 지배하는 위치까지 급격히 성장한 데는 2가지 이유가 있었다. 첫 번째 이유는 유럽의 탐험이었다. 유럽은 탐험을 통해서 서쪽으로는 새로운 대륙을 발견했고 동쪽으로는 무역로를 개척했다. 두 번째 이유는 상인 자본주의의 성장이었다. 일찍이 이때부터 베니스와 안트웨르펜, 제노바, 암스테르담, 런던 같은 유럽 도시에서 산업화 이전의 자본주의 형태가 발전하기 시작했다. 이들 도시에서는 복잡한 은행업무 체계와 신용거래 체계가 이미 확립되어 왕이나 정부는 물론이고, 장거리 무역상에 대한 재정 지원이 이루어졌다. 18세기 후반에 들어서 대량생산 설비가 발달하고 공장이 들어서면서, 상인 자본주의는 근대적인 산업 자본주의로 탈바꿈했다.

안트웨르펜의 등장

1492년에 유럽 경제를 지배한 세력은 베니스와 한자동맹이었고, 이들은 각자 자체적인 무역망을 가지고 있었다. 이러한 무역구도가 1500년대 초에 변화를 맞이했다. 포르투갈 상선이 동인도제도에서 향신료를 싣고 플랑드르(중세에 북해 연안의

● '영국 해군 전함을 공격하는 해적선' 빌럼 판 더 펠더 (아들) 작

저지대 남서부에 있던 공국) 도시인 안트웨르펜으로 들어오기 시작한 것이다. 이때부터 향신료 무역을 지배하던 베니스의 독점이 깨졌다. 같은 시기에 한자동맹 상인들은 주요 수입원 중 하나인 발트 해의 곡물 무역 지배권을 놓고 심각한 경쟁에 직면했다. 그들의 경쟁 상대는 플랑드르와 영국이었다. 16세기 상반기에 안트웨르펜은 국제 무역의 중심지가 되었다. 상인과 금융가가 안트웨르펜으로 몰려들었고, 전 세계에서 들어오는 화물이 이 도시의 항구를 거쳤다. 스페인 상선은 아메리카 대륙에서 생산된 은을 싣고 왔고, 포르투갈 상선은 후추와 계피를 싣고 왔으며, 네덜란드와 플랑드르 상선은 발트 해 연안에서 생산되는 곡물을 유럽 남부로 실어 날랐다.

네덜란드의 황금 시대

1557년에 스페인이 파산하면서 안트웨르펜의 은행 체계가 타격을 받았다. 게다가 이후 몇 십 년 동안 네덜란드의 종교 전쟁이 도시를 휩쓸었다. 따라서 제노바가 안트웨르펜의 자리를 이어받아 유럽의 선구적인 금융 중심지가 되었다. 그리고 1600년대 초에는 암스테르담이 제노바를 대신했다. 1585년에 스페인이 안트웨르펜을 약탈하고 도시가 붕괴하자, 그곳에 남아있던 상인과 은행가가 대거 암스테르담 항구로 이주해왔다. 암스테르담에 곧 안정적이고 유연한 은행 체계가 갖춰졌다. 이와 더불어 발전된 항해술과

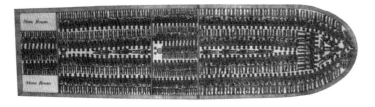

● 배에 최대한 많은 노예를 싣는 방법을 보여주는 수치스러운 계획

유럽에서 가장 대규모의 상선단, 그리고 풍차와 이탄(햇수가 오래지 않아 완전히 탄화하지 못한 석탄의 일종)을 이용한 저렴하고 풍부한 에너지 덕분에, 암스테르담과 네덜란드는 이후 17세기의 유럽과 아시아 무역을 지배할 수 있었다.

본격적인 무역 경쟁 시대

17세기 후반에 들어 스페인과 포르투갈이 쇠퇴하면서 유럽에서 선구적인 경제 강국으로 부상한 영국과 네덜란드의 무역 경쟁이 갈수록 뜨거워졌다. 그리고 이 경쟁은 양국의 정부가 기꺼이 중상주의 정책을 채택하면서 더욱 첨예해졌다. 중상주의는 식민지에서 획득한 모든 부는 모국이 독점한다는 일종의 보호주의였다. 결국 이 같은 대립은 1652년부터 1674년까지 3번에 걸친 영국-네덜란드 전쟁으로 이어졌다. 네덜란드는 2번째와 3번째 전쟁에서 승리를 거두면서 유럽에서 가장 강력한 해군력을 과시했다.

프랑스도 경제적 패권을 놓고 경쟁하고자 했지만 후발주자로 식민지 경쟁에 참여한 까닭에 노력에 비해 성과는 미미했다. 게다가 농업과 제조업 분야를 상업화시키는 능력도 부족했다. 17세기에 영국과 네덜란드는 공유지를 사유지로 전환해서 농업 생산성을 높였고 그 덕분에 노동력을 제조업에 투입할 수 있었다. 또한 윤작과 낙농업 기술을 발전시키고 배수 문제를 개선해 늪지대를 개발했다. 하지만 프랑스 농민들은 전통적인 방식을 고집했고 이러한 개혁을 강력히 반대했다.

네덜란드의 경제적 지위를 차지하려는 영국의 노력이 마침내 1680년대부터 빛을 보기 시작했다. 네덜란드의 경기가 침체되면서, 영국은 견고한 은행 표준과 안정된 국가 채무 체계를 바탕으로 해외 투자를 통해 막대한 이

● 증기기관의 개발은 산업화에 커다란 변화를 가져왔다.

익을 얻었다. 특히 이러한 이익의 상당 부분이 네덜란드에 대한 투자를 통해 발생했다. 또한 1685년에 루이 14세가 낭트 칙령을 철회하고 위그노파 피난민이 대거 잉글랜드 남부로 이주하면서, 영국의 경제 붐이 더 한층 가속되었다. 이들 이민자 덕분에 영국의 양조와 제지, 유리 공예, 도자기, 실크 직조 기술이 크게 발전했다.

산업화의 태동

네덜란드는 상인 자본주의 시대에 경제 주도권을 장악했지만 산업화 시대에도 계속해서 경쟁력을 유지하기에는 인구와 천연자원이 상대적으로 너무 부족했다. 18세기 전반에 걸쳐서 영국은 석탄을 이용해 새로운 형태의 풍부한 에너지를 생산했다. 같은 시기 네덜란드에서는 이탄 자원이 고갈되고 있었다. 또한 1770년대에 증기기관이 개발되어 기계 동력으로 사용되고 직물 산업이 기계화되면서, 영국에 초기 형태의 공장들이 생겨났고 대량 생산을 위한 새로운 시대가 시작되었음을 알렸다.

연대표	
1501	동인도제도의 향신료를 실은 포르투갈 상선이 최초로 안트웨르펜에 도착
1535	안트웨르펜이 아메리카 대륙에서 생산된 스페인 은의 중심 유포지가 됨
1585	스페인이 안트웨르펜을 약탈
1627	스페인의 2차 부도로 제노바의 은행 체계가 타격을 입음
1693	국가 채무에 대한 영국 의회의 지불 보장
1769	리처드 아크라이트가 방적기 틀을 발명
1776	제임스 와트가 증기기관을 발전시킴으로써 제직과 제분 생산이 산업화됨

유럽 계몽주의

1650~1800

17세기에 일어난 종교 전쟁과 그로 인한 참상을 경험한 유럽의 많은 지식인들은, 맹목적인 믿음이 지혜를 얻고 만족한 삶을 사는 최선의 길이라는 생각에 회의를 품기 시작했다. 놀라운 과학적 발견 또는 당시에 알려진 대로 '자연 철학'에 고무된 지식인들은 이성을 강조하는 과학적 방법이 아마도 지식을 얻는, 그리고 한층 더 평화롭고 조화로운 공존으로 가는 더 확실한 길일 수도 있다고 생각하기 시작했다. 인간사(人間事)에서 이성이 최우선적인 안내자가 되어야 한다는 생각은, 17세기 후반부터 1800년경까지 유럽인들의 사고방식을 지배한 계몽주의 운동의 토대가 되었다.

철학자들은 이성이 인간에게만 있는 힘이고 인간 발전의 열쇠라고 주장했다. 이성은 과학뿐 아니라 철학, 사회 조직, 정치, 교육, 법, 예술에도 효과적으로 적용될 수 있었다. 철학자들은 이성을 무지와 독단, 미신은 물론이고 중세 시대의 특징이기도 한 권위에 대한 맹목적인 복종과 비교했다. 또한 이성을 가장 효과적으로 활용할 수 있는 분야가 바로 수학이라고 주장했다.

수학의 토대 구축

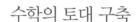

계몽주의 사상가들은 수학으로부터 많은 영향을 받았는데, 그들은 수학을 모든 과학적 탐구의 전형으로 여겼다. 16세기 후반에는 수학이 유럽에 있는 대부분의 대학에서 주요 학문으로 자리 잡았다.

이탈리아 르네상스 화가들과 건축가들은 원근감을 표현하기 위해서 기하학 원리를 사용했다. 물리학에서는 이탈리아의 갈릴레오 갈릴레이(1584-1642)가 낙하 법칙을 밝혀내기

● 아이작 뉴턴은 1668년에 최초로 굴절망원경을 발명했다. 그것은 25배까지 확대가 가능한 광택이 있는 금속 반사경으로 되어 있는 것이 특징이다.

위해 수학을 이용했다. 영국의 아이작 뉴턴(1643-1727)도 중력과 운동 법칙을 체계화시키면서 마찬가지로 수학을 이용했다.

철학자들은 우주를 수학적인 구조로 간주하기 시작했다. 그들은 원리 또는 자명한 이치로 시작해서 일련의 자명한 단계를 거쳐 결론에 도달하는 수학이 모든 과학 분야에서 발전을 불러올 것이고, 궁극적으로는 신비한 자연 현상을 간단한 법칙으로 풀어내게 될 거라고 예상했다.

학문 분야의 네트워크

17세기 중반에 이르자 인쇄와 제지 기술이 발달하고 식자율과 교육 지수가 높아지면서 과거에 비해 훨씬 많은 사람들, 특히 도시민에게 정보와 지식이 전달되었다. 더불어서 계몽주의가 더욱 많은 사람들에게 영향을 미쳤다. 캠브리지 같은 대학은 물론이고, 독일과 이탈리아의 왕실이 과학 혁신의 중심지 역할을 하기도 했다. 로마의 린체이 아카데미와 영국에 있던 왕립학회 같은 조직도 같은 역할을 수행했다.

해부학과 천문학, 화학, 물리학에서 중요한 발전이 이루어졌다. 서로 다른 도시에 있는 학자들은 편지를 왕래하면서 연계를 이루었는데, 이들이 주고받은 학구적인 내용의 편지가 자주 철학 잡지에 소개되었다. 이런 현상은 1660년대 들어서 처음 등장했다.

1751년부터 1766년까지 프랑스에서 발간된 '백과전서'는, 당시까지 인간에게 알려진 모든 지식을 선구적인 계몽주의 학자들이 공동으로 집대성한 방대한 작품이었다. 편집자들은 백과전서가 중세의 독단과 미신을 몰아내고 관용과 이성주의로 대표되는 계몽주의 이상이 들어서는 데 도움이 되기를 원했다. 이 책은 종교가 궁극적

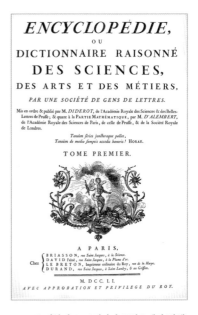

● 토머스 페인의 〈이성의 시대〉(1793-1794)는 기독교 교리에 이의를 제기했다

● 1751년부터 1772년까지 프랑스에서 발행된 '백과전서'는 총 35권으로 구성되었다

인 지식의 원천이 아니라 단지 철학의 한 갈래라고 정의하기도 했는데, 그 때문에 프랑스 정부가 효과는 없었지만 여러 해 동안 공식적으로 이 책의 유통을 금지했다.

정치적 이상

볼테르(1694-1778)와 몽테스키외(1689-1755) 같은 계몽주의 사상가는 이성주의에 입각한 원칙들을 사회와 정치에도 적용시키길 원했다. 볼테르는 오늘날에 보기에는 평범하지만 당시에는 파격적인 운동을 전개했다. 신앙의 자유, 시민권, 공정한 재판을 받을 권리를 요구하고 더불어서 고문 형벌이나 검열, 농노제 등의 폐지를 주장했다.

몽테스키외는 인간의 본성이 다른 우주 만물과 마찬가지로 과학 법칙에 지배를

● 볼테르는 사회 개혁과 신앙의 자유를 추진하기도 했지만 위트 있는 사람으로도 잘 알려져 있다.

과학 기술

계몽주의 시대에 들어서, 자연 현상을 관찰하고 다룰 수 있는 보다 정교한 기구들이 개발되면서 과학이 발달할 수 있었다. 17세기 초에 발명된 현미경은 동물학과 식물학 연구를 발전시켰다. 한편 거의 같은 시기에 망원경이 발명되면서 천문학 연구에도 커다란 변화가 일어났다. 1640년대에는 유체를 압력이 낮은 곳에서 높은 곳으로 이동시키는 펌프가 개발되었고, 과학자들은 진공상태가 실제로 가능하며 고대 그리스 사상가 아리스토텔레스의 견해가 틀렸음을 확인했다. 드니 파팽 같은 펌프 설계자들은 증기기관을 개발하는 초기 단계에서 중대한 역할을 수행했다. 영국인 토머스 뉴커먼은 1712년에 최초의 실용적인 증기기관을 발명했고, 이 증기기관은 탄광에서 물을 빼는 데 사용되었다.

● 현미경이 발명되면서 생물학적 발견이 가능하게 되었다.

받는다고 믿었다. 기후가 인간의 기질에 영향을 주기 때문에 이상적인 정부는 해당 국가의 기후에 따라 좌우된다고 생각했다. 그의 결론에 따르면 시원한 기후대에 위치한 나라는 민주주의를 선호하지만, 더운 지방에 위치한 국가에서 운용 가능한 정부란 독재 정권이 유일했다. 일반적인 다른 계몽주의 사상가들처럼 몽테스키외는 이성에 대한 절대적인 믿음을 지니고 있었다.

볼테르나 토머스 홉스(1588-1679), 존 로크(1632-1704), 장 자크 루소(1712-1778), 드니 디드로(1713-1784) 같은 계몽주의 사상가들은 미국 독립 혁명과 프랑스 혁명을 주도한 사람들에게 중요한 영향을 주었다.(101–104, 106–109쪽 참조)

LECTURE 11

오스만 제국의 번성

1492~1640

오스만 왕조는 1300년대 초기에 아나톨리아에 거점을 마련한 터키의 이슬람 전사 오스만 1세에 의해 세워졌다. 이후 200여 년 동안 오스만 왕조는 세계에서 가장 강력한 제국 가운데 하나였다. 제국이 전성기에 달했던 16세기 에는 서남아시아 대부분 지역과 중동, 유럽 동서부 지역, 북아프리카를 장악했다. 이 시기에 오스만 군대가 절대 적인 위력을 과시할 수 있었던 것은 뛰어난 포병과 강력한 해군, 효율적인 징병 제도와 훈련 제도 덕분이었다. 특 히 왕실 근위대는 공포의 대상이었다. 이들은 발칸 제국에서 공물과 함께 진상된 기독교도의 자녀들로 구성되었 고, 엄격한 규율 아래 훈련받았으며 술탄에게 지극히 충성스런 조직이었다.

● 1456년 7월 4일 무하마드 2세의 지휘 아래 베오그라드를 공격하 는 투르크군의 모습. 투르크의 세밀화가인 모하메드 베이 작품

오스만 제국의 확장

오스만 제국은 1453년에 콘스탄티노플을 정 복하면서 비잔틴 제국을 종식시켰고 유럽 동 서부와 지중해 동부에서 절대 강자의 지위를 확고히 했다. 그리고 이것은 오스만 제국이 유럽과 중동, 북아프리카로 깊숙이 국경을 확 장하는 팽창 시대의 서막을 알렸다. 제국은 무하마드 2세(메메드 2세라고도 함, 재위 1451- 1481)와 셀림 1세(재위 1512-1520) 같은 유능한 술탄의 지배 아래 번성했다. 1516년에 셀림 1 세는 맘루크 왕조를 공격해 무너뜨리고 시리 아와 팔레스타인, 이집트, 이슬람의 두 성도 (聖都)인 메카와 메디나를 합병했다. 이 같은

전과에 힘입어 오스만 제국의 술탄은 메카 귀족인 샤리프로부터 이슬람 공동체의
통치자란 뜻으로 칼리프 칭호를 받았다.

술레이만 대제

오스만 제국은 술레이만 대제(재위 1520-1566)가 통치하면서 국력
의 정점에 달했다. 술레이만은 몸소 오스만 제국의 군대를 이끌
고 광범위하게 정복 사업을 벌였고, 베오그라드(1521년)와 로도스
(1522년), 북아프리카 대부분 지역을 점령했다. 1526년에는 모하
치 전투에서 결정적인 승리를 거둬 헝가리를 속국으로 만들었다.
트란실바니아와 왈라키아, 몰다비아 역시 술레이만이 집권하던
시기에 오스만 제국의 속국이 되었다. 1529년에는 술레이만 군
대가 빈을 포위하기도 했다. 하지만 지나치게 확장된 보급로
와 혹독한 겨울 날씨 때문에 결국 퇴각했다.

또한 술레이만의 통치 아래 오스만 제국은 강력한 해군을
보유하게 되었다. 강력한 해군력을 바탕으로 지중해 대부분
지역을 장악하고 알제리(1541년), 튀니지(1535년에 잠시 점령했
다가 1574년에 재차 점령함), 니스(1543년), 키프로스(1571년)를 정복했다.

● 술레이만 대제. 이 초상화
는 1530년경 티치아노에 의
해 그려진 것으로 추정된다.

또한 술레이만은 뛰어난 시인인 동시에 열렬한 예술 애호가였다. 그의 후원 아
래 오스만 제국의 건축 기술이 절정기를 맞기도 했다.

오스만 제국은 레반트를 정복함으로써 방대한 육상 무역로 망의 중심에 위치하
게 되었다. 동쪽으로부터 향신료와 실크, 자기 제품이 들어왔고, 아프리카에서 사
금과 노예, 보석이, 유럽에서는 직물과 유리, 목재가 들어왔다. 이 무역망을 지배
하면서 오스만 제국은 막대한 부를 축적했고 유럽에서, 특히 동방 무역을 공유하
고자 갈망한 베니스에서 정치적인 영향력을 행사하게 되었다.

유럽에서의 오스만 제국

1540년대에 이르러 오스만 제국은, 스페인과 오스트리아의 합스부르크 왕조에 대항해 프랑스, 영국, 네덜란드와 군사 동맹을 체결하면서 유럽 무대에서 중요한 역할을 맡게 되었다. 오스만 제국의 군사 행동은 1540년대와 1560년대에 주로 오스트리아를 상대로 진행되었다. 하지만 1568년 이후로 오스만 제국과 합스부르크 왕조의 국경이 도나우 강으로 고착되었고, 이후 19세기까지 거의 변하지 않았다.

1571년에는 유럽 기독교 국가들로 구성된 동맹군이 레판토 해전에서 오스만 제국 함대에게 대대적인 승리를 거두었다. 오스만 제국은 6개월 만에 함대를 복구했다. 하지만 이 해전에서 숙련된 해병들을 많이 잃었기 때문에, 효율적으로 전투를 수행하는 데 어려움을 겪었고, 그로 인해 지중해에서 확장 사업에 발목이 잡혔다.

사파비 왕조와의 전쟁

오스만 제국은 16세기 대부분 기간과 17세기 초반에 페르시아에 있는 사파비 제국과 장기화된 전쟁에 휘말렸다. 시아파인 사파비 제국은 수니파인 오스만 제국과 자연스럽게 경쟁 구도를 형성했다. 덕분에 이 기간에 유럽은 오스만의 추가 팽창 위협에서 벗어날 수 있었다. 셀림 1세가 이끄는 오스만 제국은 1514년 찰디란 전투에서 사파비 제국에게 대승을 거두고 쿠르디스탄을 점령했다. 그리고 1535년에 술레이만 대제가 메소포타미아를 합병하면서 바그다드를 점령했고 페르시아 만으로 가는 길을 열었다. 하지만 이러한 흐름은 사파비 왕조가 1602년과 1618년에 메소포타미아와 쿠르디스탄을 재점령하면서 역전되었다. 무라드 4세(재위 1623-1640)는 전쟁에 참전해서 직접 군대를 이끈 마지막 술탄이었다. 그리고 1635년에 예레반과 1639년에 바그다드를 다시 점령하면서 오스만 군대의 부활을 이끌었다.

● 1522년에 오스만 제국 군대로부터 로도스를 방어하고 있는 성 요한 기사단

오스만 제국은 1683년까지 계속 주된 팽창주의 국가로 남았지만, 오스만 군대의 우월성은 술레이만이 통치하던 시기를 정점으로 내리막길을 걸었다. 16세기 후반부터 오스만 제국의 해군력과 전투 기술은 유럽에 뒤처지기 시작했다. 또한 포르투갈과 스페인, 프랑스, 네덜란드, 영국이 아시아로 가는 다른 해로를 개척하면서 오스만 제국의 경제를 위협했다.

게다가 오스만 제국은 아나톨리아에서 일어난 일련의 반란, 즉 젤랄리 반란으로 더욱 쇠약해졌다. 이 반란은 16세기 후반과 17세기 초에 발생했다가 진압되었고, 재차 1650년대에 일어났다. 17세기에 이르러 새로운 문제가 등장하기도 했다. 술탄의 정예 군대인 왕실 근위대가 정치적으로 지나치게 강력한 권력을 갖게 되면서, 그들이 인정하지 않는 술탄을 상대로 반란을 일으키는 경우가 빈번해진 것이다.

연대표

1514	셀림 1세가 찰디란 전투에서 사파비 왕조에게 승리
1516	셀림 1세가 마르지 다빅에서 맘루크에게 승리
1533	술레이만이 합스부르크 왕조의 페르디난드와 평화 조약을 체결
1574	오스만 제국이 튀니지를 재점령하면서 북아프리카 연안을 완전히 정복
1622	술탄 오스만 2세가 왕실 근위대에게 살해됨
1639	카스리 시린 조약이 체결되고 오스만 제국과 사파비 제국 사이에 영구 국경이 확립됨
1639	무라드가 데브시르메, 즉 기독교 소년 징발 제도를 폐지해서 왕실 근위대 권력을 축소시키고자 시도

오스만 제국의 쇠퇴

오스만 제국은 중간에 짧은 부흥기를 거치기도 하면서 매우 서서히 쇠퇴해 갔다. 처음에는 거의 알아차리지도 못할 정도로 징후가 미미했다. 농업을 기반으로 하는 제국의 경제는 탄탄했고 자생력이 있었다. 그리고 쾨프륄뤼 같은 명가에서 배출한 위대한 와지르(이슬람 왕조에서 최고위 관직을 일컫는 칭호)가 이끄는 오스만 제국은 세계 무대에서 여전히 만만치 않은 강국이었다. 하지만 제국 내에 존재하는 제도적인 문제와 국제 무역의 중심지로서 지위가 약화되면서, 오스만 제국의 쇠퇴는 아주 천천히 진행되긴 했지만 갈수록 명백해졌다.

● 록셀라나라고도 불린 휘렘은 한때 술레이만 대제의 하렘에 소속된 폴란드인 포로였지만 후에 그의 법적인 아내이자 황태자의 어머니가 되었다

내란과 반란

1640년부터 1656년 사이에 제국은 일련의 내부 문제로 위기를 겪었다. 전국적으로 여러 지방에서 내란이 일어났고, 물가가 상승하면서 상대적으로 병사들 임금이 줄어들자 군대에서 불만의 목소리가 커졌으며, 술탄으로 추대할 마땅한 후계자가 없어서 왕위 계승 문제가 발생하기도 했다. 1645년에 베니스의 크레타를 정복하려던 시도가 실패하면서 오스만 해군의 나약함이 드러나자, 곧바로 베니스 함대가 다르다넬스 해협을 봉쇄하고 콘스탄티노플에 위협을 가했다. 이 몇 년은 술탄의 하렘에 있던 '모후의 섭정'이 정치적으로 강력한 위세를 떨치던 '여성 술탄'의 시대로 알려진 시기 중 일부였다.

　1656년에 쾨프륄뤼 메메드 파샤(재임 1656-1661)가 '대(大)와지르', 즉 총리직에 오르면서 남성이 다시 집권하기 시작했다. 그는 짧은 5년의 재임 기간 동안에 부패를 근절하고 무능한 관료를 축출했으며 여러 번의 반란을 진압했다. 또한 오스트리아에 대한 제국의 방어를 강화했으며 크레타에 대한 군사 행동을 성공적으로 이끌었다.

메메드 파샤의 뒤를 이은 그의 아들 쾨프륄뤼 파질 아메드 파샤(재임 1661-1676)는 폴란드령 우크라이나 포돌리아를 정복하고 크레타 정복을 마무리지었다.

● 대(大)와지르이자 군부 지휘자인 카라 무스타파 파샤는 오스만 제국의 지배력을 유지하고자 싸웠다.

부활과 쇠퇴

오스만 제국의 부활을 나타내는 이런 징후에 용기를 얻은 파질 아메드 파샤의 계승자 카라 무스타파 파샤(재임 1676-1683)는 새로이 빈을 침공했다. 하지만 1683년에 행해진 이 빈 공략은 치밀하게 계획되지 못했고 따라서 오스만 군대는 독일과 폴란드 연합군에게 무참히 패배했다. 이 공격은 오스만 제국이 유럽 기독교 국가에게 가한 마지막 공격이 되었다.

카라 무스타파는 그해 술탄의 명령으로 베오그라드에서 참수되었다. 그가 처형되고 나자 제국은 무능한 지도력과 부패, 내부 분열로 더 한층 곤욕을 치렀다.

군대가 패배하는 경우도 부쩍 늘어났다. 1684년과 1690년에는 오스트리아 군대가 헝가리와 트란실바니아를 무너뜨렸고, 1688년에는 베오그라드를 점령했다. 베니스가 펠로폰네소스를 장악했고 러시아는 아조프에 위협을 가했다.

1690년에 오스만 제국은 대와지르인 쾨프륄뤼 무스타파의 지휘 아래 잠시지만 부활을 위한 움직임을 시작했다. 쾨프륄뤼 무스타파는 반격을 이끌어 오스트리아를 트란실바니아와 헝가리에서 몰아내고, 도나우 강 너머로 밀어냈다. 하지만 쾨프륄뤼 무스타파는 이듬해에 오스만 군대가 대패한 슬란카멘 전투(1691)에서 목숨을 잃었다.

1696년에 러시아의 표트르 대제가 아조프를 점령했다. 이듬해에는 오스트리아 군대가 세르비아 북쪽 젠토에서 오스만 제국군을 기습해 커다란 피해를 주었다. 잇단 패배를 당한 오스만 제국은 2년 뒤에 열린 평화 조약에서 오랫동안 보유해

온 영토를 포기해야 했다. 오스트리아에게는 헝가리와 트란
실바니아를 넘겨주고, 폴란드에게는 포돌리아를 넘겨주
었다.

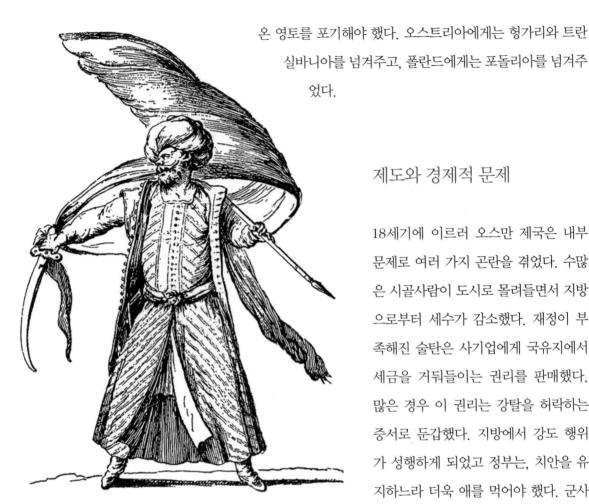

● 왕실 근위대는 오스만 제
국의 강력하고 전문적인 군
인들이었다.

제도와 경제적 문제

18세기에 이르러 오스만 제국은 내부
문제로 여러 가지 곤란을 겪었다. 수많
은 시골사람이 도시로 몰려들면서 지방
으로부터 세수가 감소했다. 재정이 부
족해진 술탄은 사기업에게 국유지에서
세금을 거둬들이는 권리를 판매했다.
많은 경우 이 권리는 강탈을 허락하는
증서로 둔갑했다. 지방에서 강도 행위
가 성행하게 되었고 정부는, 치안을 유
지하느라 더욱 애를 먹어야 했다. 군사
정복이 시들해지면서 정복지 국민의 자
녀들을 모집해 왕실 근위대로 육성하는 제도, 즉 데브시르메가 붕괴하기 시작했
다. 왕실 근위대는 갈수록 세력이 강해졌고 부패해졌으며, 혹독한 군사 활동보다
궁정에서의 사치스런 생활을 선호했다.

여기에 더해서 제국은 뼈아픈 경제적 쇠퇴와 직면했다. 홍해와 페르시아 만을
통해 아시아로 이어지는 오스만 제국의 무역로가 점점 더 기능을 상실하고 아시
아 상품들이 희망봉을 돌아서 암스테르담 또는 런던으로 들어왔다. 게다가 러시
아는 동쪽으로 확장하면서 오스만과 사파비 제국의 중국으로 이어지는 전통적인
대상로(隊商路)를 우회하여 시베리아를 횡단하는 무역로를 개척했다.

오스만 제국의 멸망

이러한 어려움에도 불구하고 오스만 제국은 한동안 만만치 않은 전투력을 유지했다. 1711년에 프루트 강에서 표트르 대제를 상대로 승리하면서 오스만 제국은 아조프를 재탈환했고, 적어도 한동안은 흑해 지역에서 러시아의 지배력에 제동을 걸었다. 또한 1714년부터 유럽에 대한 공격을 개시해 오스트리아로부터 펠로폰네소스를 탈환하고, 뒤이어 1739년에는 1717년에 빼앗긴 베오그라드를 탈환했다. 하지만 이러한 성과는 경쟁국에 비해서 심각하게 떨어진 오스만 제국의 군사적 전술과 기술을 잠시 숨겨준 것에 불과했다. 그리고 그 실상은 1770년 체슈메 전투에서 러시아에게 처절한 참패를 당함으로써 적나라하게 드러났다. 이 전투에서 러시아는 오스만 제국의 해군을 거의 궤멸시키고 크림 반도를 영구 점령했다. 18세기가 끝나갈 즈음에는 오스만 제국의 심장부를 제외한 아나톨리아와 중동에 있는 영토 대부분이 사실상 독립했다.

연대표	
1648	왕실 근위대가 술탄 이브라힘을 퇴임시키고 살해
1656	베니스 함대가 다르다넬스 해협에서 오스만 해군에게 승리
1683	오스만 제국의 두 번째 빈 공격이 실패
1699	카를로비츠 조약으로 오스만이 발칸 지역을 상실
1736	러시아 군대가 아조프를 재점령하고 야시로 진격
1739	베오그라드 조약이 체결되고 오스만 제국이 세르비아 북쪽에서 지배력을 회복
1783	예카테리나 러시아 여제가 크림 반도와 북해 연안을 합병

페르시아 사파비 제국과 인도 무굴 제국의 발흥

1500~1779

16세기에 들어서 페르시아와 인도에는 여러 강력한 국가들이 등장했다. 페르시아에서는 샤 이스마일이 사파비 제국을 설립한 이후로 급속하게 성장하다가 서쪽에서 더 강력한 오스만 제국과 충돌했다. 나약한 지도력에 외세 침략까지 겹치면서, 1722년 사파비 제국은 페르시아에서 막을 내렸다. 페르가나 출신의 투르크족인 무굴이 1500년대 초에 인도 북부를 침략했고, 그곳에서 18세기 후반까지 지속된 강력한 제국을 건설했다.

● 샤 아바스가 사파비 제국을 지배하던 시대의 세련된 모습을 보여주는 프레스코화

페르시아 사파비 왕조의 융성

15세기 동안 페르시아는 각각의 지역을 지배하는 적대적인 여러 왕조들로 분열되어 있었다. 이들 왕조 가운데 하나가 14세기 초 아르다빌에서 셰이크 사피 옷 딘이 건립하고 북서부 지역에 거점을 마련한 사파비 왕조였다. 사피의 후손 이스마일 1세(재위 1501-1524)가 타브리즈 시를 점령하고 나머지 페르시아 지역을 정복하면서 7세기 이후 최초로 이 지역을 하나의 독립 국가로 통일시켰다. 이스마일은 왕이란 뜻의 '샤(shah)'라는 칭호를 사용하면서 타브리즈를 거점으로 나라를 다스렸다. 이스마일이 지배하는 페르시아는 북동쪽으로 확장했고 중앙아시아 투르크족인 우즈베크족으로부터 호라산(Khorasan)

지역을 빼앗았다. 서쪽으로도 영토 확장을 계속했는데, 카스피 해와 페르시아 만 사이에 있는 지역을 점령하면서 오스만 제국과 정면으로 충돌하게 되었다. 시아파 이슬람교를 국교로 삼은 이스마일은 수니파인 오스만 제국과 전쟁을 벌이는 명분으로 종교적인 차이를 강조했다. 하지만 이후로 150년 동안 계속된 양국의 오랜 갈등은 사실상 영토, 특히 비옥한 메소포타미아 평원에 대한 지배권 때문이었다.

군사적 성쇠에 따라 시소 게임을 벌이던 사파비는 1509년에 메소포타미아를 획득했다가 1534년에 빼앗겼고, 1623년에 다시 탈환했다가 1638년에 영구히 빼앗겼다.

사파비 왕조의 쇠퇴

사파비 제국은 샤 아바스 1세(재위 1588-1629)에 이르러 문화적으로나 영토에 있어서 절정에 달했다. 이 기간 동안 사파비 왕조는 오스만 제국에게 빼앗겼던 지역을 대부분 회복했고, 추가로 무굴 제국의 칸다하르를 점령했으며, 호라산에서 골머리를 썩이던 우즈베크족에게 결정적인 패배를 안겨주었다. 아바스는 에스파한을 사파비 제국의 새로운 수도로 정하고 그곳에 수많은 이슬람 사원과 궁전, 학교, 도로, 다리를 건설했다. 또한 양탄자를 짜고 실크를 직조하는 지방 산업을 활성화시키고 영국, 네덜란드와의 무역을 장려했다.

아바스 2세(재위 1642-1666) 이후로 사파비 제국은 쇠퇴의 길을 걷기 시작했다. 일련의 무능한 샤들이 사치스런 사생활을 유지하느라 세금을 늘리고 아첨과 부패 문화를 조장했다. 후사인 1세(재위 1694-1772)가 페르시아 동부에 있는 아프간을

● 바부르를 그린 미세화. 바부르의 통치 아래 무굴 제국은 북인도 대부분 지방을 지배했다.

● 붉은 요새(Red Fort). 17세기 중엽 샤 자한이 세운 성채로 인도 구(舊)델리에 있다. 붉은 사암의 성벽 때문에 그렇게 불리게 되었다.

강제로 시아파 이슬람교로 개종시키려 하면서 반란이 일어났다. 아프간 군대가 에스파한까지 밀고 내려와 샤를 붙잡아 처형시켰고 그와 함께 사파비 제국의 페르시아 지배가 막을 내렸다. 페르시아는 1720년대에 군부 지도자인 나디르 샤가 등장하기 전까지 한동안 외세 침략과 내부 분열로 시련을 겪었다. 나디르 샤는 1729년에 아프간을 몰아내고, 1732년에는 메소포타미아에서 오스만 제국을 쫓아냈다. 1738년에는 아프간을 정복하고 이듬해에 무굴 제국의 델리를 점령했다. 잠시 위세를 떨치던 나디르 치하의 제국은 1747년에 그가 암살된 이후로 급속히 와해되었다. 페르시아는 이후 1779년 카자르 왕조가 출현하기 전까지 분열 상태를 벗어나지 못했다.

인도 무굴 제국의 발흥

15세기 말과 16세기 초에 우즈베크족이 동쪽으로 이동해서 티무르 몽골족 후손인 무굴족이 살던 페르가나로 들어왔다. 이에 무굴족은 페르가나에서 밀려나 남으로 이동했다. 1504년에 칭기즈 칸과 티무르족의 직계 후손인 바부르(재위 1501–1530)가 이끄는 무굴족이 카불을 점령했다. 무굴족은 이 도시를 거점으로 1519년부터 인도에 대해 산발적인 도발을 하다가 1526년에 이르러 대대적인 침략을 감행했다.

당시 인도는 힌두교와 이슬람교 국가들이 분열해 한창 전쟁을 벌이고 있었다. 그 중에서 가장 강력한 국가는 로디 왕조가 지배하는 이슬람 국가이자 북쪽 지방을 장악하고 있던 델리였다. 또한 남쪽 대부분 지역은 힌두교 국가인 비자야나가르 제국이 장악하고 있었다. 바부르가 이끄는 무굴족은 1526년에 파니파트에서 이슬람 국가인 델리의 이브라힘 로디 술탄을 격파하고 수도인 아그라를 점령했다. 바부르는 계속해서 나머지 북인도 지역 대부분을 점령했지만 제국의 지위를 굳히기 전에 사망했다.

바부르의 아들 후마유(재위 1530-1540)는 1535년에 구자라트에 있는 샴파니르 요새를 점령했지만, 1540년에 아프간 지도자 수르의 셰르 칸에게 패해서 거의 멸망할 지경이 되었다. 아프간 왕조인 수르는 델리와 갠지스 평원을 점령했고, 후마유를 페르시아와 카불 등지에서 유랑하도록 만들었다. 후마유는 죽기 1년 전인 1555년에 힌두스탄을 정복하면서 부활했다.

그의 아들 악바르(재위 1556-1605)는 무굴 제국을 건설하고 인도 북부를 곧장 횡단하면서 국경을 확장했다. 1572년에는 구자라트와 그에 딸린 항구도시들을 점령하고 1576년에는 풍요롭고 비옥한 벵골을 정복하면서, 제국이 장기적으로 탄탄한 경제력을 보유할 수 있도록 토대를 마련했다.

연대표	
1504	우즈베크족이 페르가나에서 무굴족을 몰아냄
1510	샤 이스마일이 우즈베크족을 호라산에서 몰아냄
1539	아프간 수르가 무굴 제국의 영토 대부분을 점령
1556	악바르가 지배하는 무굴 제국인 파니파트에서 수르 군대에게 대승
1576	무굴 제국이 벵골 정복을 완료
1603-1623	샤 아바스가 메소포타미아 지역 대부분을 정복
1722	아프간이 사파비 왕조를 몰락시킴
1729	나디르 샤가 아프간으로부터 에스파한을 탈환

인도 무굴 제국

1605~1765

무굴 제국은 악바르를 계승한 후계자들의 지배 아래 확장을 계속했다. 1707년에 무굴 제국의 6대 황제인 아우랑 제브가 사망할 때에 이르러서는 무굴 제국이 거의 모든 아대륙(현재 남아시아에서 인도, 파키스탄, 방글라데시 등의 나라가 위치한 지역) 국가들을 지배했다. 하지만 이 시점에 멸망의 씨앗도 함께 뿌려졌고, 그로 인해 이후 채 50년도 지나지 않아 무굴 정권은 인도에서 막을 내렸다.

무굴 제국의 통치

악바르의 아들인 자한기르(재위 1605–1627)와 손자인 샤 자한(재위 1628–1658)이 통치한 기간에 무굴 제국은 데칸 고원으로 영토를 확장하고, 군사력과 왕조 간 정략 결혼을 통해 라지푸트족을 안정시켰다. 비록 페르시아에게 칸다하르를 잃고 우즈 베크족의 침입으로 북서부 국경에서 골머리를 앓았지만, 무굴 제국은 17세기 대부분 기간 동안 꾸준히 확장을 계속했다. 제국의 영토는 아우랑제브(재위 1658–1717)가 비자푸르(1686년)와 골콘다(1687년)를 점령하면서 최대치를 기록했다.

악바르 시대부터 제국은 '수바'라고 불리는 여러 개의 주(州)로 나뉘어 있었다. 그리고 인도 지배계층에서 선발된 '만샤브다르'라고 알려진 공무원들이 이 주를 통치했다. 각각의 만샤브다르에게 는 지위와 보수, 의무에 따라 서열이 주

● 황제 아우랑제브가 무굴 왕실의 황금 옥좌에 앉아 있다.

어졌다. 농민들로부터 세금을 거둬들이는 일은 지방의 힌두교 지주인 '자민다르'가 담당했다. 그들은 자기 몫으로 일정 비율을 뗀 나머지 금액을 국고로 보냈다.

독실한 이슬람교도였음에도 악바르는 이전에 그의 아버지와 할아버지가 그랬던 것처럼 종교적 관용을 베풀었다. 또한 그 덕분에 힌두교도가 다수 집단을 차지하는 인도에서 무굴 제국의 지배를 합법화할 수도 있었다. 하지만 이런 상황은 악바르의 후계자들, 특히 엄격한 수니파 이슬람 양식에 집착한 아우랑제브의 시대에 들어 변화를 맞았다. 아우랑제브는 제국 내에 이슬람 율법인 샤리아 율법을 도입하고자 시도했다. 힌두교 사원을 이슬람 사원으로 바꾸고, 이슬람교도가 아닌 사람들에게 특별 세금을 부과했다.

무굴 제국의 지배에 대한 도전

아우랑제브의 정책은 1670년대에 인도 북부에 있는 자트족과 북서쪽에 있는 시크교도 사이에서 수 차례에 걸친 반란을 촉발시켰다. 더 심각한 문제는 고츠 산맥 서쪽에 사는 힌두교도인 마라타족이었다. 그들은 1660년대에 무굴 제국 군대를 상대로 반란을 일으켜 번번이 승리를 거두고 있었다. 또한 1664년에는 주요 항구도시인 수라트를 약탈하고 데칸 고원 너머까지 공격해 들어왔다. 마라타족은 1707년에 제국으로부터 독립했다.

무굴 제국의 지배에 대한 도전은 18세기 들어서

● 지어진 지 300년이 넘었지만 타지마할은 여전히 세계에서 가장 아름답고 낭만적인 건물이다.

더욱 거세졌다. 1739년에 페르시아 지배자인 나디르 샤(재위 1736-1747)가 카르날에서 무굴 군대를 격파하고 델리를 약탈했다. 이듬해에 마라타족이 카르나타카를 침공했고, 다말셰리에서 무굴제국 군대에게 승리를 거두었다. 잇달아 나약한 황제들이 등극하면서 제국의 지배가 무너지기 시작했다.

만샤브다르는 사망과 동시에 모든 재산이 황제에게 귀속되는 법을 개정하여 그들의 부를 대물림하고자 했다. 하지만 이런 시도가 거부당하자 불만을 품고 지주계급인 자민다르와 연합해서 지방 세력들의 거점을 제국으로부터 분리하려는 시도를 벌였다. 그에 따라 인도 곳곳에서 독립국 성격을 띤 공국들이 생겨나기 시작했다.

유럽의 영향

바스코 다 가마가 1497년에 아시아로 가는 해로를 발견한 이후로 유럽에서는 인도에 대한 경제적 관심이 급증했다. 1500년대 초에 포르투갈이 고아, 다만, 디우에 무역 거점을 세우기 시작했다. 유럽 상인은 대부분 지역에서 그 지역 상인과 무역업자로부터 환영을 받았다. 그리고 유럽 기업과 연결되는 무역 거점은 무굴제국의 경제에서 갈수록 중요한 역할을 차지하게 되었다.

포르투갈은 17세기에 네덜란드와 영국 동인도 회사로 대체되었고 18세기에 들어서는 네덜란드 기업이 비슷한 성격의 프랑스 기업으로 대체되었다. 이들 기업은 각각 모국으로부터 특권을 부여받아 필요한 경우에 영토를 정복할 수 있었다. 그리고 그 영토 안에서 법률을 제정하거나, 재판을 실행하고, 통화를 발행하며, 조약을 체결하고, 전쟁을 수행하는 등 준정부의 역할을 수행할 수도 있었다. 하지만 무굴 제국이 붕괴하기 시작하는 18세기 이전까지 이들 기업은 인도에서 대체로 상업적인 성격을 유지했다.

1740년대에 프랑스와 영국 동인도 회사는 마라타족과 사실상 독립국이나 다름없는 하이데라바드 니잠(Nizam, 통치자) 사이의 갈등에 연루되었다. 프랑스는 니잠을 도와 군사적인 지원을 한 대가로 무굴 제국의 인도 남부에 대한 지배권을 획득했다. 영국 동인도 회사는 1761년에 마라타족을 지원해서 프랑스와 프랑스의 동맹국을 상대로 승리를 거두도록 도와주었다. 1761년에 영국이 퐁디셰리를 점령하면서 프랑스는 인도에서 영향력을 잃었다. 1756년에 영국 동인도 회사는 무굴 제국 내 자치국인 벵골의 총독 시라즈 우드–다울라(재위 1733-1757)와 무력 충돌을 빚었다. 그리고 이 충돌에서 승리한 대가로 1756년 벵골을 접수하면서 인도에서는 처음으로 영토를 획득했다.

무굴 제국을 대신하려는 마라타족의 야망은 1761년에 아흐마드 샤 두라니의 아프간 군대가 파니파트에서 마라타족 군대를 격파하면서 산산이 무너졌다. 아흐마드 샤의 군대는 승리 후에 곧바로 철수했다. 그로 인한 권력 공백은 영국 동인도 회사에게 파니파트를 차지할 수 있는 결정적인 기회를 제공했다. 이후 20여 년 동안 동인도 회사는 점점 더 많은 영토를 획득하면서 영국이 인도를 지배하는 토대를 구축했다.

연대표	
1608	영국 동인도 회사가 인도에서 최초로 무역을 허가받음
1632	샤 자한이 데칸 왕국에 대한 정복 사업을 시작
1669–1678	종교적인 박해로 자트족과 시크교도가 반란을 일으킴
1707	아우랑제브의 죽음으로 무굴 제국이 쇠퇴하기 시작
1757	마라타족이 구자라트에서 무굴 정권을 종식시킴
1765	동인도 회사가 벵골과 비하르를 획득

명나라

1368~1644

원나라 통치 말기에 중국 백성들은 과중한 조세와 토지 몰수에 더해서 흉작과 기근으로 고생했다. 전국 방방곡곡에서 봉기가 일어났으며 1350년대에 들어서 강력한 세력을 갖춘 반군 지도자들도 등장했다. 이들 중 한 명이 양쯔 강 유역에 거점을 마련한 주원장(朱元璋)이었다. 1368년에 주원장은 북으로 진격해서 베이징 근처에 있던 원나라 수도를 함락시켰다. 그리고는 명나라를 세우고 스스로 황제가 되었으며 양쯔 강과 인접한 난징에 수도를 세웠다. 주원장은 중국 역사상 1500년 만에 평민으로 태어나서 황제가 된 인물이었다. 재위 연호가 홍무제인 주원장은 1368에서 1398년까지 명나라를 통치하면서 중국 역사상 가장 독재적인 통치자 중 한명으로 이름을 남겼다. 그는 군주의 독재권 강화를 위해서 재상을 포함한 수많은 조언자를 제거했다.

● 영락제의 칙명으로 만들어진 영락대전은 2,000명의 학자가 동원되었고 400권으로 구성되었다.

홍무제(재위 1368-1398)가 죽고 나자 곧바로 영락제(재위 1402-1424)로 알려진 그의 아들 주체(朱棣)가 권력을 잡았다. 영락제는 몽골에 대항해 5차례 군대를 일으켜서 대대적으로 영토를 확장했다. 아울러 새롭게 확장된 영토를 감독하기 위해서 1421년에 수도를 북쪽에 위치한 베이징으로 옮겼으며, 금단의 도시라는 의미의 자금성으로 알려진 정교하고 복잡한 궁궐을 지었다.

정화의 남해 원정

영락제의 명으로 정화(鄭和, 1371경-1433경) 제독은 남중국해와 인도양, 페르시아 만까지 일곱 차례에 걸쳐서 장거리 탐험을 실시했다. 정화 제독은 예속국에게서 조공을 징수하고 아프리카 동부 해안에 이르기까지 무역 거점을 마련했다. 1433년 정화가 죽자 해상 원정은 중단되었고 중국은 내륙으로 눈을 돌렸다. 명나라의 경제 정책은 대외 무역보다는 자급자족에 맞춰 조정되었다. 영락제의 뒤를 이은 명나라의 황제들은 대부분 무력했고 조정은 최고 권세를 휘두르던 환관과 사대부의 당파 싸움과 권력 투쟁으로 얼룩졌다.

외세 접촉과 침략

평화와 안정이 지속된 16세기에는 인구가 꾸준히 증가했고 국제 무역이 되살아났다. 중국 북부에는 섬유 산업이 번창했다. 중국의 면과 차, 비단은 일본에서 철기와 향신료 등과 거래되거나 유럽으로 보내져서 아메리카 대륙에서 생산된 은과 교역이 이루어졌다. 1557년에 포르투갈 상인이 마카오에 무역 거점을 세웠는데 유럽 상인이 중국 본토에 만든 최초의 영구적

● 이나바 산의 성을 공격하는 도요토미 히데요시. 출처 츠키오카 요시토시(1839–1892)의 화집 《월백자(月百姿)》

인 무역 거점이었다. 이어서 1622년에 네덜란드 상인이 타이완에 요새화된 거점을 마련했다.

1540년대에 명나라는 북쪽 국경에서 만리장성(Tips 참조)을 넘어서 공격해온 몽골에 의해 한 바탕 곤욕을 치렀다. 몽골의 지도자 알탄 칸(재위 1543–1583)은 1550년에 다시 한 번 명나라를 침공했다. 두 번째 침공에서는 베이징을 포위하고 농성을 벌이다가 특별 무역 특권을 약속받고 나서야 겨우 물러갔다. 거의 같은 시기에 중국의 남동부 해안에는 왜구라고 알려진 일본 해적이 극성을 부렸다. 왜구의 침략은 도요토미 히데요시가 일본을 통일하고 남쪽에 위치한 왜구의 본거지를 소탕한 1580년대에 들어서야 멈추었다. 1592년에 히데요시 정권이 조선에 대해 전면적인 침략을 감행하면서, 일본은 명나라의 우방에서 적국이 되었다. 일본군의 규모는 대략 20만 명이었다. 명나라는 조선을 지원하기 위해 대략 백만 명의 군사를 파병했다.

만리장성

중국의 북쪽 경계 지대를 외세의 침략으로부터 막기 위해, 명나라는 기존에 존재하던 수많은 성벽을 연결해서 만리장성을 만들기로 결정했다. 여기에는 이전의 토성들과는 달리 벽돌과 돌이 사용되었다. 1475년에 시작된 공사는 중간에 중단된 적도 있었지만 명조 시대 내내 지속되었다. 17세기 중반에 공사가 완공되자 만리장성은 6,400킬로미터에 달하는, 지금도 그렇지만 인간이 축조한 세계에서 가장 긴 건축물이 되었다. 건설 과정에서 대략 2백만에서 3백만 명의 인부가 사망한 것으로 추정된다. 그 중 대다수가 만리장성의 벽 속에 묻혔다.

명의 멸망

명나라는 조선에서 왜군을 몰아내는 데에는 성공했지만 7년에 걸친 전쟁으로 국력이 쇠하고 재정은 바닥을 드러냈다. 과도한 세금 증책이 시행되었고 이와 맞물려 전국적으로 전염병과 흉작이 발생했다. 부패한 관료들은 민중의 분노에 기름을 부었다. 농민의 봉기는 곧 도시까지 이어졌고 1627년이 되자 중국 북부에는 곳곳에 무장한 반란군들이 등장했다. 사망자 수가 늘어남에 따라 명 왕조의 권위는 땅에 떨어졌다. 오랜 적수인 만주족이 요동 지역과 만리장성 이북, 조선에 대한 주도권을 차지했다. 1641년부터 반란군 지도자인 이자성(李自成)과 장헌충(張獻忠)은 중국의 북부와 서부에 각자 왕국을 건설했다. 1644년에 이자성은 명나라의 마지막 황제인 숭정제가 스스로 목숨을 끊은 바로 다음 날 베이징을 점령했다. 그로부터 채 1년도 되지 않아 도르곤(재위 1628-1644)이 이끄는 만주족은 이자성을 베이징에서 쫓아내고 청나라를 세웠다.

연대표	
1405-1433	정화 제독이 7차례에 걸친 해상 탐험 수행
1520-1521	포르투갈 탐험대가 중국과 접촉해서 유럽인으로는 처음으로 무역 거래를 개시
1556	섬서성에 지진 발생으로 850,000명 사망
1552-1555	왜구가 남경을 포위하여 공격
1592-1598	명나라 군대가 두 번에 걸친 일본군의 조선 침략을 격퇴
1627	대대적인 반란이 중국 북부에서 발생하면서 명나라의 멸망을 예고

청나라의 번성

1644~1783

A SHORT HISTORY OF THE WORLD

명나라가 망하자 뒤이어 권력을 잡은 만주족은 여진족의 후신으로 구성된 부족 연합체였다. 여진족은 원래 조선의 북쪽 지방에서 유목 생활을 하던 부족이었다. 17세기 초반에 누르하치(재위 1586-1626)가 여러 부족으로 나뉘어 살던 여진족을 통일하였고 정치, 군사 기구를 도입하여 조직화시켰다. 누르하치는 12세기와 13세기 초에 중국 북부 지방을 다스렸던 여진족(277쪽 참조)을 계승한다는 의미에서 1616년에 '진 칸'(Jin Khan)이라는 칭호를 사용했다. 명조가 1620년대와 1630년대에 무너지면서 누르하치의 부족 연합은 권력 공백을 틈타 만리장성 이북 지역과 요동 분지를 점령하고 조선까지 세력을 확장했다.

1630년대에 누르하치의 아들 도르곤(재위 1628-1644)은 여진족이라는 이름을 만주족으로 바꾸고 새로운 왕조인 청나라를 선포했다. 1644년에는 베이징을 정복하고 청나라의 수도로 삼았다. 도르곤은 후에 청나라 초대 황제가 되는 어린 조카 순치(재위 1644-1661)를 대신해 섭정을 실시했다. 향후 15년간 만주족은 중국 전역으로 점차 세력을 확대했다. 1674년에 중국 남부 지역에서 청나라의 통치에 반대하는 대대적인 반란이 일어났다. 운남성(雲南省)과 귀주성(貴州省)의 성주 오삼계(吳三桂)가 난을 일으켰다. 오삼계와 광동성 성주 상지신(尙之信), 복건성(福建省) 성주 경정충(耿精忠)이 주도한 삼번의 난(三藩之亂, 청나라 첫 한인 무장에 의한 반란)은 5년에 걸친 저항 끝에 진압되었다.

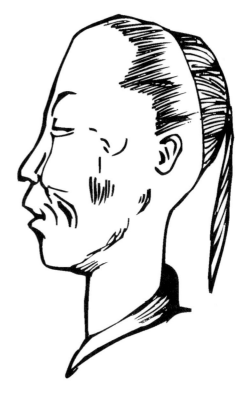

● 만주족은 정복 지역의 백성들에게 해당 지역의 고유 문화를 대부분 그대로 유지하도록 허락했지만 머리 모양만은 만주식 변발을 강요했다.

청나라의 통치

17세기 말에 이르러서 반란은 모두 진압되었고, 중국 전역에 걸친 청조의 지배권은 탄탄히 자리를 잡았다. 이후 1세기 동안 평화와 안정을 방해한 반란은 1726~1729년 비중국계 민족이 운남성에서 일으킨 것이 전부였다.

만주족은 이민족 정복자였고, 계속해서 그들 나름대로 고유한 전통과 정체성을 유지했다. 하지만 기존 중국 문화 즉 한족 문화를 정복자의 문화에 맞춰 바꾸려고 하지 않았다. 다만 유일한 예외가 있었다. 바로 '변발'이었다. 만주족은 모든 중국인에게 만주식 머리 모양을 강요했는데, 앞머리는 면도를 하고 뒷머리는 길게 땋아서 꽁지처럼 늘어뜨리는 형태였다.

만주족은 명조 시대의 행정 구조를 상당 부분 그대로 유지했다. 하지만 황제의 직접적인 감독 하에서 정치와 군사업무를 처리하는 '내각' 제도를 도입해 중앙집권을 강화했다. 베이징에 있는 중앙정부 기구에는 만주족 한 명과 한족 한 명이 공동으로 수뇌를 맡았다. 지방에서 반란이 일어날 경우에 대비해 지방 대도시마다 주둔군이 배치되었고, 한족 지방관은 만주족 총독이 감독했다.

연대표	
1645–1659	만주족 군대가 중국을 완전히 점령
1674–1681	남부에서 삼번의 난이 발생
1683	타이완이 중국의 영토가 됨
1689	러시아가 중국과의 무역을 위해 아무르 강(흑룡강) 일대를 청나라에 넘김
1751	티벳이 중국의 지배하에 들어감
1755–1759	중가리아 분지와 카쉬가리아(쿠차 이서 지역) 지역이 중국의 영토가 됨
1765–1769	버마가 중국의 속국이 됨

건륭시대

청조는 방대한 영토 확장뿐 아니라 평화와 번영의
시대를 이끈 6대 황제인 건륭제(재위 1735-1796) 대에
이르러 정점에 도달했다. 북쪽과 서쪽으로 공격적인
군사 행동을 전개한 결과, 중국은 원나라가 멸망한
이래로 아시아에서 가장 넓은 영토를 가진 나라가
되었다.

● 황제로 즉위한 이듬해의
건륭제. 주세페 카스틸리오
네 그림

　18세기 말에는 만주지역과 몽골지역은 물론이고
신장지구, 티벳, 타이완까지 청나라의 지배하에 예
속되었다. 당연히 진공국도 늘어났다. 버마(현재 미얀
마)와 류큐 왕국(일본 오키나와 현에 있던 왕국), 조선과 베
트남 북부까지 중국에 조공을 바쳤다. 2,000년만에
처음으로 중국은 북쪽 경계 지역에 사는 유목민을 두려워할 필요가 없어졌다.
　이처럼 긴 평화 시대는 중국의 인구에도 영향을 끼쳤다. 명나라 말기에 대략
1억 명이던 인구가 18세기 후반에 들어서는 3억 명으로 늘어났다. 양쯔강 유역
과 남동부에 인구가 과도하게 늘어나면서 서부와 남서부로 대대적인 이주가 이
어졌다. 그로 인해 새로운 이주민과 기존 거주자 사이에 긴장감이 돌았다.

유럽과의 접촉

만주족은 유럽과 교역하는 걸 그다지 반기지 않았다. 따라서 교역 장소도 남중국
해에 있는 광저우 항구와 북쪽에 있는 캬흐타(현재는 몽골에 인접한 러시아의 도시)에
한정시켰다. 중국의 주요 유럽 교역국이던 영국은 차를 구매하면서 거래 대금으
로 은을 지불했다. 청나라에서 만든 제한 규정 때문에 안달하던 영국은 중국과 교
역량을 늘릴 방법을 강구하기에 이르렀다.

1793년 조지 매카트니라고 불리는 영국의 외교 사절이 자국에서 생산하는 상품 견본을 황제에게 소개하고자 베이징으로 들어갔다. 그러나 건륭제는 시큰둥한 반응을 보였고 교역 확대도 허락하지 않았다.

하지만 영국은 황제가 내건 쇄국 정책에도 불구하고, 양국의 교역 관계에서 그들의 주장을 관철시킬만한 수단을 갖고 있었다. 그들이 마련해둔 수단이란 것이 중국인에게 지극히 해로운 일이었음은 두말할 필요도 없다. 이미 1720년대부터 영국 상인들은 중국에 아편을 밀반입하기 시작했다. 그리고 1800년에 이르러는 아편 무역이 한창 번성했다.

● 건륭제에게 간 영국 외교 사절. 조지 매카트니 경의 초상

예술과 학문

건륭 시대에는 예술이 번성했다. 황제 자신도 도자기를 수집했을 뿐 아니라 많은 시를 쓴 시인이었다. 건륭제는 전통 학문을 권장했으며 중국 문화계에서 중요한 작품들을 있는 대로 수집해서 방대한 책을 만들도록 명령했다. 총 36,000권으로 만들어진 그 책은 3,450점의 작품을 완벽한 형태로 담고 있으며, 15,000명에 달하는 인원이 동원되어 전부 수기로 작성되었다. 〈사고전서〉라는 이름으로 발간된 이 모음집은 1773년에 시작하여 1782년에 완성했으며, 많은 훌륭한 작품을 보존해 주었다는 점에서 의미가 있다. 아울러 이 책은 청조를 비롯해 그 이전에 존재한 다른 비중국계 왕조를 비난하는 사람들 입을 막는 데도 사용되었다. 건륭제는 많은 지방 도시에 학교를 열어서 교육을 확대하고 문맹률을 낮췄다.

일본

A SHORT HISTORY OF THE WORLD

1336년에 아시카가 타카우지가 설립한 아시카가 막부는 1573년까지 지속되었다. 하지만 1467년부터 1477년까지 발생한 내전으로 중앙집권이 붕괴되었다. 일본의 정세는 다이묘(大名)라고 불리는 지방 군주들이 곳곳에서 산발적인 교전을 벌이는 형국이었다. 천황과 쇼군(막부의 최고 권력자)은 일본 열도에서 유명무실한 권위를 가지고 있을 뿐이었다. 승려가 농민의 반란에 가세하면서 불교 사원은 다이묘 통치에 대한 저항의 중심이 되었다. 혼돈과 분열에도 불구하고 일본의 경제와 문화생활은 계속되었다. 강력한 힘을 가진 다이묘일수록 예술의 수호자 역할을 자청하면서 시와 그림, 14세기에 발전한 뮤지컬이자 가면극의 일종인 노(能)를 후원했다.

통일에 대한 야망과 세력을 가진 최초의 다이묘는, 16세기 중반 일본 열도 한가운데서 커다란 세력을 구축한 오다 노부나가였다. 그는 1568년에 천황이 사는 수도 교토를 장악하고 5년 뒤에는 마지막 남은 아시카가 쇼군을 몰아냈다. 1580년까지 노부나가는 반란을 기도하려는 불교 사원을 파괴했으며 중부 일본을 완전히 장악했다. 하지만 자신의 지배력을 더욱 확장하려던 시기에 가신 아케치 미츠히데에게 암살당했다.

열도의 통일

노부나가 밑에 있던 재능 있는 장수들 가운데 도요토미 히데요시가 그의 뒤를 계승하고 통일을 향한 위업

● 일본에서 성모관음 입상은 비밀스런 기독교 숭배의 대상이었다.

을 이어갔다. 1590년대 전반기에 이르러서 마침내 히데요시는 일본 전역을 장악하는 데 성공했다. 그리고 자신의 입지를 강화하기 위한 정책들을 실행했다. 농민들은 무장해제 되었고, 사무라이들은 농민들의 반란을 돕지 못하도록 성내로 주거가 제한되었다. 국경에 따른 관세를 폐지하고 정부가 교역을 관리했다. 히데요시는 1590년대에 조선을 2차례에 걸쳐 침략했지만 매번 실패했다.(71쪽 참조) 히데요시를 계승한 인물은 적수이기도 한 도쿠가와 이에야스(재위 1603-1605)였고 그는 도쿠가와 막부를 세웠다.

바쿠한 체제

도쿠가와 막부는 일본에 중앙집권 군주제를 부활하는 대신 '바쿠한'으로 알려진 막번(막부와 번을 합친 말로 번은 행정구역이며 우리나라의 도(道)에 해당함) 체제를 유지하며 지방의 다이묘와 권력을 나눠가졌다. 그들은 국토의 4분의 1정도만 직접 통치를 하고, 250~300여개에 달하는 다이묘가 자신의 영지에 한해서 주권 즉 사병을 육성하고 세금을 징수하며 법을 발효하고 집행할 수 있는 권한을 그대로 유지했다. 이러한 특권을 유지하는 대신 다이묘는 쇼군에게 충성을 담보해야 했다. 예컨대 격년제로 또는 1년 중에 반을 도쿠가와 막부의 수도인 에도(지금의 도쿄)에 머물러야 했고, 공사가 생기면 공역을 지원해야 했으며, 새롭게 성을 짓거나 다른 다이묘 가(家)와 혼인을 하는 경우 쇼군의 허락을 받아야 했다. 이러한 규칙을 어길 경우 쇼군은 해당 다이묘의 영지를 몰수할 수 있었다.

유럽 세력과의 접촉

포르투갈 상인이 큐슈 근처의 타네가 섬에 상륙한 1543년에 일본은 처음으로 유럽인을 만나게 되었다. 이 포르투갈 상인이 일본인에게 선보인 총기는 기마병을 무용지물로 만들면서 일본의 전장에 급격한 변화를 가져왔다. 1549년 스페인 예수회 선교사 프란시스코 자비에르에 의해 처음 전파된 로마 가톨릭교는 일부 다이묘를 포함해 많은 사람들을 개종시켰다. 도쿠가와 막부는 기독교가 일본의 토착 문화를 잠식할지도 모른다는 두려움 때문에, 해당 종교를 금지하고 기독교 신도를 박해했다. 박해는 1638년 하라 성에서 37,000명에 이르는 일본인 기독교 신도를 학살함으로써 절정에 달했다. 이 사건은 사실상 일본에서 기독교 신앙을 근절시켰다. 정부는 기독교를 금지하기 위해 유럽과의 교역을 금지하기에 이르렀다. 그로 인해서 일본은 19세기 중반까지 서양 문물을 받아들이지 못하고 사실상 고립 상태가 되었다.

사회 · 문화적 변화

17세기는 평화로운 시대였다. 결과적으로 사무라이는 다이묘에게 더 이상 전사로서 헌신할 필요가 없었다. 따라서 검을 버리고 붓을 들었고, 도시의 한 계층을 형성하며 관료로서 쇼군이나 다이묘 정권을 위해 일했다. 하지만 그들은 용기나 충성심, 경건함, 자제력 등 '부시도'(武士道)로 알려진 전통적인 사무라이만의 가치를 지켜가면서 독립된 자신의 정체성을 간직했다.

평화는 경제적인 번영도 가져왔다. 인구는 3천만 명으로 늘어났고 대도시나 성으로 둘러싸인 시가에는 부유한 신흥 상인 계층이 등장했다. 사무라이나 다이묘가 빚을 지는 일이 빈번해지고, 일본 사회의 전통적인 계급제도가 무너지고 있었다. 이 부유한 도시 엘리트들은 '가부키'(정형화된 연극)

● 로마에 외교 방문했을 때 그려진 '사무라이 하세쿠라 츠네나가의 초상화'. 1615년 클로드 드뤼에 그림

와 '분라쿠'(꼭두각시 인형극)를 포함해 새로운 유흥거리를 즐겼다. 도시의 생활상을 담아 여러 가지 색상으로 찍어낸 목판화 '우키요에'(당대의 사람들의 일상생활이나 풍경, 풍물 등을 그려낸 풍속화의 형태)가 상인이나 평민 할 것 없이 모두에게 인기를 끌었다. 시인들은 '하이쿠'라고 불리는 고도로 간결한, 새로운 형태의 시를 발전시켰다.

안팎의 위협

하지만 모든 사람이 좋은 시절을 누린 건 아니었다. 갈수록 커져가는 빈부 격차가 18세기 내내 사회적 긴장감을 고조시켰다. 많은 상류층 지주들이 고리대금 같은 일을 해서 부자가 되었다. 반면 농부들은 흉작과 자연재해, 부패한 관료에게 시달리면서 점점 가난의 골이 깊어졌다. 1760년에 들어서자 농민들의 폭동이 급격히 늘어났다. 지방이 혼돈에 휩싸이면서 비틀거리던 도쿠가와 쇼군은 동시에 외적인 위협에 직면했다. 1790년대부터 러시아와 영국, 프랑스 함선이 도쿠가와 쇼군의 쇄국정책에도 불구하고 무역 거점을 만들기 위해서 일본 항구에 출몰하기 시작한 것이다.

연대표	
1568	오다 노부나가가 교토를 점령
1571-1582	히데요시가 노부나가 밑에서 일본의 서부와 동부를 장악
1590	히데요시가 일본을 통일하고 직접 정권을 장악
1603	이에야스가 도쿠가와 막부를 세움
1609	히라도 섬에 네덜란드 교역 거점이 생김
1637-1641	포르투갈 상인들이 일본에서 추방됨
1703	지진과 화재로 에도가 심한 타격을 입음
1745	이에시게 쇼군 시대로 접어들어 도쿠가와 막부가 부패하기 시작
1760	각지에서 농민 반란이 시작됨

동남아시아

1500~1800

A SHORT HISTORY OF THE WORLD

근세에 들어서 유럽은 동남아시아에서 영향력을 키워갔다. 18세기까지 서구 열강은 동남아시아 왕국들을 상대로 내정 간섭을 한층 강화했다. 하지만 대륙에 있는 동남아시아 국가들은 대부분 자국의 독립을 지켜낼 정도로 충분히 강했다. 동남아시아의 섬나라들로 눈을 돌리던 유럽은 이미 해당 지역을 선점하고 있던 이슬람권 무역 조직으로부터 단호한 저항을 받았다.

외세의 지배를 받은 캄보디아

1440년에 원래 수도였던 앙코르를 버리면서 캄보디아는 경제적, 사회적, 문화적으로 오랜 침체를 겪었다. 이웃나라인 태국과 베트남의 간섭이 갈수록 심해져서, 민족적, 문화적 정체성을 거의 잃을 지경이었다. 크메르 왕국은 기념 건축물을 더 이상 짓지 않았고, 태국의 영향을 받은 테라바다 불교(소승불교의 2대 부문 중 하나)가 전래 신앙인 힌두교를 대신했다. 16세기에 크메르 왕국은 로벡을 새로운 수도로 정했다. 로벡 지역은 메콩 강 삼각주를 이용한 국제 교역로에 대한 접근성이 좋았다. 따라서 크메르 왕국은 외래 문물을 더 쉽게 받아들일 수 있었고 해상 교역에 더욱 의존하게 되었다. 1594년에 태국이 로벡을 정복하기 전부터 스페인과 포르투갈의 투기적 상인들은 이미 캄보디아의 군주 정치를 좌지우지하고 있었다. 캄보디아는 1863년에 프랑스 보호령이 선포되기 전까지 계속 태국이나 베트남의 지배를 받았다.

● 아바 또는 잉와라고 불리는 버마의 수도(1364–1841)에 있는 유적. 이 수도는 인공 섬에 세워졌다가 지진이 일어난 뒤에 버려졌다.

태국의 독립

태국은 아유타야 왕조가 통치했지만, 실질적으로는 아유타야 왕가의 일가친척들이 지배하는 자치권을 가진 공국들로 구성된 연합체였다. 이들 공국의 영주들은 때로는 연합해서 왕을 견제하기도 하고 외세와 동맹을 맺기도 했다. 1569년에는 영주들이 반란을 일으켜서 버마 군대가 아유타야 왕조를 정복하도록 돕기도 했다. 나레수엔 대왕(재위 1590-1605)이 1593년에 버마를 몰아내고 태국의 독립을 되찾았다.

유럽 상인들은 1500년대에 태국으로 들어왔고 태국 정부로부터 교역을 허락받았다. 하지만 세계주의를 표방하고 국제 외교에 많은 노력을 기울인 나라이 왕(재위 1657-1688)에 이르러서 서양의 영향력이 커지자 태국 귀족과 승려들은 반감을 갖기 시작했다. 나라이 왕 다음으로 왕위에 오른 페트라차(재위 1688-1693)는 유럽 상인을 모두 추방했고, 이후 150년간 태국은 서방세계에 대해 쇄국 정책을 폈다.

1767년에 아유타야 왕조는 버마 군의 침공으로 붕괴했다. 1년 뒤에 버마 군을 몰아낸 탁신(재위 1768-1782)은 나라 이름을 시암(Siam)으로 고치고 국가를 재건했다. 탁신은 전국을 통일하고 말레이 반도와 라오스에 대한 태국의 지배권을 되찾았다.

미얀마의 확장

떠빈슈웨티(재위 1531-1551) 왕의 지배하에 있던 16세기 버마(지금의 미얀마) 타웅우 왕국은 바고 지역을 거점으로 하는 몬 왕국을 정복했다. 타웅우 왕국은 1540년에 하(下)버마(저지대)를 통일했다. 떠빈슈웨티의 후계자인 바인나웅(재위 1551-1581) 왕은 계속해서 상(上)버마(고지대, 1555년)와 마니푸르(1556년), 샨 주(州) 일대(1557년), 치앙마이(1557년), 아유타야(1569년), 란 상(1574년) 등을 정복해 나갔고 대부분의 서부 동남아시아를 자신의 통치 아래 두었다.

동남아시아의 섬나라들

인도네시아와 유럽에서 향신료 거래를 주름잡고 있는 이슬람 상인을 누르기 위해 16세기 초부터 유럽 열강은 방법을 모색하기 시작했다. 1511년에 포르투갈 상인은 말라카 술탄의 영지에 있는 말라카 항구도시를 점령했다. 그들은 정향과 백단향의 생산을 관리하기 위해 보다 동쪽으로 나아가서, 테르나테 섬과 암보이나, 솔러, 쿠팡 섬에 무역 거점을 위한 요새를 구축했다. 하지만 이미 그곳에 자리 잡은 이슬람 상권을 도저히 뚫을 수가 없었다. 마찬가지로 수마트라 섬과 서 자바 섬에서도 이슬람 상인들이 후추 무역을 완전히 장악하고 있어서 도저히 파고들 수가 없었다. 그럼에도 네덜란드 동인도 회사는 공격적으로 암보이나(1606년)와 자카르타(1619년), 육두구(넛맥) 생산지인 반다 제도(1621년)와 말라카(1641년), 정향 생산지인 몰루카 제도(1650년대)를 장악했다. 이후 18세기에 들어서 네덜란드 동인도 회사는 자바에서 생산되는 커피와 설탕을 장악하는데 공을 들였다. 하지만 이 회사의 상업망은 1770년이 지나면서 교역에 보다 치열한 관심을 쏟은 영국과 프랑스, 미국, 중국 등에게 넘어갔다.

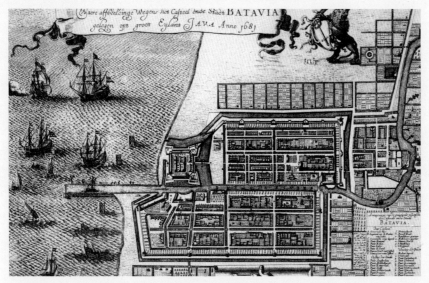

● 네덜란드 상인은 1619년에 자카르타에서 영국 상인을 몰아낸 다음 지명을 바타비아(Batavia)로 바꾸고 무역 거점으로 삼았다.

　　하지만 바인나웅 제국은 그의 죽음과 동시에 와해되기 시작했다. 태국은 1593년에 아유타야에서 버마를 몰아냈다. 1599년에는 남부 지역에 있는 라킨국이 포르투갈의 도움으로 타웅우의 수도 바고를 약탈했다. 이 기회를 틈타 포르투갈은 곧바로 버마의 가장 중요한 항구인 탄린을 점령했다. 아나욱펫룬(1605-1628)은 1611년에 포르투갈을 몰아내고 다시 타웅우 정권을 세웠다. 몬은 프랑스와 태국의 도움으로 1752년 따웅우 정권을 무너뜨리고 후에 저지대 버마와 아바에 주권 국가를 건설했다. 꼰바웅 왕조를 건설한 얼라웅퍼야(재위 1752–1760)의 집권 하에서 버마는 다시 통일을 이루었다.

베트남의 권력 쟁탈전

1428년에서 1788년까지 베트남은 막 왕조가 집권한 아주 짧은 기간(1527–1533)을 제외하고 레 왕조에 의해 지배되었다. 1533년 이후에는 분열을 거쳐, 중앙 권력에서 밀려난 막 왕조가 계속해서 하노이 이북을 통치하고, 응우옌과 찐, 두 가문의 연합이 남쪽을 다스렸으며 레 왕조는 명목상으로만 왕으로 남았다. 1592년에 하노이가 찐 가문에 의해 점령되고 막 황제가 사형되었다. 따라서 자연스럽게 찐 가문이 북쪽을 다스리고 응우옌 가문이 남쪽을 다스리는 형국이 되었다. 두 가문은 모두 레 황제의 적통임을 주장하면서 1627년 이래로 국가 패권을 놓고 서로 싸움을 벌였다. 두 가문 모두 1788년에 떠이선 형제가 이끄는 농민 반란군에게 패배했다. 그 후에 응우옌 가문은 프랑스에게 도움을 요청해서 떠이선 형제를 무너뜨리고 전국 통일을 달성한 다음 패권을 장악했다.

아프리카 왕국

1500~1800

A SHORT HISTORY OF THE WORLD

유럽인이 아프리카에서도 특히 사하라 사막 이남으로 처음 들어온 것은 1400년대 중반이었다. 그 후 유럽의 영향력은 특히 해안과 접해 있거나 인접한 나라에 대해서 급격히 증가했다. 근세 유럽은 아프리카로 세력을 확장하면서 많은 일을 벌였다. 그 중에서도 가장 대표적이고 비극적인 일은 말할 것도 없이 대서양을 사이에 두고 자행된 노예 무역이었다. 하지만 식민지 시대 이전부터 아프리카에 존재해온 수많은 부족 국가들 대다수는, 유럽의 영향을 거의 받지 않고 전통적인 생활 방식과 문화를 이전처럼 유지해갔다.

포르투갈의 동아프리카 진출

포르투갈은 16세기 초에 아프리카 동부 해안을 따라 무역 거점을 구축했다. 이 거점들은 '아프리카의 뿔'(소말리아 반도 : 인도양과 홍해 연안에 위치한 에티오피아, 소말리아, 지부티 등의 아프리카 북동부 지역)과 인접한 북쪽의 소코트라에서 남쪽의 델라고아 만까지 이어졌고 따라서 인도양 교역을 장악할 수 있었다.

● 말리의 가오에 있는 아스키아 왕조의 무덤. 가오는 1493년부터 송가이 제국의 수도였다.

　1520년대에 포르투갈은 아프리카의 뿔에 있는 기독교 국가인 에티오피아를 돕다가 전쟁에 휘말렸다. 아흐메드 그란(Ahmed Gran)이라는 이맘(이슬람교도 공동체의 우두머리)의 지휘 아래 뭉친 이슬람 국가 연합인 아달이 에티오피아를 침략한 것이다. 에티오피아와 포르투갈은 15년에 걸친 싸움 끝에 마침내 1543년 아달을 물리쳤다. 하지만 17세기 후반에 들어서 포르투갈은 네덜란드와 무역 분쟁 때문에 다시 한 번 전쟁을 치렀다.

네덜란드와 전쟁을 치르느라 포르투갈이 꼼짝 못하는 사이에, 오스만 제국의 영지나 다름없는 오만이 북쪽 무역 거점 대부분을 차지하고 인도와의 교역을 급속도로 확장했다. 북쪽으로는 푼지족으로 알려진 소를 기르던 유목민족이 16세기 초에 이슬람 국가인 누비아를 점령하고 세나르를 수도로 삼아 그들의 왕국을 출범시켰다. 푼지 왕국의 군주는 1523년에 이슬람으로 개종했고 왕국은 1821년 오스만 제국에 흡수되기 전까지 독립을 유지했다.

서아프리카의 노예 무역

근대화 초기에 가장 강력한 아프리카 제국은 말리 동부에 근거지를 둔 송가이(Songhai) 제국이었다. 15세기 초에 건립된 송가이 제국은 손니 알리(재위 1464-1492) 왕에 이르러 크게 성장했고 무하마드 투레(재위 1492-1538) 시대에 와서 절정에 달했다. 송가이 제국은 황금과 상아, 노예를 팔고 소금과 유리, 기타 사치품을 사들여 부를 축적했다. 송가이 제국에서 가장 큰 도시 통북투는 이슬람 문화의 중심지가 되었다.

계속된 내전을 겪으면서 퇴락한 송가이 제국은 톤디비 전투에서 모로코 군대에게 패배하고 1591년에 멸망했다. 그러나 방대한 점령지를 다스릴 능력이 없던 모로코는 송가이 제국을 여러 소국으로 분리시키고 그곳에서 철수했다.

같은 시기에 일부 서아프리카 제국들은 니제르 강과 그 밖의 강줄기를 따라 교역을 하면서 전성기를 구가하고 있었다. 이들 제국 중에는 모시(지금의 부르키나파소)와 오요(지금의 서부 나이지리아), 아샨티(지금의 가나), 다호메이(지금의 베냉) 등이 포함되어 있었다.

Tips of History

카넴-보르누 제국

16세기부터 18세기까지 유럽의 영향력은 주로 해안과 인접한 지역으로 한정되었고 내륙에는 거의 손길이 미치지 않았다. 이 기간 중에 오스만 제국은 사하라 사막의 중남부에 위치한 카넴-보르누 제국에 막대한 영향을 끼쳤다. 이드리스 알루마(재위 1571-1603) 왕이 통치하던 카넴-보르누는 오스만 제국으로부터 총기를 수입해서 지역의 강자로 등극했다. 신심이 깊기로 잘 알려진 알루마는 이슬람 율법인 샤리아 법을 시행해서 카넴-보르누를 지극히 보수적인 이슬람 국가로 바꾸었다. 또한 이슬람 교리에 기초한 자신의 이상을 와다이와 바기르미 같이 인접한 이교도 국가에 전파했다.

15세기 중반에 들어서면서 포르투갈 탐험가들이 아프리카 서부 해안에도 무역 거점을 세우기 시작했고, 네덜란드와 영국이 그 뒤를 이었다. 노예 무역은 16세기에 시작되어 17세기에 완전한 형태를 갖추었고 서아프리카의 경제와 인구에 심각한 파급 효과를 불러왔다.

밤바라(Bambara) 제국과 다호메이 왕국은 총기를 사들이기 위해 노예 무역에 매달렸다. 그리고 이렇게 사들인 총기는 더 많은 노예를 생포하는 데 사용되었다. 골드코스트 베냉 지역은 서아프리카의 노예 무역 중심지였고, 18세기에는 해마다 35,000명의 노예가 이곳을 거쳐 팔려나갔다.

● 은징가 은쿠우(Nzinga a Nkuwu), 1470년에서 1509년까지의 콩고 지배자. 기독교로 개종하고 포르투갈 왕 주앙 2세(João II)의 이름을 따서 주앙 1세라는 이름을 지었다.

연대표	
1492–1538	송가이 제국이 황금기를 누림
1523	푼지 왕국이 이슬람으로 개종
1528–1543	에티오피아와 포르투갈 연합군이 아달을 물리침
1591	모로코에 의한 송가이 제국의 멸망
1592	영국이 지중해를 가로질러 노예 무역을 시작
1598	포르투갈이 에티오피아에 예수회 선교를 시작
1626	프랑스가 마다가스카르를 식민지화하기 시작
1652	네덜란드인 얀 반 리백(Jan van Riebeck)이 케이프타운을 건설
1701	아샨티 왕국의 등장
1747	오요가 다호메이를 정복

중앙아프리카와 남아프리카

포르투갈 탐험가들은 1482년에 처음으로 중앙아프리카 해안에 도착했다. 여기에서 그들은 강력한 세력을 지닌 콩고 왕국과 마주쳤다. 콩고는 상아와 구리 제품, 철기, 섬유, 항아리 등의 교역을 통해서 부를 축적했다. 포르투갈 선교사가 1491년에 콩고의 왕과 귀족을 기독교로 개종시켰고, 이를 계기로 콩고 왕국은 점차적으로 서구화되기 시작했다. 16세기에 콩고는 유럽 상인에게 노예를 공급하는 중요한 시장이었다.

1570년대에 포르투갈 노예상은 앙골라에 대단위 노예 무역 단지를 설치했다. 앙골라는 콩고 국경과 맞닿아 있었고 은동고와 룬다하고도 이웃해 있었다. 하지만 포르투갈의 콩고 남부 침략이 실패한 1622년부터 유럽은 이 지역에서 더 이상 세력을 확장할 수 없었다. 이후 콩고 전역에서는 포르투갈에 반대하고 포르투갈 상인 공동체를 위협하는 폭동이 발발했다. 포르투갈은 뒤이어 1670년에 다시 한 번 패배를 겪으면서 콩고에 대한 야심을 접었다. 적어도 1800년대 후반까지는 그랬다.

한편 네덜란드는 17세기와 18세기에 중앙아프리카와 남아프리카에서 점점 더 많은 영향력을 발휘했다. 아프리카 최남단 케이프 지역에 건설된 식민지는 1783년에 이르러 아프리카 대륙에서 가장 큰 유럽인 정착지가 되었다.

스페인의 아메리카 침략

1550~1783

A SHORT HISTORY OF THE WORLD

절정기의 스페인령 아메리카 제국은 북으로는 알래스카에서 남으로는 칠레 남부와 파타고니아까지 뻗어 있었다. 여기에는 현재의 미국 서부와 멕시코, 중앙아메리카, 베네수엘라, 콜롬비아, 에콰도르, 페루, 볼리비아도 포함되었다. 스페인은 이들 지역을 식민지화하고 거기에서 금과 은 광산을 개발해 엄청난 부와 권력을 거머쥐었다. 반대로 원주민들 입장에서 이것은 비극이었다. 그로 인해서 숱한 고대 유물이 파괴되고 유럽에서 건너온 질병으로 엄청나게 많은 사람들이 죽었기 때문이다.

식민지 개척과 통치

16세기 초의 발견과 정복에 뒤이어(19–22쪽 참조) 스페인은 서둘러서 신대륙에 대한 지배를 강화했다. 식민지 영토는 크게 정부가 임명하는 총독이 다스리는 2개의 지역으로 나뉘었다. 멕시코와 중앙아메리카, 카리브 해를 포괄하는 뉴스페인 지역이 하나였고, 파나마와 스페인어를 사용하는 남아메리카를 포괄하는 페루 지역이 하나였다. 로마 가톨릭 교회는 식민지에서 매우 중요한 역할을 수행했다. 원주민에게 기독교와 유럽의 문화를 가르치는 게 신부와 수도사의 몫이었기 때문이다. 일부 성직자는 토착 문화를 원시적인 것으로 간주하고 말살하려고 했다. 하지만 대다수는 토착 문화를 보호하고 보존하고자 노력했으며, 원주민의 관습을 연구하고 언어를 배우고 그들의 역사를 기록했다.

● 프란시스 드레이크 선장이 지휘하는 '골든 하인드' 호가 스페인 배를 공격하고 보물을 강탈해서 영국으로 귀환했다.

브라질

1500년에 포르투갈 탐험가 페드로 알바레즈 카브랄이 브라질 해안에 상륙했다.(19쪽 참조) 식민지 개척자들은 1530년대에 들어서 본격적으로 새로운 식민지에 정착해서 사탕수수를 재배하고 소를 길렀다. 노예의 노동력에 의존하는 플랜테이션 농업이 1550년대부터 시작되었다. 1620년대에 스페인과 포르투갈의 전면전이 진행되었고 그 와중에 네덜란드가 브라질을 공격했지만, 포르투갈은 브라질 원주민의 도움으로 포르투갈을 물리칠 수 있었다. 17세기 후반에는 황금이 발견되면서 브라질의 국경이 대륙 안쪽으로 더욱 확대되었다. 황금은 식민지 경제에 활력을 가져왔고 더불어서 인구도 급속히 늘어났다. 18세기까지 유럽에서 거래되던 황금은 대략 80퍼센트가 브라질산이었다.

식민지 경제

식민지 개척자들은 기존에 있던 마을이나 그 근처에 정착했다. 그리고 해당 지역에 설탕이나 비단, 소, 밀이나 목화 등 새로운 작물과 가축을 전파했다. 스페인의 새로운 영토는 무엇보다도 멕시코와 페루에서 대량으로 생산되는 금과 은을 기반으로 번창했다. 1550년대까지 아메리카 대륙에 대략 250개의 스페인 마을이 들어섰다. 이때부터 소규모 농업이 '대농장'(haciendas)이라고 불리는 대단위 경작 또는 플랜테이션(값싼 노동력을 이용해서 특정 농작물을 대규모로 생산하는 농업경영 형태)으로 바뀌었다. 질병으로 사망하는 원주민이 무척 많았기 때문에, 수많은 아프리카 흑인 노예가 배로 실려와 대농장이나 광산에서 일했다. 이를 위해 해군의 호위를 받는 스페인 화물선 함대가, 스페인 남서부에 있는 세비야와 멕시코 동부 해안에 있는 베라크루스, 페루와 중앙아메리카 지협의 서부해안을 이어주는 노선을 정기적으로 운항할 정도였다. 17세기에 들어서자 스페인과 경쟁 관계에 있던 유럽 열강들이 아메리카 대륙에서 스페인이 누리는 권익을 넘보기 시작했다. 영국과 프랑스, 네덜란

연대표	
1534	아프리카 노예들이 브라질에 최초로 상륙
1538	스페인의 콜롬비아 점령
1565-1567	포르투갈 식민지 개척자들에 의해 리우데자네이루가 최초로 발견됨
1569	페루에서 스페인의 안정된 지배가 확립됨
1577-1580	영국 해군인 프랜시스 드레이크가 태평양 연안에 있는 스페인 정착지를 공격
1655	올리버 크롬웰이 스페인을 상대로 전쟁을 벌이는 동안 영국 탐험대가 자메이카를 점령
1680	포르투갈이 브라질 원주민들을 노예화하는 행위를 금지
1761	스페인이 오늘날의 텍사스 지역 일부를 점령
1780-1781	스페인 군대가 영국령이던 서부 플로리다 지역과 바하마를 재점령

드 해적선이 카리브 해 연안의 항구를 습격하거나 식민지에서 보물을 싣고 귀환하는 스페인 함선을 공격했다. 1632년에는 영국이 중앙아메리카에 있는 벨리즈를 점령하고 1655년에는 설탕 생산의 중심지인 자메이카를 장악했다.

식민지 문화의 정착

17세기 초에 신세계에서 벌어들이는 수입이 감소하자 스페인의 경제도 쇠퇴하기 시작했다. 힘들고 소모적인 전쟁을 빈번하게 치러야 했던 스페인은 1650년대에 이르자 아메리카 대륙에 있는 식민지를 관리할 여력이 없었다. 따라서 식민지에 정착한 개척민들은 스페인과는 별개로 독립적인 정체성을 갖기 시작했다. 시간이 흐르고 아메리카 대륙에서 태어난 스페인계 후손인 크리올 인과 스페인계와 토착 인종의 혼혈인 '메스티소' 가 늘면서 토착 문화와 스페인 전통이 혼합된 새로운 문화가 태어났다. 계속해서 스페인계 아메리카인 인구가 늘어나자 개척민은 18세기에 오늘날의 뉴멕시코와 텍사스, 캘리포니아, 애리조나에 새로운 정착지를 건설하고 선교 단체를 만들었다. 그들은 귀금속은 물론이고 짐승 가죽과 설탕, 담

● 초콜릿을 만드는 카카오 열매는 귀중한 작물이었다. 스페인 상인에 의해 유럽에 처음 소개되었다.

배, 카카오 열매, 면과 암청색 물감인 인디고 등을 수출했다.

스페인의 쇠퇴

7년 전쟁(1756–1762)이 진행 중이던 1762년 영국이 쿠바 아바나를 점령했고, 스페인은 영국에 플로리다를 양보하고 나서 아바나를 겨우 되찾을 수 있었다. 하지만 7년 전쟁이 끝나면서 프랑스령 아메리카 제국도 함께 막을 내렸고, 스페인은 방대한 루이지애나 지역을 확보했다. 아울러 영국이 미국 독립전쟁(1775–1783)에서 패배하는 바람에 플로리다마저도 되찾을 수 있었다. 그렇지만 이처럼 많은 영토를 얻었음에도 18세기 후반 스페인의 식민지 영토에 대한 지배력은 쇠퇴 일로를 걸었다. 갈수록 영국과 다른 유럽 열강이 스페인의 식민지와 직접 교역을 하기 시작했다. 스페인이 신세계로 수출하던 상품은 종종 다른 나라에서 생산되어 영국 배를 타고 들어왔다. 식민지에 살고 있던 개척민들은 차츰 독립적인 생각을 갖게 되었고 천연자원에 대한 스페인의 요구에 반감을 갖기 시작했다. 다음 세기에 진행될 독립 운동을 위한 토대가 만들어진 것이다.

● 2달간 지속된 포위 공격 끝에 영국 해군은 1762년 7월 30일 마침내 아바나를 점령했다.

유럽의 북아메리카 탐험

A SHORT HISTORY OF THE WORLD

1500~1700

존 캐벗이 1497년에 북아메리카 대륙에 첫 발을 내딛고 나서도, 오랫 동안 그가 발견한 대륙의 정체와 규모는 신비에 싸여 있었다. 피렌체의 탐험가 조반니 베라차노가 1524년에 대서양 연안을 조사하고 나서야 북아메리카 대륙의 광활한 너비는 아니었지만 엄청난 길이가 세상에 알려졌다. 초기의 내륙 탐험은 울창한 산림뿐 아니라 적대적인 원주민과 부닥쳐야 했다. 게다가 중남미에서 생산되는 금이나 은처럼 금방 돈이 될 것도 없었다. 1670년에 이르러서야 대륙 내부에 있는 비옥한 땅이 모습을 드러냈다. 북아메리카를 탐험한 초기 탐험가들은 거기에 식민지를 건설하려는 산발적인 시도만을 벌였다. 그러면서도 그 미지의 대륙을 우회하거나 또는 내륙을 관통하면 아시아로 이어지는 길을 발견할지도 모른다는 희망이, 탐험가들의 발길을 재촉했다.

태평양으로 가는 길을 찾아서

16세기 후반에서 17세기 초반, 영국 탐험가 헨리 허드슨과 마틴 프로비셔, 존 데이비스, 윌리엄 배핀이 캐나다 북극 지방의 소해협과 만(灣)을 탐사했다. 북아메리카 대륙을 돌아서 태평양으로 들어가는 길을 찾고자 했다. 하지만 이들의 노력은 결국 무위로 끝났다. 반면 프랑스 탐험가들은 내륙을 통해 태평양으로 가는 길을 모색했다. 한편으로는 모피 무역으로 이윤을 추구하고 아메리카 대륙의 원주민 부족과 교역을 위한 거점을 마련하려는 의도도 있었다. 자크 카르티에는 1534년에서 1542년까지 3번에 걸쳐서 세인트로렌스 강을 탐험했다. 사뮈엘 드 샹플랭이 1608년에 모피 무역을 위한 거점으로 세운 도시는 후에 퀘벡으로 발전했다. 그는 오늘날의 뉴욕 주 북부를 탐험하기도 했다.

● 캐나다의 북극 지방을 탐험한 영국 탐험가 중 한 명인 마틴 프로비셔 경의 초상화(1535경–1594)

　프랑스의 탐험은 1750년대까지 계속 되었다. 아메리카 원주민을 개종시키려는 예수회 선교사와 탐험가, 모피 사냥꾼이 세인트로렌스 강을 따라 내륙 깊숙이 여행하면서 5대호 인근의 새로운 지역을 발견했다. 하지만 그들은 여전히 태평양으로 이어지는 가상의 길을 찾아 헤맸다. 그리고 그 길을 찾으려는 꿈을 쫓다가, 매니토바 호수를 지나서 우연히 로키 산맥 동쪽에 있는 광활한 대평원을 발견하기에 이르렀다. 프랑스 탐험가들은 결국 목표를 달성하지는 못했지만 적어도 북아메리카 대륙의 내륙을 개척했고, 후에 프랑스가 해당 지역에 대한 권리를 주장할 수 있는 근거를 제공했다.

무엇보다 프랑스는 북아메리카 대륙을 남북으로 잇는 통로를 발견했다. 자크 마르케트와 루이 졸리에가 1673년에 미시시피 강 상류를 탐험하고, 9년 뒤에 르네-로베르 카블리에 드 라 살은 미시시피 강이 오하이오 강과 합류하는 지점에서 시작해 멕시코 만까지 여행했다. 그는 미시시피 강 유역 전체를 프랑스령이라고 주장하고, 루이 14세의 이름을 따 루이지애나라고 이름을 붙였다.

스페인의 탐험

1540년대에 들어서 프랑스는 캐나다를 탐사하기 시작했다. 반면 스페인은 멕시코와 카리브 해의 기지를 거점으로 북아메리카 대륙 남쪽을 탐험했다. 황금에 대한 소문뿐 아니라 어느 대도시가 정복하기에 시기적으로 딱 좋게 무르익었다는 따위의 소문이 난무하는 가운데, 스페인의 에르난도 데 소토와 프란시스코 바스케즈 데 코로나도가 군인으로 구성한 원정대를 이끌고, 플로리다와 뉴멕시코를

연대표	
1513	스페인의 후안 폰스 드 레온이 플로리다를 탐험
1584-1590	롤리가 버지니아 남서부의 로어노크를 식민지화하려다 실패
1608	샹플랭이 퀘벡을 건설하고 샹플랭 호수 인근 지역을 탐험
1613-1615	처음으로 프랑스의 모피 무역 루트가 열림
1620	필그림 파더스(영국의 청교도)가 케이프 코드에 식민지를 건설
1630-1670	프랑스 예수회 선교사가 5대호를 여행
1671	영국 탐험가들이 유럽인으로서는 처음으로 애팔래치아 산맥을 넘음

비롯해 후에 미국 남부가 되는 지역으로 들어갔다. 하지만 그들은 빈손으로 간신히 살아서 돌아왔다. 유럽인 가운데 최초로 해당 지역을 탐험한 개척자로서 그들의 성과는 수십 년이 지난 다음에야 인정을 받았다. 1565년에 플로리다는 스페인의 식민지가 되었고, 유럽으로 향하는 보물선 함대를 보호하는 지리적으로 중요한 요충지가 되었다. 서부 해안은 17세기에 뉴멕시코와 캘리포니아 연안에 일련의 요새화된 진지와 선교단이 들어서면서 겨우 안정되었다.

식민지 쟁탈전

영국 탐험가 험프리 길버트와 월터 롤리는 1580년대에 북아메리카에서 식민지를 건설하려다가 실패했다. 영국령 식민지는 1607년에 세워진 버지니아 제임스타운이 최초였고, 1620년 코드 곶 만에 세워진 플리머스 식민지가 두 번째였다. 이후 프랑스령이던 아카디아에서 스페인령이던 플로리다까지 대서양 연안에 꾸준한 식민지화 정책이 시행되었다. 1621년에 건설된 네덜란드령 뉴네덜란드가 1644년에 영국에게 이양되면서 뉴욕이란 이름으로 바뀌었다.

● 영국의 월터 롤리 경의 신 세계에 대한 모험은 아무런 성과가 없었고 결국 그는 런 던탑에서 참수되었다.

프랑스가 주로 모피 무역과 포교를 목적으로 북아메리카에 식 민지를 건설한 것과는 달리, 영국의 식민지화는 영토 확장을 바탕으로 한 농업 경제 확립이 목표였다. 영토 확장에 굶 주려 있던 영국은 아메리카 원주민과 피로 얼룩진 수많 은 전쟁을 일으켰다. 애팔레치아 산맥 역시 영토 확장에 커다란 장애가 되었다. 하지만 1670년대에 들어서 원주 민의 저항이 유럽에서 건너온 질병 때문에 약해지자, 마 침내 영국 상인들과 탐험가들은 애팔레치아 산맥을 넘어 오하이오 강 유역을 따라서 서부로 진입할 수 있었다.

1690년대에 이르자 캐나다부터 멕시코 만까지 거의 모든 북아메리카 동부가 프랑스와 영국의 식민지가 되었다. 프랑스의 식민지는 방대하게 분포되어 있었다. 북쪽에는 세인트로렌스 강 일대와 5 대호 지역에, 남쪽에는 미시시피 강 어귀에 각각 가장 큰 정착지가 있었다. 그리 고 일련의 무역 거점과 군사 요새가 이 두 지역을 연결했다. 영국의 식민지 제국 은 대서양 연안을 따라 12개의 정착지를 보유했으며 1733년에 조지아가 13번째 정착지가 되었다.

식민지 시대의 북아메리카

A SHORT HISTORY OF THE WORLD

1650~1775

17세기 중반부터 북아메리카는 유럽 열강이 식민지 경쟁을 벌이는 전쟁터로 차츰 변해갔다. 아울러 유럽에서 일어난 전쟁은 대서양을 건너 서반구에까지 영향을 미쳤다. 프랑스와 네덜란드가 대립했던 1655년에 네덜란드는 프랑스의 동맹국인 스웨덴령 아메리카 식민지(지금의 델라웨어)를 점령했다. 그리고 1664년에 영국은 네덜란드와 전쟁을 하면서 네덜란드령 뉴네덜란드를 접수했다. 이렇게 17세기 후반과 18세기 대부분은 영국과 프랑스의 경쟁으로 진행되었다.

1689년에서 1763년까지 영국은 북아메리카 대륙의 지배권을 놓고 프랑스와 일련의 전쟁을 벌였다. 국제적인 명성뿐 아니라 본토에서 많은 돈이 되는 모피 무역과 카리브 해의 설탕 산업처럼 중요한 경제적 보상과 직결되는 문제였다. 이 전쟁 기간에 프랑스 군대와 영국 군대는 아메리카 원주민으로부터 빈번히 도움을 받았다.

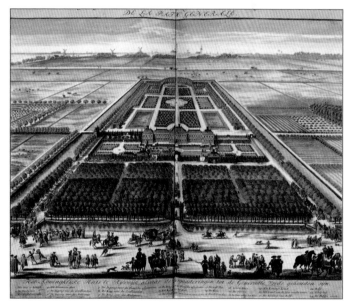

● 레이스베이크 조약이 레이스베이크에 있는 프레데리크 헨드리크 행정관의 궁인 후이스 테르 니부르흐에서 체결되었다.

영국과 프랑스의 식민지 전쟁

4개의 주요 전쟁 중에서 첫 번째가 유럽에서는 아우크스부르크 동맹 전쟁이라고 알려진 윌리엄 왕 전쟁(1689-1697)이었다. 아메리카 원주민 이로쿼이족과 동맹을 맺은 영국 식민지 개척자는, 휴런족과 동맹을 맺은 프랑스 식민주의자들과 캐나다와 뉴잉글랜드 북쪽 경계에서 싸웠다. 프랑스가 캐나다 동북쪽 허드슨 만에 있는 영국의 무역 요새를 빼앗았고, 영국은 프랑스령 아카디아의 수도 포트 로열(캐나다 노바스코샤 주의 아나폴리스 로열)을 점령했다. 레이스베이크 조약이 체결되면서 전쟁이 종결되고 포트 로열은 다시 프랑스에게 넘어갔지만 양국의 적대 관계는 그대로 유지되었다.

앤 여왕 전쟁과 조지 왕 전쟁

앤 여왕 전쟁(1702–1713)이라고 불리는 그 다음 전쟁은 유럽에서 스페인의 왕위 계승 전쟁이 확대된 경우였다. 이 전쟁은 영국과 네덜란드 대 프랑스와 스페인의 전쟁이었다. 뉴잉글랜드의 북쪽 국경에서 다시 한 번 영국과 프랑스 사이에 치열한 전투가 일어났다. 1710~1711년에 퀘벡을 점령하려던 영국의 시도는 결국 실패로 돌아갔다. 하지만 영국은 유럽에서의 승리로 위트레흐트(1713–1714) 조약을 맺게 되었고, 그로 인해 북아메리카에서 여러 가지 특권을 얻게 되었다. 프랑스로부터는 뉴펀들랜드와 아카디아(노바스코샤로 개명됨), 허드슨 만을 넘겨받았을 뿐 아

● 앤 여왕과 조지 3세 왕의 재위 기간에 프랑스와 스페인에 반대하는 전쟁이 북아메리카에서 일어났다.

니라 모피 무역에 더욱 깊숙이 관여할 수 있게 되었다. 프랑스의 동맹국이던 스페인에게서는 스페인령 아메리카 식민지에 대한 무역 권리를 양도 받았다.

한 세대가 지난 1739년에 스페인은 북아메리카 식민지와 영국 사이의 무역 봉쇄를 시도했다. 그로 인해 발발한 전쟁이 유럽의 오스트리아 왕위 계승 전쟁(1740-1748)과 겹치면서 두 전쟁이 혼합된 양상으로 진행되었다. 이 전쟁은 북아메리카에서 조지 왕 전쟁(1744-1748)으로 알려졌다. 하지만 그로 인해 북아메리카에서 주목할 만한 영토의 변화가 일어나지는 않았다.

프랑스와 인디언 전쟁

프랑스와 영국의 100년에 걸친 전쟁에서 결정적인 최후의 전쟁은 프랑스와 인디언 전쟁(1754-1763)이었다. 이번에는 싸움이 아메리카에서 시작해서 유럽으로 번졌고, 유럽에서는 이 전쟁을 7년 전쟁(1756-1763)이라고 불렀다. 조지 왕 전쟁 이후에 영국과 프랑스의 영토 경쟁은 그들이 보유한 식민지가 점차 발전하면서 심화되었다.

1740년대에 이로쿼이족 인디언은 오하이오 강 유역에서 소수지만 처음으로 영국인이 정착하도록 허락했다. 오하이오에서 모피 무역을 잃을까봐 걱정한 프랑스는 해당 지역에 주둔군을 배치하기로 결정했다. 그리고 1753년에 오하이오 강 유역에서 동쪽 끝에 해당하는 앨러게이니 강을 따라 일련의 요새를 지었다. 그러자 영국은 이 땅이 영국 식민지인 버지니아의 영토라고 주장했다. 이윽고 1754년에 전쟁이 발발했다.

프랑스는 논쟁 지역을 장악하려는 영국의 시도를 필사적으로 저지했다. 프랑스군은 영국의 오스위고 요새를 점령하고 윌리엄 헨리 요새를 파괴하면서 1756년까지 승승장구했다.

1758년에서 1759년 사이에 이러한 흐름이 바뀌었다. 영국군이 루이스버그와 크라운 포인트 지역을 비롯해 프론테나크 요새와 뒤켄, 나이아가라, 타이칸더로

아메리카 원주민

북아메리카 원주민은 유럽 식민지 개척자들이 도착하고 처음 얼마 동안은 계속해서 번창했다. 캐나다의 이로쿼이족과 알곤킨족은 프랑스 탐험가들에게 식량과 모피를 제공하고 대신 총기와 담요, 철기와 옷감을 받았다. 휴런족은 1650년대에 프랑스와 동맹을 맺고 5대호 연안에서 부족의 존망을 걸고 이로쿼이족과 싸움을 벌였다. 대륙의 남서부에서는 플레인스 인디언이 스페인에서 들여온 말을 타고 들소를 사냥했다. 하지만 시간이 흐르면서 유럽 식민지화에 따른 부정적인 변화가 속속 모습을 드러냈다. 많은 원주민이 유럽 발 질병으로 사망하면서 인구가 현격히 감소했다. 또한 영국 식민지 개척자들이 꾸준히 영토를 넓혀가면서 정작 원주민들은 생활 터전을 잃었다. 1650년대에 인디언 부족들이 모여 결성한 포우하탄 동맹이 버지니아에서 쫓겨났다. 뒤이은 1710년대에는 투스카로라 부족과 야마지 부족이 캐롤라이나에서 그들의 터전을 잃었다. 1730년에서 1755년 사이에 쇼니 부족과 델라웨어 부족은 오하이오 강을 따라 서쪽으로 피신해야 했다.

● 베어 불(Bear Bull), 블랙풋족의 일원. 1926년 에드워드 S. 커티스 사진 작품

가 요새를 차례로 점령한 것이다. 또한 영국의 제임스 울프 제독은 1759년 9월 퀘벡을 점령하면서 프랑스에게 치명타를 가했다.

그럼에도 프랑스는 1760년 몬트리올이 함락될 때까지 싸움을 이어갔다. 마침내 1763년에 파리 조약이 체결되었고, 영국은 거의 모든 프랑스령 캐나다 영토를 비롯해 미시시피 강 동부 식민지 전부를 넘겨받았다. 또한 1762년부터 프랑스의 동맹국이었던 스페인으로부터 플로리다까지 넘겨받아서 미시시피 강을 기준으로 동부 대륙 전체를 지배하게 되었다. 미시시피 강 서쪽에 있던 프랑스의 영토는 이미 1762년에 스페인에게 넘어갔다.

미국 독립 전쟁

1763~1783

A SHORT HISTORY OF THE WORLD

북아메리카에서 영국과 그들이 점령한 식민지 사이에서 일어난 전쟁, 즉 미국 독립 전쟁을 통해서 미합중국이 탄생했다. 이 독립 전쟁이 일어난 원인은 여러 가지가 있었다. 18세기 동안 이들 식민지는 인구와 경제적인 측면에서 근본적인 변화를 경험했다. 그로 인해 모국과의 관계에 변화가 생겼고 식민지 개척자들은 더 한층 독립적인 생각을 갖게 되었다. 영국의 식민지 정책에 대한 반감이 늘어나면서 독립 전쟁에 단기적인 촉매제 역할을 했다. 1763년에 들어서면서 영국은 식민지 개척자들의 정치적인 자유를 제한하고, 영토 확장을 금지했으며, 식민지에서 영국의 수입을 늘리기 위해 여러 가지 조치들을 발효시켰다.

인구와 경제 변화

영국의 13개 식민지는 18세기에 인구가 급격히 증가했다. 1700년까지만 해도 13개 식민지 전체 인구는 대략 25만 명에 불과했다. 이 숫자는 1775년까지 출산율 증가와 유럽 이민자의 증가로 10배 가까이 늘어났다. 더욱이 이민자 대다수는 잉글랜드인이 아니었다. 대략 30퍼센트가 독일, 스코틀랜드, 아일랜드 출신이었고 거의 5분의 1이 아프리카 혈통의 노예였다. 게다가 영국 국교도뿐 아니라 로마 가톨릭 교도나 장로교 신도, 루터파의 신도나 메노파 교도, 퀘이커 교도처럼 종교도 무척 다양했다. 영국은 이러한 국적이나 민족, 종교의 다양성 때문에 식민지 개척자들에게 충성을 요구하기가 더욱 힘들었다.

경제적 변화 역시 독립을 향한 움직임에 일조했다. 영국은 식민지에 대해 중상주의 정책을 고수했다. 바꾸어 말하면 식민지는 순전히 영국의 경제적 이득에 기여하기 위해서 존재했다. 모국에 없는 원자재를 공급하고 영국에서 생산된 제품으로 물품 대금을 받았다. 게다가 이 정책은 식민지가 영국을 제외한 어떤 국가와도 교역을 하지 못하게 방해했다. 더욱이 영국은 이미 1650년대부터 모든 해외 무역에 세금을 부과했다. 식민지에서 18세기에 등장한 활력 넘치는 농업과 상업

● 윌리엄 펜은 영국에서 퀘이커교도라는 이유로 체포되자 아메리카로 건너가서 펜실베이니아를 건설했다.

경제가 영국의 중상주의 정책을 뒤흔들었다. 1750년대에 이르자, 식민지에서는 영국이 아닌 다른 나라와의 무역이 경제적으로 큰 비중을 차지하게 되었다.

폭발하는 분노

오랫동안 영국은 식민지가 경제적으로 차츰 독립하고 있다는 사실을 간과했다. 바로 그 식민지들이 모국을 계속해서 부유하게 만들어 주었기 때문에 중상주의 정책을 강화하지 않았다. 하지만 1754년부터 1763년까지 진행된 프랑스와 인디언 전쟁(99쪽 참조)은 영국을 심각한 빚더미에 올려 놓았다. 영국 정부는 식민지로부터 더 많은 수입을 올릴 수 있는 방법을 모색했다. 더불어서 그들을 영국의 지배로 더 확실히 묶어둘 수 있으면 금상첨화일 터였다.

곧이어 식민지 개척자들은 새로운 법안이 끊임없이 물밀 듯 들이닥치는 상황과 직면했다. 1763년 영국은 왕실 포고령을 통해 동쪽으로는 애팔레치아 산맥을 기준으로 더 이상의 식민지 확장을 금지했다. 원주민과 전쟁을 일으켜서 그로 인한 손실이 생길까봐 두려워한 탓이었다. 사탕조례(1764년)가 발효되어 수입된 설탕에

연대표	
1765	인지조례 시행으로 아메리카 식민지 개척자에게 최초로 직접세를 부과
1766	선언령을 통해 영국에게 식민지에서의 입법권을 인정
1770	보스턴 대학살, 폭동 중에 5명의 식민지 주민이 군인에 의해 사살됨
1773	보스턴 차(茶) 사건
1775	독립 전쟁의 시작
1776	의회가 독립 선언서 채택
1778	프랑스가 미국인을 지지하며 전쟁에 가담
1779	스페인이 영국에 선전포고를 하고 플로리다를 되찾음
1782	영국이 서인도제도 레 생트에서 프랑스를 물리치고 식민지를 지켜냄
1783	파리 조약이 체결됨

대해 세금이 부과되었다. 숙영법(Quartering Act, 1765년)은 식민지 당국에게 언제든지 도시나 마을에 주둔하는 영국군에게 숙소와 필요한 물품을 제공하도록 강요했다. 1765년에 제정된 인지조례(모든 인쇄물에 인지를 붙이도록 요구한 법)는 식민지 개척자에게 부과된 최초의 직접세였다.

● 보스턴 차 사건, 1846년 석판화. 식민지 개척자들이 내러갠섯(Narragansett) 인디언으로 위장하고 영국 상선을 기습했다

이런 일련의 조치는 식민지 개척자들에게 대대적인 반감을 샀다. 특히 인지조례는 폭동을 유발하고 대중적인 반발심을 자극했다. 여러 식민지 당국이 연합해서 항의하자, 영국은 인지조례를 타운센드 법으로 대체해서 유리나 납, 종이, 차와 같은 수입 상품에 대해 관세나 간접세를 부과했다. 이에 반발해서 미국인은 영국 상품에 대한 구매를 거부했다.

긴장이 팽팽히 고조되자 일단의 식민지 주민들이 보스턴 항구에 정박해 있는 영국 상선을 습격해서 상선에 실려 있던 차를 바다에 빠뜨렸다. 영국은 일명 '보스턴 차(茶) 사건'에 대한 보복조치로 아메리카에서 '참을 수 없는 법'(Intolerable Acts, 1774년)으로 알려진 일련의 법률을 통과시켰다. 또한 손해 본 차 값을 보상받을 때까지 보스턴 항구를 폐쇄하기로 했다. 매사추세츠 의회의 권한을 축소시키고 영국이 임명한 식민지 총독에게 힘을 실어주려는 조치가 계속해서 이어졌다. 이에 대응하여 12명의 식민지 대표가 제1차 대륙회의를 통해 특정 법률과 세금이 철회되지 않으면 영국과의 교역을 중단하기로 결정했다.

미국의 독립 쟁취

1775년 초에 영국이 굽히기를 거부하고 나오자 마침내 전쟁이 발발했다. 초반에는 영국군이 고전을 거듭했지만, 그들이 보유한 절대적인 숫자의 우세와 해상 전력은 곧 위력을 드러내기 시작했다. 1776년 7월 4일에 열린 2차 대륙회의에서 모든 식민지가 자유롭고 독립적인 주권 국가임을 공포하는 독립 선언서가 채택되었다. 당시까지는 아직 이념적인 존재에 불과했지만 마침내 미국이 탄생했다.

많은 식민지 주민들이 독립에 대해 모순적인 태도를 보이거나 영국에 충성하는 쪽을 택했다. 애국자(독립을 지지하는 사람들)는 소수에 불과했고 그들이 보유한 군대는 보잘 것 없었으며 영국군에 비해서 조직적이지도 못했다. 하지만 그들은 익숙한 지형지물을 이용해 싸웠고, 젊었으며, 용감한 지도자들이 있었고, 영국군처럼 길게 늘어난 보급로 문제로 시달릴 필요도 없었다.

이 전쟁은 1778년에 결정적인 전환점을 맞았다. 프랑스가 식민지 개척자들을 지지하며 참전했기 때문이다. 그로 인해 영국군은 제국의 여러 지역을 방어하기 위해 병력을 나눌 수밖에 없었다. 1781년에 미국과 프랑스 군대가 요크타운에서 영국군에게 전쟁의 판도를 결정짓는 압도적인 승리를 거두었다. 마침내 1783년 파리 조약에서 미합중국의 독립이 승인되었다.

Part 2

19세기

The 19th-Century World

1783~1914년

프랑스 혁명

1789~1799

프랑스 혁명은, 유럽 대륙의 역사에서 근대화 초기에 나타난 절대 군주제가 붕괴하고 중산층이 지배하는 근대 국가가 등장하기 시작하는 시기를 나누는 분수령이었다. 프랑스의 구체제는 18세기 중반 이후로 계몽주의 사상가들로부터 공격을 받았다. 그들은 전제 정치의 폐지와 대의 정치 제도의 확대 도입을 주장했다. 극도의 빈곤과 굶주림에 시달리고 미국의 독립 혁명에 자극을 받은 1780년대 프랑스의 중·하류층은 점점 더 일촉즉발의 상태로 변해갔다.

국민 의회 결성

1788년까지 프랑스 정부는 연이은 전쟁 탓에 특히 미국 독립 전쟁을 지원하느라 심각한 재정난에 허덕였다. 왕실의 파산을 막고자 루이 14세는 세금을 늘리기로 결정했다. 파리 의회는 루이 왕에게 삼부회, 즉 3개의 '신분' 또는 사회 계층인 성직자와 귀족, 중·하류 계층을 포함하는 평민으로 구성된 대표 의회의 승인을 받으라고 주장했다. 1789년 6월에 제 3신분(평민대표인 부르주아)은 헌법 개정을 위해 삼부회에서 탈퇴하고 국민 의회를 결성했다.

바스티유 감옥 습격

파리 시민들은 국왕이 국민 의회를 공격할지 모른다는 두려움에 휩싸였다. 그리

● 바스티유 감옥은 폭정의 상징이었다. 하지만 군중은 그 안에서 겨우 7명의 죄수들을 발견했을 뿐이다.

고 1789년 7월 14일에 엄청난 군중이 구체제 독재 정치의 상징인 바스티유 감옥을 공격했다. 전국 방방 곳곳에서 농민 반란이 이어졌고, 겁에 질린 귀족이 프랑스를 탈출했다. 8월에 국민 의회가 〈인권 선언문〉을 발표하고, 최고의 권력은 왕에게 있는 것이 아니라 국가에 있다고 선포했다. 성직자와 귀족에 대한 세금 혜택을 폐지하고 모든 사람에게 동일한 기본권을 보장했다. 일정 금액 이상의 세금을 내는 시민들에게 투표할 권리와 공직에서 일할 수 있는 권리가 확대되었다. 국민 의회는 교회 재산을 몰수해서 국채를 갚고 부를 재분배했다.

● 한때는 사형 제도를 반대하는 변호사였던 로베스피에르는 왕의 죽음을 요구하는 혁명가가 되었다.

공화정 출범

외국 군대가 루이 왕을 지원하고자 프랑스를 침범하자 파리 군중은 왕궁을 습격하고 왕을 인질로 잡았다. 국왕이 하야하고, 입헌 군주제를 지지하던 온건 개혁파에 의한 혁명은 더 급진적이고 대중적인 혁명에 자리를 내주었다. 새롭게 구성된 국민공회는 '자유, 평등, 박애'의 기치 아래 프랑스에 공화제를 선포했다. 국왕 루이 16세는 1793년 1월에 참수되었다. 자코뱅(Jacobin)당으로 불린 급진적인 당이 국민공회를 장악했고 막시밀리앙 로베스피에르를 비롯한 당지도자들이 프랑스의 새로운 지배 세력이 되었다.

자코뱅당의 공포 정치

프랑스 혁명 중에서 공포 정치라고 알려진 가장 잔학한 시기의 주역은 자코뱅당이었다. 왕정주의자와 귀족을 포함하여 자코뱅의 정책을 반대하는 사람은 누구를 막론하고 수십만 명에 달하는 반혁명주의자들이 투옥되었다. 대략 18,000명에

이르는 사람들이 단두대에서 목숨을 잃었다. 자코뱅당은 참정권 확대와 무료 교육, 사회복지, 수입세, 노예제도 폐지 등 급진적인 개혁을 계획했다. 하지만 이런 계획들을 달성할 정도로 오래 권력을 유지하지는 못했다. 자코뱅당이 이룩한 가장

● 단두대로 수천 명을 처형시킨 로베스피에르는 결국 자신이 처형시킨 사람들과 같은 운명을 맞이했다.

의미 있는 성과는, 대규모 징병제도를 도입하고 귀족 출신의 장교를 젊고 애국심 넘치는 군인으로 대체해서 군대를 재조직했다는 점이다. 그로 인해서 혁명 전쟁의 흐름이 프랑스 쪽으로 움직일 수 있었기 때문이다.(Tips 참조)

총재 정부의 집권

혁명 군대가 승리를 거두고 프랑스 국경에서 모든 위협이 사라지자 공포 정치의 정당성이 사라졌다. 하지만 파괴적인 폭정이 계속되었고 많은 초기 혁명 지지자들이 등을 돌렸다. 1794년이 되자 자코뱅당은 자중지란을 겪기 시작했다. 7월에 로베스피에르의 반대파는 그를 파면하고 그를 따르는 지지자들과 함께 단두대로 보내 처형했다. 1795년에 국민 공회가 초기의 혁명적 성과들은 그대로 유지하되 자코뱅당의 극단주의는 배제하는 새로운 헌법을 제정했다. 프랑스는 공화제를 유지했지만 여전히 일정한 금액의 세금을 내는 시민들만 투표할 수 있었다.

새로운 헌법과 함께 들어선 정부는 총재 정부라고 불렸으며 5명으로 된 행정부와 양원제 입법부로 구성되었다. 총재 정부는 4년간 집권하면서 계속된 경제 문

제와 왕정주의자와 자코뱅당의 저항에 시달렸다. 1799년 10월, 반란 지도자들은 총재 정부의 전복을 꾀했다. 군대의 지원이 필요했던 그들은 프랑스 군 신진 지도자 가운데 가장 재능이 뛰어난 나폴레옹 보나파르트에게 눈을 돌렸다. 같은 해 11월에 보나파르트는 정부를 장악하고 스스로를 군부 독재자로 임명했으며 그렇게 프랑스 혁명이 막을 내렸다.

프랑스 혁명 전쟁

유럽 대륙의 다른 통치자들은 프랑스 혁명이 주장하는 민주적인 이상에 무척 겁을 먹었다. 따라서 1792년에 몇몇 국가들이 제 1차 동맹군이라고 불리는, 프랑스 혁명에 반대하는 동맹을 결성했다. 같은 해 4월에 오스트리아와 프로이센이 연합해서 프랑스를 침공했다. 그들은 프랑스에 왕권을 재건하고자 하였다. 자코뱅의 개혁이 있고난 다음인 1794년에서 1795년 사이에 활력을 되찾은 혁명 군대는 침공군을 물리치고 네덜란드와 독일, 이탈리아까지 반격해 들어갔다. 1796년에 프랑스 장군 나폴레옹 보나파르트가 이탈리아 북부를 점령했다. 나폴레옹이 1797년에 오스트리아로 진격하자, 오스트리아 정부는 화의를 신청하고 프랑스에 벨기에를 이양했다. 나폴레옹은 1798년에 이집트를 점령하고 스위스와 로마를 장악했다. 1799년에 결성된 제 2차 동맹군 때문에 프랑스는 이탈리아에서 일련의 패배를 당하고 알프스까지 밀려났다. 프랑스 혁명 전쟁이 끝나갈 무렵인 1802년에 프랑스는 이탈리아 북부를 되찾지만 대신 이집트를 잃었다.

● 바루 전투. 1792년 11월 오스트리아에 대한 프랑스의 승리를 기념하며 1837년 아담 빅토르 장이 그렸다.

나폴레옹 시대의 유럽

1800~1815

A SHORT HISTORY OF THE WORLD

황제 나폴레옹 1세가 되는 나폴레옹 보나파르트는 뛰어난 군사령관이자 동시대에 가장 유력한 인물이었다. 탁월한 에너지와 비전을 지닌 남자였던 그는 서유럽과 중앙 유럽 대부분을 차지하는 제국을 건설했다. 비록 나폴레옹이 보여준 독재 방식은 프랑스 혁명의 민주적 원칙과 배치되었지만 방법만 달랐을 뿐 프랑스 혁명이 지닌 이상을 구현했다. 나폴레옹 법전은 그가 통치하는 영토 전역에서 봉건제도의 마지막 흔적을 지우고 평등과 자유, 법치를 촉진하는 데 일조했다. 그는 자신이 정복한 나라들에서 점차 커지기 시작한 민족주의뿐 아니라 자신의 야망 때문에 결국 몰락했다.

● 나폴레옹 보나파르트의 초상화, 장 오귀스트 도미니크 앵그르 작(作)

나폴레옹 시대의 프랑스의 도약

1799년에 나폴레옹은 프랑스 수석 집정관으로 임명되었다. 그는 이듬해에 마렝고 전투에서 오스트리아 군대를 격파하고 이탈리아 북부를 다시 프랑스 지배하에 놓았다. 1801년에 영국군에게 패한 나폴레옹 군대가 이집트에서 물러났다. 뒤이은 1802년 아미앵 조약은 유럽에 평화를 가져왔지만 짧은 숨고르기에 불과했다. 다음 해에 나폴레옹은 곧바로 영국 침공을 준비하기 시작했다. 그의 대육군이 프랑스 북부 해변에 집결했고, 이에 영국은 방어를 위해 오스트리아와 러시아, 스웨덴과 제 3차 동맹군을 결성했다.

이 사실을 알아차린 나폴레옹은 계획을 바꿔서 오스트리아로 진격해 들어갔다. 그리고 1805년 10월에 울름 전투에서 오스트리아군을 격파했다. 바로 직후에 유능한 호레이셔 넬슨 제독이 이끄는 영국의 왕실 해군이 트라팔가르 해전에서 프랑스와 스페인 연합 함대를 격퇴했다. 넬슨은 전사했지만 프랑스 함대는 완전히 무력화되어 영국을 침공하려던 모든 계획이 백지화되었다. 같은 해 12월에 대육군은 수적인 열세에도 불구하고 아우스터리츠 전투에서 오스트리아와 러시아 군대를 물리쳤다. 프레스부르크 조약(1805)이 체결되면서 프랑스와 그 동맹국들은 이탈리아와 독일에서 많은 영토를 확보했다.

라인 연방의 결성

1806년 7월에 나폴레옹은 신성로마제국을 해산시키고, 라인 연방(나폴레옹에 복종하는 독일 남서부 16개국의 동맹)에서 프로이센을 제외한 모든 독일 자치국을 프랑스의 지배하에 통일했다. 이에 대응하여 프로이센은 러시아와 동맹을 결성했다. 하지만 러시아 군대가 도착하기도 전에 나폴레옹은 예나와 아우어슈테트에서 프로이센 군대를 공격했다. 1807년 6월에 프리틀란트 전투에서 러시아 황제는 나폴레옹에게 패배하자 곧바로 프랑스에게 화의를 신청했다. 틸지트 조약을 체결함으로써 나폴레옹은 이제 권력의 정점에 서게 되었다. 이 조약으로 제 3차 동맹군이 해산되었고 프랑스와 독일의 라인 연방국들은 프로이센 영토의 3분의 1을 차지하게 되었다.

  하지만 1809년에 이르러 독일에서 민족주의가 성장하면서 라인 연방에 대한 프랑스의 지배가 흔들리기 시작했다. 오스트리아군이 바이에른에서 프랑스 군을 공격하자, 나폴레옹은 오스트리아로 쳐들어가서 5월에 빈을 점령하고 7월에는 바그람 전투에서 오스트리아군을 패배시켰다. 쇤브룬 조약으로 오스트리아는 프랑스에게 많은 영토를 넘겨주었다.

러시아 침략

러시아 경제가 대륙 봉쇄 체제(Tips 참조)의 영향으로 피해를 입자 알렉산드르 황제는 영국과 무역을 재개하기로 결심했다. 나폴레옹은 60만 대군을 결성하고 1812년 러시아로 진격해 9월에 모스크바에 도착했다. 하지만 러시아의 거대한 영토를 이용한 후퇴작전과 보급품의 부족으로 철수해야 했다. 수만 명의 프랑스 병사가 후퇴 중에 추위와 굶주림으로 목숨을 잃었다. 많은 다른 병사들은 러시아 카자크 기병에 의해 목숨을 잃었다. 60만 명의 병사 중에서 겨우 10만 명만 살아서 돌아왔다.

나폴레옹의 몰락

나폴레옹이 군대를 재건하기 전인 1813년에 프로이센과 러시아가 연합해서 프랑스에 선전 포고를 해왔다. 나폴레옹은 뤼첸 전투와 바우첸 전투에서 겨우 승리를 거두었지만 병사들이 지칠 대로 지치는 바람에 어쩔 수 없이 화의를 신청했다. 프랑스에 대항하기 위한 제4차 동맹군이 결성되었고, 이번에는 모든 유럽 열강들이 여기에 동참했다. 프랑스 군은 1813년 8월 드레스덴 전투에서 다시 한 번 승리를 거두었지만, 러시아에서 입은 손실과 심하게 기운 병력의 차이가 마침내 결정적인 변수로 드러났다.

라이프치히에서 벌어진 '제국민 전쟁'에서 나폴레옹은 처음으로 대패를 당하고 독일에서 철수를 해야만 했다. 동맹군은 프랑스로 쳐들어 왔고 나폴레옹이 완강히 방어 작전을 펼쳤음에도 불구하고 1814년 3월에 파리를 점령했다. 나폴레옹은 폐위와 동시에 지중해의 엘바 섬으로 유배되었다. 파리 조약이 체결되고 프랑스는 거의 모든 정복지에 대한 권리를 포기했다.

100일 천하

화려한 전과에도 불구하고 예상치 못한 결말을 맞이한 나폴레옹은 1815년 3월에 엘바 섬을 탈출해 대략 1,000여명의 지지자들과 함께 프랑스로 돌아왔다. 나폴레옹을 저지하기 위해 보내진 군인들이 오히려 그의 기치 아래 합류하였다. 그가 파리로 접근해오자 새로 등극한 부르봉 왕가의 군주인 루이 18세가 도망쳤고 나폴레옹은 다시 권력을 장악했다. 빈 회의에서 유럽의 지도를 다시 그리느라 바빴던 동맹

● 영국군이 트라팔가르 해전에서 결정적으로 승리했으나 넬슨 제독은 치명 상을 입었다.

국들은 서둘러서 새로운 동맹군을 결성했다. 나폴레옹은 워털루에서 웰링턴 공작이 이끄는 영국군을 공격하기 전에 리니(Ligny, 벨기에 나무르의 한 도시)에서 프로이센 군대를 격파했다. 웰링턴은 늦게 도착하긴 했지만 어쨌든 프로이센의 도움을 받아 승리했고 나폴레옹은 영구히 권좌에서 축출되었다. 2번째 파리 조약이 체결되어 프랑스는 전쟁 보상금을 지급하기로 하고 국경은 1790년 기준으로 축소되었다.

연대표	
1802	영국과 프랑스가 아미앵 조약을 체결
1805	트라팔가르 해전에서 영국이 승리, 프랑스는 아우스터리츠 전투에서 러시아와 오스트리아에게 승리
1806	예나에서 프랑스가 프로이센에게 승리
1807	틸지트 조약으로 나폴레옹의 시대가 절정에 달함
1812	모스크바에서 나폴레옹 군이 후퇴
1813	독일 작센 주 라이프치히에서 프랑스가 패배
1815	나폴레옹이 워털루 전투에서 마지막으로 패배

산업 혁명

1770~1914

18세기 후반에 영국에서 산업 혁명이 시작되었고 19세기 초에 유럽 본토로 퍼져나갔다. 뒤이은 세기동안 유럽 국가들은 전통적인 농업 경제에서 근대적인 산업 경제로 변화했다. 산업 혁명은 광범위한 자본주의의 확산과 더불어 동력 기계가 발명되고 공장 시스템이 도입되면서 시작되었다.

● 다수의 물레바퀴를 갖춘
방적기는 생산성을 극적으
로 높여주었다

이전의 생산 수단

산업 혁명 이전에는 대부분의 제품이 시골 가정이나 도시의 일터에서 수작업으로 생산되었다. 기업가로 불리던 상인이 일꾼에게 원자재를 공급해주고 생산이 완료되면 품삯을 주고 다시 모아서 시장에 내다 팔았다. 노동력 부족과 더불어 소비재에 대한 수요가 늘어나자 기업가들은 새롭고 더욱 효율적인 생산 수단을 찾아나서야 했다. 동력으로 움직이는 기계의 발전과 함께 노동력과 원자재, 기계를 한 곳으로 모으려는 경제적 관념이 도입되었고, 그로 인해 초기 형태의 공장들이 등장했다. 효율성을 높이기 위해서 생산 과정은 분업이라고 알려진 시스템에 따라 노동자가 특화될 수 있도록, 기본적이고 개별적인 임무로 나뉘었다.

세계의 공장

산업 혁명이 가장 먼저 시작된 곳은 영국이었다. 영국에는 새로운 기계에 동력을 공급할 수 있는 풍부한 석탄이 있었고 각종 연장과 기계 부속, 다리, 배, 기차를 만들 수 있는 철광석이 풍부했다. 또한 영국은 정치적으로 안정되고 경제적으로는 자유 시장 정책과 시장 방임주의를 채택한 덕분에, 기업가들이 새롭고 모험적인 사업에 투자할 수 있는 최적의 환경을 제공하고 있었다. 그리고 세계적으로 가장 많은 식민지를 보유하고 있었기 때문에, 세계 여기저기에서 쉽게 원자재를 구할 수도 있었고 자국에서 생산한 제품을 판매할 수 있는 시장도 보유하고 있었다.

　대량 생산으로 향하는 움직임은 영국 북부의 직물 산업에서부터 시작되었다. 제임스 하그리브스의 방적기(1764년)부터 시작해서 새로운 기계는 방적과 제직의 속도와 효율성을 높여주었다. 1780년대에 이르자 영국은 전례 없이 빠른 속도로 고품질의 직물을 생산하는 대략 120개의 직물 공장을 보유하게 되었다. 1780년대에 제임스 와트가 증기기관을 보완하고 헨리 코트가 더 신속하

● 새롭게 개발된 선반 기계가 많은 제품의 생산을 가속화했다

연대표	
1774–1779	영국의 새뮤얼 크롬튼이 방적기를 개발
1783–1784	새로운 정련 과정으로 금속 제련이 더욱 효율적으로 변화
1825	스톡턴–달링턴 철도가 문을 엶
1831	마이클 페러데이가 최초의 전기 모터와 발전기를 만듦
1835	최초의 독일 철도가 바이에른에 문을 엶
1856	영국의 헨리 베서머가 철광석에서 강철 제조법을 개발
1885	독일의 다임러와 벤츠가 자동차를 개발
1909	최초의 플라스틱인 베이클라이트가 특허를 받음

● 증기 기관차의 도래가 여객과 화물 양쪽에 빠른 기동성을 가져왔다.

고 경제적으로 생산할 수 있는 교련법을 발전시킴으로써 영국의 철강 산업계에 지대한 영향을 미치면서 산업화 역사에서 기계화라는 새로운 이정표를 만들었다.

원자재와 완제품의 장거리 운반을 위해서는 훌륭한 수송 기반이 절대적으로 필요했다. 따라서 18세기에 영국 기술자들은 도시와 도시를 연결하고 석탄 채굴장과 강을 이어줄 운하망을 건설했다. 1815년에 이르자 영국은 나머지 유럽 전체를 합친 것보다 훨씬 많은 석탄과 선철, 직물을 생산했고 '세계의 공장'이란 명성을 얻게 되었다.

혁명의 전파

벨기에는 세계에서 두 번째로 산업화가 진행된 나라이다. 1830년부터 정부 보조와 벨기에에서 생산되는 석탄에 힘입어 겐트나 리에주, 베르비에 같은 도시가 직물 생산의 중심지가 되었다. 독일에서는 1830년 대비 1850년의 석탄 생산이 2배로 늘어났고, 철광석 채굴량 역시 1850년 이후로 급격히 증가했다. 프랑스의 산업화는 혁명과 전쟁, 열악한 수송 시스템에 의해 발목을 붙잡혔다. 프랑스에서도 어느 정도 산업화가 진행되었지만 거의 19세기가 끝나갈 때까지 주로 농업 경제를 유지했다.

1820년대에 최초로 철도망이 건설되었고 공산품과 원자재를 더 빠르게 수송할 수 있는 새로운 시대로 접어들었다. 그리고 1890년대에 이르러서 유럽의 모든 주요 철도 노선이 완성되었다. 산업 혁명은 19세기 중반에 유럽 국가들이 자유무역 정책을 채택하기 시작하면서 더 한층 탄력을 받았다. 유럽 국가들은 외국과의 경쟁에서 자국 생산자를 보호하기 위해 부과하던 수입 관세를 철폐했다. 1846년에 영국은 옥수수에 대한 수입 관세를 폐지했다. 프랑스와 벨기에, 독일 관세 동맹(프로이센인이 이끄는 독일 연방의 관세 동맹)은 1860년대에 수입 관세를 낮췄다.

1865년에서 1914년 사이에 이른바 '2차 산업 혁명'이 일어났다. 철강업의 발전과 새롭게 개발된 전기 동력이 생산성을 증대시켰고, 기계화가 농업과 양조, 봉재, 운송, 유흥 분야까지 퍼져갔다. 새로운 소비 중심 문화가 자리를 잡으면서 자전거나 자동차, 라디오, 축음기 같은 공산품이 대량으로 생산되었다.

Tips of History

금융 혁명

19세기 제조업의 성장과 맞물려 부쩍 늘어난 자금 흐름을 관리하면서 금융업도 덩달아 발전했다. 은행과 개인 투자가는 자금 지원을 통해 기업가가 새로운 장비를 도입해서 공장을 개선하고 더욱 확장하도록 도와주면서 산업 혁명에 결정적인 역할을 수행했다. 개인 투자가들은 이런 투자를 통해서 부를 쌓기도 했지만, 많은 경우에 엄청난 규모의 도산을 맞기도 했다. 주식회사를 세워서 위험성을 줄이려는 자금 조달 계획이 특히 유럽 대륙에서 개발되었다. 투자가는 기업가에게 직접 자금을 지원하는 대신에 유한 책임 회사에서 주식을 구매하고 해당 유한 책임 회사가 기업가에게 신용 대출을 제공하는 방법이었다. 이런 경우 투자가의 금융 책임은 회사가 부도가 나더라도 정해진 금액만큼으로 제한되었다.

산업 혁명의 영향

1800~1914

A SHORT HISTORY OF THE WORLD

유럽에서 산업 혁명은 사회와 정치 전반에 폭넓은 영향을 끼쳤다. 산업 혁명을 통해 토지를 소유한 귀족을 대신하여 중산층 기업가라는 유력한 엘리트가 새로이 등장했다. 또한 수백만 명의 시골 노동자들이 공장에서 일자리를 얻기 위해 도시로 들어오면서 전혀 새로운 사회 계층, 즉 산업 노동자 계층이 생겼다. 빠른 속도로 성장하는 산업 도시에서 노동자들은 대부분 비좁고 불결한 환경에서 지내야 했고 그로 인해 질병에 걸리는 일이 잦았다.

노동 여건과 생활 환경

악독한 고용주로부터 스스로를 보호하기 위해서 노동자들이 노동조합을 조직했다. 그로 인해 공장주나 정부와 빈번하게 마찰을 빚게 되었고 좀더 공평한 사회를 만들고자 하는 새로운 이념이 고개를 들었다. 더 평등한 부의 분배를 주장하는 사람도 있었고 노동자 계급의 혁명을 선동하려고 시도한 사람도 있었다. 사회 분열을 염려한 많은 정부에서 유행처럼 번진 자본주의의 부작용을 완화시키려 노력했고, 19세기 후반에 들어 일부 지역에서는 실제로 개선되었다.

공장의 여건은 일반적으로 열악했고, 더 이상 예전처럼 고용주와 피고용자 사이에 밀접한 유대 관계를 형성하기에는 노동자 수가 너무 많았다. 그들은 매우 낮은 임금을 받으면서 하루에 12시간에서 14시간씩 일주일에 6일을 일했다. 사람들은 기계의 속도에 맞춰서 거의 쉴 새 없이 반복적인 일을 신속하게 해내야 했다. 기술이 필요하지 않은 일에는 부녀자나 미성년자처럼 저렴한 노동력을 고용하는 경우도 빈번해졌다. 이렇게 공장에서 일하는 아이들 중에는 10살 미만 아이가 부지기수였다. 주어진 일을 하느라 신체적으로 기형이 오거나 기계에 의한 부상으로 고생하는 아이들도 있었다.

시골에서 노동자가 계속해서 유입되는 탓에, 도시에서는 늘어나는 주택 수요를 따라갈 수가 없었다. 따라서 많은 노동자들이 공장 주변에 형성된 번잡하기 그지없는 빈민가에서 살았다. 외부로 노출된 하수구와 불결한 식수 문제는 종종 장티푸스나 콜레라 같은 전염병을 유발했다. 1830년대 영국 버밍햄의 평균 기대 수명은 겨우 40세를 넘길 정도였다. 공장이 내뿜는 연기가 도시의 대기를 오염시키면서 자연 환경 또한 몸살을 앓았다.

노동자들의 분노

산업이 기계화되면서 일부 전통적인 기술이 불필요하게 되었고 많은 기술자들이 생계 수단을 잃었다. 이렇게 해고된 일부 영국 노동자들은, 자신의 일자리를 빼앗은 기계에게 분노의 화살을 돌려 공장과 기계를 공격하기 시작했다. 그들은 전설적인 기계 파괴 운동 지도자 네드 러드(Ned Ludd)의 이름을 따서 러다이트라고 불렸다. 최초로 기록된 러다이트의 공격은 1811년에 발생했다.

노동자들은 1700년대 후반에 노동조합을 결성하기 시작했다. 정부와 기업가들은 노동조합을 강력하게 반대했고, 1799년에서 1824년까지는 법으로 노동조합을 금지했다. 그럼에도 노동조합을 결성하려는 움직임은 계속해서 퍼져갔다. 노동조합은 임금 인상이나 더 나은 근로 환경을 요구하며 수시로 파업을 주

● 1812년 5월 처음 인쇄된 판화에 등장하는 러다이트(Luddites)의 지도자

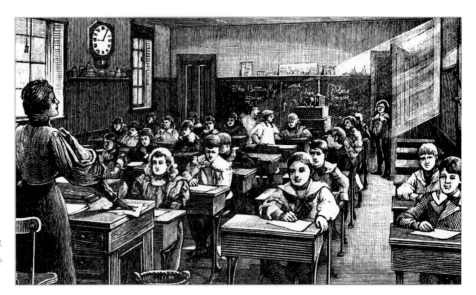

● 국가가 모든 국민에게 무료 의무 교육을 실시하면서 대중이 글을 배우게 되었다.

도했다. 1830년대와 1840년대에 영국 노동자 계급 운동, 즉 차티스트 운동은 정치적인 평등과 사회적인 정의를 요구했지만 영국 의회는 이를 무시했다. 차티스트가 주도하고 50만 명의 노동자가 참여한 총파업은 1842년에 영국 전역에서 생산을 중지시키는 데 성공했다.

중산층의 대두

산업 혁명의 가장 큰 수혜자는 경제인이나 전문직 종사자 등 중산층이었다. 그들은 전반적으로 개선된 삶의 질과 식생활, 의료 서비스를 누렸고, 이러한 혜택 아래 중산층 인구가 부쩍 증가했다. 산업화로 인해 많은 새로운 제품이 생산되었고, 그것을 살 수 있는 능력이 있는 사람에게는 유례없이 안락하고 편리한 세상이 되었다. 산업 혁명은 또한 경제적 이해와 관련하여 종종 정부 정책에 영향력을 행사할 정도로 중산층에게 막대한 정치적 힘을 실어주었다. 출판 산업에 증기 동력이 도입되면서, 신문과 대중 서적의 발행이 눈에 띄게 증가했고 덩달아 대중의 교육 정도와 정치 참여도 역시 높아졌다. 새로운 산업에는 기술자와 사무원, 전문 노동자가 필요했고 따라서 고용 기회도 늘어났다.

이러한 이점들에도 불구하고 산업 혁명으로 초래된 노동자의 고통과, 갈수록 심화되는 부의 편중 때문에 많은 중산층 사람들이 불편함을 느꼈다. 독일인 사상가 칼 마르크스는 노동자 혁명이 일어나서 자본주의가 곧 멸망하고, 사유재산 개념이 없이 생산 수단을 공유하는 사회주의 체제가 들어설 거라고 주장했다. 사회 민주주의자라고 불리던 사람들은 혁신적인 세금 정책과 핵심 산업의 국유화로 자본주의가 낳은 병폐를 개선하고자 했다.

사회 개혁을 요구하는 운동가와 노동조합의 압력이 거세지자 많은 유럽 국가에서 노동자의 생활을 개선하기 위한 법안을 도입했다. 대략 1840년대부터 공장이나 탄광에서 근로 시간이 감소하고 임금은 늘어났다. 또한 미성년자를 고용하는 것이 법으로 금지되었고 유럽 전역에 국가가 운영하는 무료 의무 교육 기관이 마련되었다.

연대표	
1799-1824	영국에서 노동조합이 법으로 금지됨
1833	영국이 공장법(Factory Acts)을 만들어 미성년자의 고용을 제한
1846	영국에서 옥수수법의 철회로 자유무역 시대가 도래
1880-1889	독일에 사회 복지 시스템이 도입됨
1909-1910	프랑스에서 철도 노동자와 우체국 노동자가 전국적인 파업을 일으킴

유럽 민족주의의 성장

1815~1849

나폴레옹을 패배시키고 나서 승리감에 도취된 동맹국들은 빈에 모여 구질서를 재건하고자 했다. 하지만 기존의 왕권과 왕조를 부활시킨다고 해서 유럽에서 일어난 근본적인 변화를 억누를 수는 없었다. 프랑스 혁명과 나폴레옹 전쟁의 영향으로 강력한 움직임이 새롭게 일어나고 있었다. 계몽주의를 계승한 중산층 자유주의자는 민주적인 입헌 정부와 자유 시장 경제를 부르짖었다. 유토피아를 꿈꾸는 사회주의자는 평등주의 노선에 맞춰 사회를 재건하자고 주장했다. 하지만 1815년 이후 수십 년 동안 유럽인의 마음을 가장 강력하게 사로잡고, 정치적 확립을 위해 수많은 도전 과제를 던져준 이데올로기는 바로 민족주의였다.

● 그리스 독립 전쟁(1821-1832)의 한 장면. 당시의 화가 파나기오티스 조그라포스(Panagiotis Zografos) 작품

유럽 협조 체제

빈 회의(1814-1815)에서 두드러진 활약을 보인 인물은 보수적인 오스트리아 외무장관 클레멘스 폰 메테르니히였다. 그의 지휘 아래 빈 회의는 프랑스에 대한 부르봉 왕가의 지배와, 독일 남부와 이탈리아 북부, 중앙 유럽의 많은 지역에 대한 합스부르크 왕가의 통제권을 부활시켰다. 메테르니히는 이들 왕조의 복권이 새로운 질서에 정치적 정당성을 주길 희망했다. 세력의 균형을 맞추기 위해 노르웨이를 스웨덴과 통합하고, 네덜란드를 벨기에와 통합한 새로운 강력한 왕국들이 태어났다. 메테르니히는 평화를 위협하는 모든 논쟁을 해결하기 위해서 정기적으로 유럽 열강들이 모이는 '유럽 협조 체제'를 구축했다.

민족주의 투쟁

곧바로 메테르니히와 유럽의 다른 지도자들은 18세기 후반부터 유럽에서 등장하기 시작한 새로운 민족주의 세력과 부딪히게 되었다. 사람들은 점점 공통된 민족적 배경과 언어적 동질성을 가진 나라, 그리고 프랑스 혁명에서 영감을 받아서, 시민의 권리를 보장하는 헌법을 가진 나라에서 살기를 희망했다. 빈 회의는 민족주의에 대한 양보의 일환으로 1815년에 스위스의 독립을 인정하긴 했지만 여전히 다른 많은 민족주의자들의 열망을 무시했다. 이탈리아 남부(1820년)와 스페인(1822년)에서 반란이 일어나자 트로파우 회의와 베로나 회의는 각각 단호한 진압 작전을 승인했다.

프랑스 7월 혁명(1830년)

1830년과 1831년에 일어난 일련의 혁명이 유럽 협력 체제를 무너뜨릴 정도로 위협을 가했다. 시작은 프랑스에서 샤를 10세의 억압적인 정권을 전복시키면서 비롯되었다. 급진적인 혁명가들이 공화국을 세우고자 했지만, 중·상류층 인사로 구성된 오를레앙 파는 온건한 입헌 군주이자 '시민 왕' 인 루이 필리프가 왕위를 계승하도록 획책했다. 전 유럽의 자유주의자와 민족주의자가 이에 영감을 받아 곳곳에서 혁명을 추진했다. 연이어 모데나와 파르마, 교황령 국가들, 폴란드, 독일 일부에서 반란이 일어났지만 모두 진압되었다. 하지만 네덜란드의 지배에 대항하여 벨기에에서 일어난 반란은 유럽 열강들 사이에서도 상반된 반응을 가져왔다. 루이 필리프가 통치하던 프랑스는 벨기에의 독립을 지지했다. 러시아와 프로이센, 오스트리아, 영국은 반대했다. 하지만 누구도 군대를 일으켜 네덜란드를 지원할 준비가 되어 있지 않았다. 그렇게 해서 1839년 벨기에의 독립이 이루어졌다.

오스만 제국에서의 민족주의

대부분의 강대국이 민족주의 투쟁을 그럭저럭 막아내고 있었지만, 쇠퇴의 길을 걷고 있던 오스만 제국은 그럴 수가 없었다. 1815년 세르비아에서 반란이 일어나자 터키 황제는 그들에게 부분적인 자치권을 인정했다. 1829년에 자치권을 인정하는 비슷한 조치가 몰다비아와 왈라키아(Wallachia, 도나우 강 하류의 공국)에게도 취해졌다.

1821년에 그리스에서 터키의 지배에 항거하는 민족주의 반란이 일어났다. 1822년 초에 이르자 그리스인은 펠로폰네소스 반도에 대한 지배권을 탈환했다. 이집트의 원조를 받은 터키 군대가 1825년에 재차 침략을 감행했다. 그들은 다시 도시를 점령하고 펠로폰네소스 반도를 유린했다. 하지만 반란을 막아내지는 못했다.

유럽 열강들은 무역의 혼란과 중단 사태에 놀라기도 하고 그리스 지도자들이 보여준 보수적인 태도에 감명을 받아서 민족주의자의 편을 들었다. 1827년에 영국과 프랑스, 러시아 해군이 나바리노 해전에서 터키와 이집트 연합 함대를 격파했다. 터키는 1832년 그리스의 독립을 인정했다.

1848년 2월 혁명

바로 1848년에 또 다른 대대적인 혁명이 유럽을 휩쓸었고, 이번에는 너무나 강력해서 거의 기존 질서를 무너뜨리다시피 했다. 프랑스가 다시 한 번 촉매제 역할을 했다. 루이 필리프(오를레앙) 왕의 지배를 반대하는 시위가 줄을 잇자 결국 왕이 퇴임하고 2번째 공화제가 들

● 루이 나폴레옹 보나파르트, 즉 황제 나폴레옹 3세는 프랑스의 마지막 군주가 되었다.

어섰다. 이러한 분위기는 곧장 헝가리와 크로아티아, 체코로 퍼져나갔고, 마침내 이들 나라에서도 민족주의자가 오스트리아의 지배를 무너뜨리고 민주 헌법과 자유 정권을 출범시켰다. 메테르니히는 권력에서 밀려나 영국으로 망명했다. 이탈리아 북부에서도 오스트리아 지배자가 퇴출되고 공화제가 선포되었다. 많은 독일 연방국들이 새롭게 탄생한 프랑크푸르트 국민의회에 대표단을 파견함으로써 독일의 통일을 꾀했다.

하지만 혁명가들은 서로 다른 목표로 분열하는 치명적인 실수를 저질렀고 그로 인해 보수 세력이 다시 권력을 쥐게 되었다. 프랑스에서는 대통령으로 선출되었던 루이 나폴레옹 보나파르트가, 1852년에 스스로를 황제라고 선언하고 이에 항거하는 노동자들을 잔혹하게 진압했다. 합스부르크 왕가는 그들의 영토에 등장한 반역자들을 철저하게 짓밟고 오스트리아와 이탈리아, 헝가리에 대한 지배권을 재차 손에 쥐었다. 프랑크푸르트 국민의회는 프로이센의 압력으로 해산했다.

연대표	
1815	빈 회의에서 나폴레옹 시대 이후의 유럽을 재편성
1815-1817	세르비아가 오스만 제국으로부터 제한된 독립을 획득
1821-1832	그리스의 독립 전쟁
1822-1823	베로나 회의에서 프랑스의 스페인에서 군주제 부활을 위한 침공을 승인
1830	7월 혁명 후에 루이 필리프가 '프랑스의 국왕' 으로 추대됨
1839	네덜란드가 벨기에의 독립을 인정
1848	자유 민족주의 혁명이 유럽을 휩쓸어 곳곳에서 공화제가 도입되지만 오래가지 못함
1867	헝가리 민족주의자들이 오스트리아의 합스부르크 왕가에 이원 군주제 확립을 요구하고 이후 오스트리아-헝가리 제국이 됨

독일과 이탈리아의 통일

이후에 있을 대륙 역사의 관점에서 볼 때, 19세기 유럽 민족주의에서 가장 의미 있는 성과는 어쩌면 이탈리아와 독일에서 이루어진 연방 자치국의 통일일 것이다. 민족주의 반란이 무참히 짓밟히고 원상태로 강제 복귀한 1848 년에서 1849년만 해도 이러한 결말은 전혀 불가능해보였다. 이미 드러난 것처럼, 이탈리아도 그렇고 독일도 마찬 가지지만 이들 두 나라를 통일시킨 것은 민중 봉기가 아니라 정치적인 책략과 군사력의 결합이었다.

이탈리아의 민족주의

빈 회의는 이탈리아 북부의 대부분 지역을 오스트리아가 지배하도록 되돌려 놓았 다. 나머지 지역은 절대 군주가 지배하는 왕국으로 분열되었다. 이번에는 오직 소 수의 귀족과 중산층만이 이탈리아에 통일된 독립 공화국을 세우려는 꿈을 꾸었 다. 이탈리아의 민족주의자들 상당수가 비밀결사를 조직했고 그 중에서도 카르보 나리가 가장 규모가 컸다.

주세페 마치니(1805-1872)는 이탈리아가 통일되는 초기 과정에서 중요한 역할 을 수행한 투사였다. 그는 '청년 이탈리아당' 이라는 조직을 만들어서 이탈리아 대중이 민족주의와 공화제에 눈을 뜨게 만들었다.

카르보나리는 1820년에 시칠리아와 사르데냐 왕국에서, 1831년에는 교황령과 파르마, 모데나에서 민족주의 반란을 주동했다. 하지만 모두 오스트리아 군대에 의해 진압되었다. 1848년에 이탈리아 전역으로 번진 민족주의 폭동의 물결이 오 스트리아와 프랑스에 의해서 강제로 진압되었다. 하지만 보수주의가 완전한 승리 를 거두지는 못했다. 사르데냐 왕국에서 입헌 정부가 발족되었고, 1852년에 민족 주의자인 새로운 수상 카밀로 카보우르(1810-1861) 백작이 10년 뒤에 이탈리아의 통일을 가져오는 일련의 과정을 밟기 시작했다.

이탈리아의 통일 운동

카보우르의 첫 번째 목표는 오스트리아로부터 독립을 얻어 내는 것이었다. 이를 위해서 그는 프랑스와 비밀 동맹을 맺었다. 그런 다음 1859년에 오스트리아와 전쟁을 일으켰다. 프랑스의 지원으로 사르데냐 왕국이 전쟁에서 승리하고, 오스트리아는 롬바르디아를 프랑스를 통해 피에몬테 왕 비토리오 엠마누엘레에게 양도했다. 1859년에서 1860년에 걸친 수차례의 투표를 통해, 오스트리아가 지배하는 베네치아를 제외한 모든 이탈리아 북부 연방국들이 사르데냐 왕국에 편입하는 것을 찬성했다.

● 주세페 가리발디, 이탈리아 독립 투쟁의 영웅

한편 이탈리아 민족주의 혁명의 지도자 주세페 가리발디(1807-1882)는 추종자들로 구성된 소규모 군대를 이끌고 남쪽으로부터 이탈리아를 공격했다. 그는 시칠리아와 나폴리를 정복한 다음, 둘 다 비토리오 엠마누엘레 왕에게 넘겨줬다. 이번에는 카보우르가 군대를 이끌고 교황령으로 쳐들어가 투표를 실시하도록 강요했다. 로마를 제외한 모든 지역이 사르데냐 왕국에 편입되었다. 1861년 3월까지 로마와 베네치아를 제외한 이탈리아 전역이 비토리오 엠마누엘레 왕의 지배하에 통일을 이룩했다. 베네치아는 1866년에 샤르데냐 왕국으로 편입되었다. 프로이센은 오스트리아와의 전쟁에서 이탈리아가 도와준 보답으로 베네치아를 돌려주기로 약속했다.(127쪽 참조) 마침내 1870년 이탈리아가 로마를 합병했다.

독일 민족주의

1849년까지만 해도 독일이 통일되는 것은 이탈리아의 통일보다 훨씬 어려운 일로 여겨졌다. 그때까지 독일은 하나의 국가로 통일된 적이 한 번도 없었다. 수많은 작은 자치국으로 구성되어 각자가 보유한 독자적인 정체성에 긍지를 갖고 있

● 왼쪽부터, 오토 폰 비스마르크와 국방장관 알브레히트 폰 론, 참모장 헬무트 폰 몰트케

었다. 더욱이 오스트리아 합스부르크 왕조는 중앙 유럽을 지배하는 기존 체제를 유지하는 데 혈안이 되어 있었다. 그럼에도 독일 사회의 지배층은 통일로 얻을 수 있는 이점을 내다보았다. 여기에는 독일어를 사용하는 민족의 공동 유산에 대해 긍지를 갖고 있는 지성인도 포함되었다. 구교가 장악한 오스트리아에 균형을 맞출 수 있는 대국을 건설하고자 하는 신교도도 있었고, 대의 정치를 근본으로 하는 근대적이고 중앙집권적인 국가를 추구하는 자유주의자도 있었으며, 통일 이후에 한층 더 확대된 시장을 기대하는 경제인도 있었다.

독일을 통일시킨 비스마르크

놀랍게도 독일의 통일을 주도한 설계자는 보수적인 프로이센 정치가 오토 폰 비스마르크였다. 1862년 수상으로 지명된 독일인 비스마르크는 민족주의자가 아니라 현실주의자였다. 그는 독일에서의 자유 민족주의가 이미 저항할 수 없는 대세라고 판단하고, 최선의 타협안은 프로이센을 주축으로 하는 통일된 나라를 건설하는 것이라고 생각했다. 비스마르크는 교묘하고 유연한 정치가였지만 국내외의 반대파들은 그를 지속적으로 과소평가했다.

비스마르크의 당면한 목표는 독일 북부에서 오스트리아의 영향력을 제거하는 것이었다. 1865년에 그는 독일 북부에 대한 프로이센의 지배를 수락하도록 프랑스를 설득했다. 그런 뒤에 독일 북부에 남성만 참여하는 보통 선거를 통해 새로운 의회와 연방 정부를 수립함으로써 자유 민족주의자들의 지지를 얻었다. 당시에

이 의회는 유럽에서 가장 민주적인 절차에 의해 구성된 조직이었다.

이에 맞서 오스트리아는 프로이센의 집권에 회의적이던 바이에른과 작센을 비롯한 독일의 여러 자치국에게 지지를 호소했다. 뒤이은 7주 전쟁(1866년 6월-7월)에서 프로이센은 순식간에 오스트리아와 작센을 물리쳤고, 하노버와 작센, 홀슈타인을 차지하며 북독일 연방에서 지배권을 공고히 했다. 비스마르크는 통일된 법전과 종교 자유, 우편과 전신 체계를 통해서 북독일 연방(NGC)을 근대화하고 규제 완화를 실시했다. 여기에는 독일 남부의 자치국들이 합류해 주길 바라는 의도도 있었다.

● 1870년 9월 1일 치러진 스당(프랑스의 도시) 전투 직후의 오토 폰 비스마르크(우측)와 나폴레옹 3세. 이 전투에서 프랑스 황제가 포로로 잡혔다.

독일 제국의 완성

통일의 마지막 단계에서 촉매제 역할을 한 것은 프랑스였다. 1870년 프랑스 황제 나폴레옹 3세가 프로이센 왕인 호엔촐레른 가문의 일원이 스페인 왕이 되는 것에 반대해서 프로이센과 전쟁을 일으켰다. 프로이센 군대는 프랑스 군을 완패시키고, 프랑스 황제를 포로로 잡았으며, 프랑스 수도를 함락시켰다.

비스마르크는 이 승리를 계기로 바덴뷔르템부르크 주(州)와 바이에른 주처럼 연방에 가입하지 않고 남아있는 독일 자치국에게 압박을 가했다. 그들은 상당한 자치권을 보장받는 선에서 결국 연방 가입에 동의했다. 그리고 1871년 1월에 독일 제국이 선포되었고 프로이센의 빌헬름 1세가 초대 황제로 등극했다.

연대표	
1833	주세페 마치니가 '청년 이탈리아당'을 조직
1848-1849	오스트리아의 지배에 반대하는 이탈리아의 반란이 실패
1849	비토리오 엠마누엘레가 사르데냐의 왕으로 등극
1859	프랑스의 지원을 등에 업은 피에몬테가 이탈리아 북부에서 오스트리아를 몰아냄
1860	가리발디가 시칠리아를 침공하고 이탈리아 남부의 대부분 지역을 점령
1863-1864	프로이센-오스트리아 연합군이 슐레스비히홀슈타인 주에서 덴마크를 몰아내고 프로이센은 슐레스비히를, 오스트리아는 홀슈타인을 차지
1866	오스트리아가 7주 전쟁에서 프로이센에게 패하고 베네치아와 홀슈타인을 상실
1870	프로이센이 프랑스-프로이센 전쟁에서 승리
1871	빌헬름 1세가 통일 독일의 카이저(황제)임을 선언

러시아 제국

A SHORT HISTORY OF THE WORLD

1783~1917

예카테리나 여제(재위 1762-1796)의 통치 아래 러시아는 세계 열강이 되었다. 그렇지만 서유럽과 비교했을 때 경제적으로는 낙후되어 있었다. 러시아 농민은 지방 영주에게 소작료를 지불하며 농노로 토지에 예속되었다. 서유럽에서는 이미 중세 시대에 없어진 체제였다. 하지만 러시아는 중산층이 매우 적었기 때문에 수입의 대부분을 계속된 농노제에 의지했다.

니콜라이 1세의 흑해 진출

러시아의 엘리트 중 많은 사람이 나폴레옹 시대 이후에 유럽을 휩쓴 자유주의 이념으로부터 영향을 받았다. 일부 젊은 귀족은 데카브리스트라는 혁명 단체를 조직하여 1825년에 폭동을 일으켰다. 폭동은 금방 진압되었으나 겁에 질린 황제 니콜라이 1세(재위 1825-1855)는 수많은 억압적인 조치들을 도입했다. 귀족 출신의 군 장교를 직업 군인으로 대체하였고 언론을 감시했으며 러시아 외부로 여행하는 것도 제한했다. 정치색을 지닌 모든 단체를 불법화했고 비밀 경찰을 조직했다.

1828년과 1829년 사이에 러시아는 오스만 제국을 상대로 한 전쟁에서 승리하면서, 흑해 인근 영토를 확보하고 다르다넬스 해협을 지배했으며 그 결과로 흑해와 지중해 사이에서 상선 운행이 가능해졌다. 하지만 그로 인해 흑해에서 러시아의 확장을 반대하는 영국과 프랑스와 마찰을 빚게 되었다. 그리고 이어진 크림 전쟁(1853-1856)에서 러시아는 패배를 당하고 새롭게 얻은 영토 일부를 포기해야만 했다.

야심적인 개혁가 알렉산드르 2세

알렉산드르 2세(재위 1855-1881)는 크림전쟁의 패배를 다른 유럽 국가에 비해 러시아의 지속적인 쇠퇴를 예고하는 징후로 여겼다. 농노제에 지나치게 의존하는 러시아 경제가 정작 러시아의 발전을 저해하고 있다는 사실을 깨달은 알렉산드르 2세는 1861년에 농노를 해방시키고 그들에게 농지를 나눠주었다. 그리고 러시아를 자본주의 경제로 이끌었다. 또한 서유럽의 기준에 맞춰서 교육 제도와 사법 제도를 개혁하고, 철도망을 건설했으며, 언론 매체에 대한 제한을 풀었다. 아울러 지방 도시의 자치권을 강화하고 군대를 근대화했다. 하지만 자유주의 개혁가들은 더 많은 것을 원했다. 그들은 입헌 군주제나 심지어 공화제를 갈망했다. 일단의 비밀 단체가 황제를 끌어내리고 자유 민주주의나 사회주의 국가 건설을 기도했다. 1881년 '인민의 의지'라는 이름의 혁명 단체가 폭탄을 던져 알렉산드르를 암살했다.

Tips of History

● 우랄 산맥에 위치한 시베리아 횡단 철도에 서있는 바슈키르인(人) 철도원, 1910년 세르게이 프로쿠딘-고르스키 사진

아시아에서의 확장

1800년대 중반부터 러시아는 아시아 쪽으로 깊숙이 확장했다. 1858년에 중국으로부터 아무르 강 이북과 우수리 강 동쪽 지역을 이양 받았다. 아울러 1865년부터 1876년까지 부하라와 히바, 타슈켄트에 위치한 몽골 지배 지역에 대해 일련의 군사 행동을 벌여서 서부 중앙아시아 전체를 손에 넣었다. 1867년에 러시아는 후에 알래스카로 이름이 바뀐 아메리카 대륙의 영토를 미국에 720만 달러를 받고 매각했다. 1880년대에 러시아는 시베리아 광산이 보유한 자원을 개발하기 위해 시베리아 횡단 철도를 건설하기 시작했다. 그리고 기업가들이 만주와 대한제국과 교역을 시도하면서 일본과 마찰을 일으켰다. 일본은 1904년과 1905년 사이에 러시아와 전쟁을 벌여 승리를 거두면서, 러시아는 사할린 섬을 반으로 나눈 남쪽과 남만주 철도 지배권을 포기해야 했다.

전제주의를 강화시킨 알렉산드르 3세

알렉산드르 3세(재위 1881-1894)는 아버지의 개혁 계획을 포기하고 할아버지인 니콜라이 1세에 버금가는 억압 정책을 실시했다. 그는 언론을 감시했고 학원의 자유를 제한했으며 중앙집권체제를 강화했다. 또한 '러시아화' 계획을 실시해서 제국 내 이민족에게 러시아 언어와 러시아식 교육을 강요했다. 알렉산드르가 시행한 정책은 잇단 흉년으로 지방에 기근이 발생하는 1890년대 전까지 러시아 혁명 세력을 억눌렀다. 하지만 이후 잇단 흉년에 더해서 급격한 산업화를 겪고 있던 도시에서는 중산층과 노동자 계급의 반감이 늘어갔다. 니콜라이 2세(재위 1894-1917)가 왕위를 계승하는 시점에 이르자 러시아의 분위기는 언제라도 폭발할 불안한 상황이었다.

● 알렉산드르 3세는 독재적인 황제였고 그가 지배하는 동안 러시아에는 혁명의 기운이 무르익었다.

마지막 황제 니콜라이 2세

전제 군주 체제가 바뀌길 바라는 사람은 많았지만 황제의 빈자리를 어떤 정부로 대체할지에 대한 의견이 분분했다. 자유주의자는 서유럽 형태의 의회 정부를 선호했다. 반면에 사회주의자는 농부와 도시 근로자에 의한 전면적인 혁명을 추진하고자 했다. 또한 독일 사상가인 칼 마르크스를 추종하는 정통 마르크스주의자는 산업 근로자 계급의 혁명을 도모하고자 했다.

1899년부터 1904년에 걸쳐서 노동자 파업과 반정부 시위가 빈번하게 일어났다. 1905년 1월 정부군이 상트페테르부르크에서 파업 중인 노동자에게 총을 발포하자 이를 계기로 반란이 일어났고 순식간에 러시아 전체로 퍼져나갔다. 1905년에 발생한 혁명의 자유주의 지도자들은 입헌 개혁을 요구했다.

니콜라이는 여기에 동의할 수밖에 없었고 선거를 통해서 입법의회 두마(Duma)

가 만들어졌다. 1906년부터 1914년까지 두마가 간헐적으로 기능을 수행했다. 입법의회는 더 근본적인 건의안을 들고 나왔고 니콜라이가 이를 묵살했다. 그러나 총리인 표트르 스톨리핀(1862-1911)의 주도로 중요한 개혁안이 발효되었다. 여기에는 농민에게 농지를 구입할 자금을 대출해주는 내용도 포함되었다.

제국의 붕괴

니콜라이는 개혁 운동을 통해서 자신의 정치적 권위를 부활시키려 했지만 시간이 부족해졌다. 1914년에 1차 세계대전이 발발하면서 러시아는 독일, 오스트리아, 터키 제국을 상대로 동시에 전쟁을 치러야 했기 때문이다. 러시아 정권은 3곳의 전선에서 전쟁을 수행하는 한편 경제가 사실상 붕괴된 가운데 1917년에 혁명까지 겹치자 더 이상 버텨낼 재간이 없었다. 제정 러시아는 순식간에 붕괴했다.

유럽 동맹 체제

A SHORT HISTORY OF THE WORLD

1871년 통일 독일이라는 강대국이 출현하자 1815년 이후로 메테르니히와 그 계승자들이 힘을 쏟아온 유럽의 세력 균형이 위협을 받게 되었다. 하지만 비스마르크는 독일의 세력이나 영토를 넓히는 데 관심이 없었다. 단지 기존의 지배적인 위치를 유지하고 대륙에서 평화를 유지하는 데만 전념했다.

3제 동맹 – 독일 · 오스트리아 · 러시아

비스마르크는 프랑스가 평화를 위협하는 가장 심각한 요소라고 판단했다. 게다가 프랑스는 프랑스-프로이센 전쟁에서 패배하고 알자스 지역과 로렌 지역의 일부를 잃은 것에 대해 독일에게 강한 불만을 품고 있었다. 이에 비스마르크는 프랑스를 고립시키기로 하고, 먼저 1873

● 1921년 〈역사를 읽는 새 시대의 독자들(New Age History Readers)〉에 실린 1차 세계대전이 일어나기 직전의 유럽 지도

년에 오스트리아–헝가리, 러시아와 삼제동맹을 맺었다. 하지만 이것은 이미 몰락하기 시작한 터키 제국의 지배하에 있던 발칸 반도를 놓고, 오스트리아–헝가리와 러시아 양국이 경쟁적인 관계에 있었기 때문에 제대로 성공하지 못했다.

● 이 1914년 러시아 포스터에 등장하는 각각의 인물은 3국 협상의 회원국인 프랑스와 러시아, 영국을 가리킨다.

3국 동맹 – 독일 · 오스트리아 · 이탈리아

비스마르크는 오스트리아, 러시아와의 동맹이 결국에는 지속되지 못하리라는 것을 깨닫고 1882년에 오스트리아–헝가리, 이탈리아와 3국동맹이라고 불리는 비밀 협약을 맺었다. 이 와중에도 프랑스와는 북아프리카에서 식민지 확대를 격려하는 등 우호적인 관계를 유지했다. 1887년에 삼제동맹이 붕괴되자 비스마르크는 러시아와 재보장 조약을 체결했다. 이 조약으로 독일은 발칸 반도에서 러시아의 지배를 인정하고, 오스트리아–헝가리와 러시아가 전쟁을 벌일 경우 중립을 지키기로 약속했다. 마찬가지로 러시아는 독일이 프랑스와 전쟁을 벌일 경우 중립을 지키기로 약속했다. 비스마르크는 또한 영국과의 비공식적인 합의를 통해, 독일이 아프리카 대륙이나 아시아에서 식민지 영토 경쟁을 벌이지 않을 것이며 영국 해군의 패권을 견제하기 위해 대규모 함대를 만들지도 않기로 약속했다.

프랑스 – 러시아 동맹

이런 세심한 외교 작업은 1890년 독일의 성마른 새 황제 카이저 빌헬름 2세가 등극하면서 물거품이 되었다. 황제는 외교 문제를 경솔하게 다루었고 그로 인해 비스마르크와 갈등을 빚었으며 결국 비스마르크가 사임하기에 이르렀다. 빌헬름 황제가 러시아와 재보장 조약의 갱신을 거부하면서, 프랑스–러시아 동맹을 위한 길이 열렸고 양국은 1894년에 정식으로 동맹을 체결했다. 이 동맹을 바탕으로 두 나라는 독일과 전쟁을 할 경우 서로에 대한 지원을 약속했다. 이제 독일은 프랑스나 러시아, 둘 중 어느 한 나라와 전쟁을 벌이더라도 두 나라 모두와 싸워야 하는 입장에 처했다.

전쟁 준비

1914년 이전 여러 해 동안 모든 주요 열강들은 전쟁이 임박했다고 믿고 그에 상응하는 준비 작업에 돌입했다. 각국은 징병을 통해 병력을 확충했고 신속한 군사력 동원 계획을 세웠다. 독일은 동시에 2개의 전선에서 전쟁을 수행할 수 있도록 슐리펜 계획을 세웠다. 군사 기술이 발달하면서 군대가 보유한 파괴력도 늘어났다. 기관총과 대포는 전에 없이 빠르고 정확하게 발사되었다. 철도는 군대와 보급품이 최전선까지 신속하게 움직이도록 도와주었다. 1906년에 영국은 최초의 현대식 전함 드레드노트호를 완성했다. 중장갑을 갖추고 증기 동력으로 움직이며 당시에 존재하던 어떤 전함보다 대규모 화력을 보유한 이 전함의 진수식은 독일과 해군력 경쟁의 시작을 알렸다.

3국 협상 – 영국 · 프랑스 · 러시아

비스마르크가 독일이 유럽 대륙에서 지배적인 세력을 유지하는 데 만족한 반면, 빌헬름 황제는 더 세계적인 야심이 있었다. 독일은 황제의 지휘 아래 남아프리카에서 영국의 경제적 이권을 직접적으로 위협하면서, 식민지 확장을 위한 공격적인 움직임을 개시했다. 또한 빌헬름 황제는 대규모 해군 건설 계획에 투자해서 영국을 더욱 자극했다. 영국은 유럽 문제에 대해서 이전까지 '영광의 고립' 태도를 취했지만 독일의 제지라는 공동 관심사로 인해 1904년에 프랑스와 협약을 맺었다. 1907년에 유사한 협약이 러시아와도 체결되면서 '3국 협상'이 결성되었다.

동맹의 연쇄 작용

이와 같이 동맹 체제가 발전하면서 독일, 오스트리아–헝가리, 이탈리아가 결성한 3국 동맹이 영국, 프랑스, 러시아로 구성된 3국 협상과 대립하게 되었다. 동맹에 가입한 모든 나라가 회원국이 상대 동맹국 가운데 일

● 1911년 아가디르(모로코의 도시)에 도착한 독일 전함 '판테르' 호는 영국과 프랑스에게 독일의 의도에 대한 불안감을 자극했다.

원과 전쟁을 할 경우 지원을 약속하면서, 유럽 전역이 연쇄 작용에 의해 전면전으로 돌입할 위험성이 다분했다. 이 같은 동맹체제는 1907년에서 1914년 사이에 수없이 시험대에 올랐다. 1911년에 아가디르 사건이 일어나자, 북아프리카에서 식민지를 건설하려는 야심을 지닌 독일은 모로코의 아가디르 항구에 전함을 파견했고, 프랑스와 거의 전쟁 직전까지 가기도 했다.

긴장이 감도는 발칸 반도

하지만 가장 일촉즉발의 상태에 있던 곳은 발칸 반도였다. 이 지역에서는 수많은 군소 군주국들이 민족 자결권을 갈망하면서 민족주의 욕구가 소용돌이치고 있었다. 오스트리아는 제국 내 소규모 집단 사이에서 독립 운동이 확산될까 두려워 이러한 요구를 억눌렀다. 그리고 1908년에 발칸 반도에서 보스니아와 헤르체고비나 지방을 합병하면서 무력을 행사하기에 이르렀다. 이 같은 행보는, 보스니아에 많은 자국민이 거주하는 까닭에 나름대로 보스니아에 대해 모종의 의도를 갖고 있던 세르비아를 격분시켰다. 러시아가 세르비아를 거들고 나서자 독일이 오스트리아를 지원했다. 일본에게 패배를 당하고 여전히 회복 중이던 러시아가 결국 먼저 물러섰지만, 상황은 금방이라도 전쟁이 일어날 것 같았다. 1912년에서 1913년까지 발칸 전쟁이 일어나면서 다시 한 번 긴장이 고조되었다. 발칸 반도의 군소국들 사이에서 일어난 이 전쟁에서 세르비아가 강대국으로 등극하고 영토를 확대해 나가자, 세르비아를 러시아의 위성국가로 여기던 오스트리아와 독일은 긴장하게 되었다.

오스만 제국의 종말

A SHORT HISTORY OF THE WORLD

1783~1923

18세기가 끝나가면서 오스만 제국이 보유한 나약한 군대의 실체가 명확히 드러났다. 터키 제국은 러시아와 치른 2번의 전쟁(1768-1774, 1787-1792)에서 모두 패하고 많은 영토를 잃었다. 나폴레옹이 1798년에 이집트를 침략한 것은 오스만 제국이 보유한 영토를 차지하려는 유럽의 야심을 예고하는 경고에 불과했다. 군대를 근대화하려던 셀림 3세(재위 1789-1807)의 시도는 보수 세력, 특히 왕실 근위대에 의해 수포로 돌아갔다. 이 당시 왕실 근위대는 나태하고 기생충 같은 존재로 전락해 있었다. 군주국에서 돈이나 뜯어내고 정치에 영향력을 행사하려고 했으며 그들의 지위를 위협하는 술탄은 누구를 막론하고 퇴위시키거나 목숨을 빼앗았다.

근대화에 힘쓴 마무드 2세

왕실 근위대는 1826년에 술탄 마무드 2세(재위 1808-1839)의 명령으로 수천 명이 학살을 당하면서 처참한 종말을 맞이했다. 마무드 2세는 유능한 통치자였다. 왕실 근위대를 폐지했을 뿐 아니라 중앙집권체제를 강화했다. 지방 군주의 권력을 약화시키고 제국의 변방에 대한 지배를 공고히 하고자 노력했다. 다만 이 마지막 부분에서 그는 실패했다. 매년 조공을 바치던 세르비아에서 발흥한 민족주의에 결국 손을 들고 1829년 자치권을 인정한 것이다. 또한 영국과 프랑스, 러시아가 그리스 민족주의자를 돕기 위해 적극적으로 개입하면서, 마무드 2세는 1832년에 어쩔 수 없이 그리스를 포기해야 했다.

● 셀림 3세는 재위 중에 개혁을 추진했을 뿐 아니라 예술과 유명한 음악가들을 지원했다.

이집트로 인한 고민

원래는 나폴레옹의 침략에 맞서고자 파견된 오스만 제국의 총독 무하마드 알리가 1805년부터 직접 이집트를 통치하기 시작했다. 무하마드가 동맹국으로서 중요한 역할을 수행했기 때문에, 오스만 제국 정부는 1831년 무하마드와 그의 아들 이브 라힘 파샤가 제국의 영토인 시리아를 장악하기 전까지는 이를 눈감아 주었다. 시리아를 되찾기 위한 오스만 제국의 시도는 이브라힘 파샤가 코니아(1832년)와 니지브(1839년)에서 차례로 터키 군대를 박살내자 실패하고 말았다. 이 패배로 오스만 제국은 붕괴 직전까지 갔지만, 이 지역의 권력 공백이 인도로 이어지는 무역 거점을 위협할까봐 두려워한 오스트리아와 영국의 도움으로 겨우 명맥을 유지할 수 있었다.

중단된 개혁

오스만 제국을 계속 유지시키려 한 영국은 오스만 제국에게 근대화를 촉구했다. 마무드 2세의 계승자인 압둘마지드(재위 1839-1861)는 탄지마트(Tanzimat, 개조)라고 알려진 개혁안을 실시해서 교육과 금융, 정부조직과 군대를 유럽처럼 개혁하고자 했다. 크림 전쟁(1853-1856)에서 러시아와 대적하는 오스만 제국을 지원하면서 영국이 내건 유일한 조건은 탄지마트를 계속해서 시행해 나가는 것이었다. 하지만 오스만 제국은 1870년대에 이르러 계속된 금융과 외교 정책의 위기로 휘청거렸고, 개혁안을 전면 중단했다.

산스테파노와 베를린 회의

1876년에 압둘하미드 2세(제위 1876-1909)는 최초로 오스만 제국에 헌법을 도입하면서 안정을 회복하고자 노력했다. 하지만 이듬해에 러시아가 침략해 들어왔다. 러시아 군대는 순식간에 오스만 제국의 영토를 유린하면서 거의 콘스탄티노플(지금의 이스탄불)까지 쇄도해 들어왔다. 1878년에 산스테파노 조약이 체결되었고 오스만 제국은 유럽지역 영토 대부분을 넘겨야 했다. 여기에는 이미 마케도니아와 트라키아를 흡수할 정도로 성장한 친 러시아계인 불가리아도 포함되었다.

러시아의 확장주의 정책에 불안을 느낀 유럽 열강들은 베를린 회의를 소집해서 산스테파노 조약을 개정하기에 이르렀다. 개정된 조약에 따르면 러시아는 아나톨리아 동부를 차지하고 영국은 키프로스를 취했다. 세르비아와 몬테네그로는 독립국이 되었으며, 오스트리아-헝가리 제국은 사실상 보스니아와 헤르체고비나에 대한, 공식적으로는 여전히 오스만 제국의 영토였지만, 지배권을 획득했다.

연대표	
1787-1792	예카테리나 2세가 오스만 제국과 전쟁을 벌임
1828-1829	오스만 제국이 흑해 동부의 항구들에 대한 지배권을 상실
1832	그리스가 독립 전쟁을 통해 오스만 제국으로부터 독립
1840	오스트리아와 영국이 오스만 제국과 이집트 전쟁에서 오스만 제국을 구하고자 개입
1878	몬테네그로, 루마니아, 세르비아가 독립
1895	터키 민족주의자들이 청년 투르크당을 결성
1908	테살로니카(그리스 마케도니아의 도시)에서 청년 투르크당의 반란이 시작됨
1914	오스만 제국에 대한 러시아, 영국, 프랑스의 선전 포고
1919-1923	터키 독립 전쟁으로 터키 공화국이 설립됨

오스만 제국의 쇠락

1880년대에 유럽 열강은 나약한 오스만 제국이 초래한 불안정한 정세, 소위 '동방문제'를 부쩍 간섭주의 정책을 통해서 해결책을 찾고자 했다. 튀니지는 프랑스에게 넘어갔고(1881년), 이집트는 영국에게(1882년), 루멜리아 동부는 불가리아(1885년)로 넘어갔다. 남은 제국을 보다 철저하게 장악하기 위해서 압둘하미드 2세는 대대적으로 독재적인 수단을 강구했다. 헌법을 금지하고 중앙집권체제를 강화했으며 감시망을 확립했다. 또한 독일과 우호 정책을 펴고 독일 관료를 영입해 오스만 제국의 금융과 군대를 재조직하도록 했다.

청년 투르크당의 개혁 추진

압둘하미드의 억압적인 조치는 다방면에서 저항 운동을 자극하는 계기가 되었다.

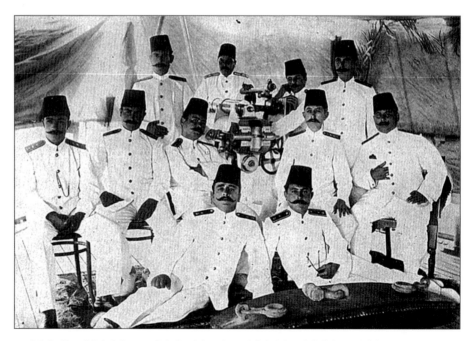

● 사관생도들로 시작된 청년 투르크당의 진보적이고 민족주의적인 생각은 사회 전반으로 퍼져나갔다.

통틀어서 청년 투르크당으로 알려진 민족주의자와 반정부 단체들 연합이, 1908년에 쿠데타를 일으켜 술탄에게 헌법을 부활시키고 내각 책임제 정부를 설치하도록 압박했다. 1909년 술탄의 보수 지지자들이 일으킨 반란을 끝으로 압둘하미드는 폐위되고 유배되었다. 엔베르 파샤가 이끄는 청년 투르크당은 제국을 완전히 장악하고 자유주의 개혁을 추진했지만, 오스만 제국의 세력과 영토가 유실되는 것을 막을 수는 없었다.

1911년에 이탈리아가 트리폴리나를 점령했다. 그리고 뒤이은 발칸 전쟁(1912-1913)으로 오스만 제국은 발칸 반도에서 트라키아 동부를 제외한 모든 영토를 잃었다. 1914년에 엔베르 파샤는 독일과 비밀 조약을 맺었다. 그는 독일이야말로 오스만 제국의 권리를 보호해줄 유일한 나라라고 믿었다.

제국의 종말

오스만 제국에게 1차 세계대전은 총체적인 재앙이었다. 러시아가 아나톨리아를 공격했으며 한편 영국의 지원을 등에 업은 아랍 반란군이 중동에서 터키 군대를 참패시켰다. 세브르 조약(1920년)이 체결되자 오스만 제국은 터키만 남게 되었다. 이후 터키 독립 전쟁(1919-1923)을 통해서 민족주의자들은 연합군을 아나톨리아에서 몰아냈다. 1923년 마침내 터키 공화국이 설립되었고, 600년에 걸친 오스만 제국의 지배가 막을 내렸다.

미국의 서부 개척

1783~1910

1783년에 새로이 건국된 미국은 그저 작은 나라에 불과했다. 대서양 연안에 밀집한 단지 13개 구(舊)식민지로 구성되었고, 미시시피 강을 기준으로 동쪽에만 분포하고 있었다. 그 다음 세기 동안 이 젊은 나라는 북아메리카 대륙을 가로질러 끊임없이 서부로 확장할 터였다. 그러는 사이 영토와 인구, 경제력은 한없이 늘어나고 있었다.

미시시피 강을 건너면 프랑스의 영토였기 때문에 초기에는 확장이 제한되었다. 하지만 이 장애물은 미국이 프랑스 황제 나폴레옹으로부터 중서부의 넓은 지역을 사들인 이른바 '루이지애나 매입'을 통해 1803년에 사라졌다. 미국은 5억 3천만 에이커(약 210만km²)에 달하는 이 광활한 지역을 1천 5백만 달러, 즉 1에어커(약 4,000m²) 당 3센트 정도를 주고 매입했다.

경우에 따라 돈으로 매입하거나, 외교나 무력 정복으로 확장하기도 하면서 미

● 아동용 도서 〈미국의 이야기 (The Story of Our Country)〉(E. 보이드 스미스, 1920)에 등장하는 루이스와 클라크의 탐험

국은 점점 많은 영토를 확보했고, 차츰 대륙을 가로지르는 지금의 형태로 자리를 잡아가기 시작했다. 1813년에는 스페인으로부터 플로리다 서부를 합병했다. 1819년에는 역시 스페인으로부터 플로리다 동부를 인도받았다. 더불어 지금의 워싱턴 주와 오리건, 아이다호를 포함해 북서부 지역에서 스페인이 차지하고 있던 모든 영토를 함께 넘겨받았다. 이후 1830년대와 1840년대에는 멕시코로부터 텍사스와 캘리포니아를 포함한 남서부의 넓은 지역을 접수했다. 끝으로 미국 정부는 1867년에 러시아로부터 알래스카를 매입했다.

서부 지역 탐험

새로이 획득한 지역에 정착민이 들어가기에 앞서, 미국은 먼저 탐사를 실시하고 지도를 제작할 필요가 있었다. 1804년 토마스 제퍼슨 대통령은 대륙의 서부 지역을 탐사하도록 지시했다. 메리웨더 루이스와 윌리엄 클라크가 이끄는 탐험대가 2년 6개월에 걸쳐서 12,800킬로미터에 달하는 거리를 탐사했다. 루이스와 클라크는 미시시피 강과 서부 연안을 잇는 길을 개척하고, 매우 희망적인 소식을 가지고 귀환했다. 서부에 매우 풍부한 천연자원이 존재한다는 사실이었다. 이들이 들려준 모험담은 서부 탐험의 새로운 지평을 열었다.

정부가 후원하고 제블론 파이크가 이끄는 탐험대(1804-1807)와 역시 정부가 후원하고 스티븐 롱이 이끄는 탐험대(1817-1823)가 콜로라도와 뉴멕시코, 레드 강과 아칸소 강 인근 지역을 답사했다. 상인들과 제디디아 스미스 같은 모피 사냥꾼은 1821년에 미주리와 뉴멕시코를 이어주는 '산타페 통로'를 개척했다. 대략 1810년부터 '산사람'으로 알려진 사냥꾼들이 로키 산맥을 탐험했다. 탐험이 절정에 달했던 이 시기에는 대담한 위업으로 전설이 되는 유명한 변경 개척자가 대거 등장했다. 여기에는 이름난 곰 사냥꾼에서 텍사스의 독립을 지키려다 알라모 전투에서

● 최초로 사금이 발견되어 캘리포니아 골드러시를 촉발한 콜로마의 서터즈밀

죽음을 맞이한 데이비 크로켓, 개척자이자 탐험가이며 보우이 칼의 발명가이기도 한 제임스 보우이, 산사람이자 정찰병이며 들소 사냥꾼이었던 킷 카슨도 포함되었다.

개척자와 정착민

미국인들이 새롭게 길이 열린 서부 지역으로 몰려든 이유는 다양했다. 복잡한 북동부 도시를 떠나고자 한 사람들은 기름진 땅과 풍부한 사냥감이 존재하는 탁 트이고 광활한 내륙 이야기에 끌렸다. 모르몬교도는 유타에 정착하면서 종교적인 박해로부터 벗어나게 되었다. 농장주가 노예를 사들이면서 일할 곳을 잃은 사람들은, 절망적인 심정으로 남부의 대농장을 탈출했다. 많은 이가 '매니페스트 데스티니'(manifest destiny, 명백한 운명)라는 말을 신봉했고, 미국이 북아메리카 대륙 전체를 횡단하여 영토를 확장하는 것은 신과 역사가 정한 운명이라고 믿었다. 정부는 정착민이 정착지에 거주하면서 그곳을 경작하는 동안은 무료로 땅을 제공하는 특별한 혜택까지 추가했다.

1843년부터 개척자들이 '오리건 통로'를 따라 긴 마차 행렬을 이루며 서부로

연대표	
1803	프랑스가 루이지애나를 미국에 매각
1804-1806	루이스와 클라크 탐험대가 서쪽으로 태평양까지 이어지는 육로를 개척
1843	오리건 통로의 개설로 오리건에 정착이 시작됨
1848-1849	캘리포니아에서 황금이 발견되면서 골드 러시가 촉발
1861	최초의 대륙 횡단 전보망의 완성
1862	공유지 불하법이 시행되어 정착민에게 자영 농지를 무료로 제공
1869	대륙 횡단 철도의 완공

몰려들었다. 오리건 통로는 미주리 주에서 태평양 연안까지 3,500km에 달했다. 꾸준히 유입되던 이주민의 숫자는 1848년에 캘리포니아에서 황금이 발견되자 폭발적으로 증가했다. 10만 명이 넘는 '포티 나이너'(49년의 사람들, 1849년 금광 경기로 캘리포니아에 밀어닥친 사람들을 이렇게 불렀다)가 '금광 열기'에 휩싸여 부자를 꿈꾸면서 캘리포니아로 밀어닥쳤다. 그렇지만 금을 찾은 사람은 거의 없었고 대부분이 그곳에 농부와 상인으로 정착했다.

오리건 통로와 골드 러시가 1840년대 서부(캘리포니아 근처) 지역 개발에 도움이 되기는 했지만, 그럼에도 당시 서부 내륙 대부분은 미개척 지역으로 남아 있었다. 1860년대에 들어서야 비로소 목장과 농장이 미시시피 서쪽의 대평원에 들어서기 시작했다. 이 시기에 정착이 시작되기까지 철도와 전보의 도입이 큰 도움이 되었다.

이미 20세기 초에, 미국은 북아메리카 대륙 전체에 걸쳐서 영토를 보유한 주요 산업국으로 발전했다. 만만치 않은 물리적, 지리적 어려움에도 불구하고 미국은 거의 유럽과 맞먹는 크기의 영토에 정착했다. 그리고 그것은 대부분 개척자들의 모험심과 끈기 덕분에 가능했다.

미국 남북전쟁

1861~1865

A SHORT HISTORY OF THE WORLD

미국 남북전쟁은 미국을 단일 국가로 유지하고자 하는 북부의 미연방과, 연맹에서 탈퇴한 남부 연합 사이에서 벌어진 전쟁이었다. 전쟁은 4년 동안 지속되었고 최소 60만 명이 목숨을 잃었다. 이 전쟁이 일어나기까지는 북부와 남부의 심화된 문화 차이와 경제 격차, 연방정부와 주정부의 권력 분배 논쟁 등 많은 이유가 있었다. 하지만 가장 중요한 원인은 노예제도에 대한 오랜 의견 차이였다.

연방의 분열

● 미국의 16대 대통령 에이브러햄 링컨, 1863년 11월

남부 11개 주의 경제는 상당 부분 노예제도에 의지했다. 남부 경제인은 노예의 노동력을 이용해서 면화를 비롯한 작물을 생산했다. 대략 4백만 명에 달하는 아프리카 흑인 후예들이 도시나 마을의 농장이나 플랜테이션에서 노예로 일했다. 19세기 초부터 북부에서 노예제도의 폐지를 요구하는 작지만 강경한 압력단체가 출현했다. 북부에서는 이미 노예제도가 불법이었고, 폐지주의자들은 1820년 '미주리 타협'을 통해서 '루이지애나 매입' 덕분에 추가로 편입된 주에서도 미주리를 제외한 전 지역에 노예제도 금지법을 확대 적용했다. 많은 사람에게 노예 문제는 그렇게 일단락되는 것처럼 보였다. 하지만 이 문제는 멕시코로부터 서부에 있는 새로운 영토가 합병되면서 다시 불거졌다. 폐지주의자들은 그곳에서도 노예제도가 금지되어야 한다고 주장했다. 하지만 남부 사람들은 이들 지역으로 노예 금지법이 확장되는 것에 대해 예민하게 반응했고, 노예제도를 허가하라고 정부를 압박했다. '1850년의 타협'으로 캘리포니아가 노예제를

금지하는 자유주로 공표되면서 나머지 다른 주들은 각자 노예제도 문제를 결정하기로 했다.

새로운 결의들이 추가로 채택되면서 '미주리 타협'이 훼손되었고 그 때문에 노예 소유주의 권리가 확대되었다. 1854년 '캔자스-네브래스카법'이 만들어지고 이 두 주에서 노예제도가 허용되었다. 그리고 1857년 드레드 스콧 판결에서 대법원은 연방 의회가 어떤 경우에도 준주(아직 state의 자격을 얻지 못한 지역)에서 노예제도를 폐지할 권한이 없다고 판결했다.

● 최초의 연방 의회, 삽화. 오른쪽에서 3번째가 제퍼슨 데이비스이다.

분개한 폐지주의자들이 그들의 대의를 추진하기 위해서 공화당을 결성했다. 1860년 대통령 선거에서 공화당 후보로 나온 에이브러햄 링컨은 노예제도를 반대했고, 더불어 노예제도를 새로 편입된 주로 확대하는 것도 반대했다. 그가 대통령으로 당선되자 남부 7개 주는 즉시 미국 연방에서 탈퇴하고 남부 연합을 결성해 제퍼슨 데이비스를 대통령으로 선출했다. 남북전쟁이 시작되자 남아있던 4개의 '노예주'가 남부 연합에 가입했다.

전쟁의 진행

남부 연합군이 사우스캐롤라이나에 있는 미연방군 기지인 섬터 요새를 공격하면서 1861년 4월 12일 전쟁이 시작되었다. 연방 탈퇴를 불법으로 간주하고 미연방을 보전하는 것이 자신의 의무라고 생각한 링컨은 남부 연합의 도발을 선전 포고로 받아들였다. 그는 남부가 유럽으로부터 수입 의존도가 높다는 점에서 착안해 해안선을 봉쇄하고, 종국에는 굶주림에 지쳐 항복하도록 만들려는 전략을 폈다. 더불어 남부 연합의 수도인 버지니아 리치몬드를 함락시키고자 했다. 하지만 특히 로버트 E. 리 장군을 비롯한 남부 연합에 소속된 장군들은 상대인 미연방 장군보다 뛰어났고, 남부는 1861년에서 1862년까지 여러 차례 승리를 거두었다. 미

● 게티즈버그 전투를 보여주는 판화. 게티즈버그 전투는 미국 남북전쟁에서 전환점이 되었다.

연방 군대는 리치몬드 점령은 고사하고 요충지인 프레더릭스버그도 차지할 수 없었다.

1862년 9월 남부 연합은 메릴랜드를 침공하며 공세를 펼쳤지만 앤티텀 전투(또는 샤프스버그 전투)에서 패하고 말았다. 이 최초의 미연방 승리에 고무된 링컨은 남부에 있는 모든 노예의 자유를 선언하는 노예 해방령을 공포했다. 이 노예 해방령은 미연방에게 대의명분을 제공했고, 군대에 지원하는 아프리카계 미국인이 부쩍

연대표	
1854	'캔자스-네브래스카 법'으로 '미주리 타협'이 무효화되고 노예제를 폐지하려는 사람과 유지하려는 사람들 간에 전쟁이 촉발됨
1857	노예제도를 제한하는 조치가 드레드 스콧 판결에 의해 불법으로 규정됨
1861 1월	에이브러햄 링컨이 미국 대통령에 당선
1861 4월	남북전쟁이 시작됨
1863 1월	노예 해방령이 발효되고 남부의 노예들에게 자유가 선언됨
1863 7월	미연방 군대가 게티즈버그 전투에서 남부 연합군을 대패시킴
1865 4월	리치몬드 함락. 남부 연합이 애퍼매턱스 코트하우스에서 항복
1865	미국 수정헌법 제13조에 의해 노예제도 폐지

늘어났다. 전쟁이 끝날 때까지 186,000명의 아프리카계 미국인 병사가 미 연방군 대에서 복무했다. 미연방 군대가 남쪽으로 내려오면서 남부에 있던 노예들은 아주 서서히 해방령의 효력을 실감했다.

한편 로버트 E. 리 장군이 이끄는 남부 연합군은 프레더릭스버그 전투(1862년 12월)와 챈슬러즈빌 전투(1863년 4월)에서 승리하면서 여전히 승승장구했다. 1863년 6월에는 리 장군의 군대가 북으로 펜실베이니아까지 밀고 올라갔다. 남부군은 게티즈버그 전투에서 처음으로 대패를 당했고, 그로 인해 남북전쟁은 새로운 전환점을 맞게 되었다.

북부군의 승리

1863년에 이르자 북부군이 보유한 유리한 인적 자원과 경제력이 효력을 나타내기 시작했다. 남부군은 게티즈버그 전투에서 입은 손실을 좀처럼 완전하게 회복하기가 어려웠고 더 이상 대대적인 공세를 펼칠 수가 없었다. 설상가상으로 1862년 율리시스 그랜트가 이끄는 북부군이 미시시피 강을 장악하자 남부군은 둘로 나뉘게 되었다. 1863년이 지나면서 남부군은 테네시에서 밀려나 조지아 주까지 후퇴했다. 1864년 버지니아와 조지아, 캐롤라이나 주에서 벌어진 피비린내 나는 전투는 남부의 인적 물적 자원을 더 한층 고갈시켰으며 해당 지역을 더욱 황폐하고 굶주리게 만들었다. 1865년 4월 9일 마침내 남부가 손을 들었다.

그로부터 5일 뒤에 링컨은 암살되었지만 역사에 이미 뚜렷한 발자취를 남긴 뒤였다. 그는 미합중국을 단일 국가로 보전했고 노예를 해방시켰다. 얼마 지나지 않아 의회는 수정 헌법을 통과시켜, 노예제도를 폐지하고 아프리카계 미국인에게 시민권을 줬다. 하지만 북부와 남부의 문화적 단절은 이전과 마찬가지로 계속되었고, 남북전쟁은 여기에 더해 쓰라린 흔적을 남겼다. 게다가 인종차별도 계속되어 아프리카계 미국인의 시민권이 완전히 인정되기까지는 이후 100년이라는 시간이 더 걸렸다.

미국의 산업 확장

1800~1914

19세기 동안 미국은 단순 농업 경제에서 산업 강국으로 극적인 변화를 겪었다. 1800년부터 남북전쟁까지 지속된 이 변화의 첫 번째 단계에는 운송과 제조가 발전하고 활기 넘치는 자본주의 경제가 등장했다. 남북전쟁 이후에 미국은 급속한 산업화와 인구 증가, 도시화를 겪었다.

교통망의 발전

미국의 그 절대적인 크기는 19세기 초반까지 기업가들에게 난제를 주었다. 도심과 시외 정착지가 광범위하게 퍼져 있어서 시장 접근성이 용이하지 않았고 비용도 많이 들었다. 따라서 경제 발전을 위해서는 효율적인 운송망이 절대적으로 필요했다. 우선적으로 주로 뉴잉글랜드와 대서양 연안의 중부에 위치한 몇몇 주에서 '유료 고속도로'라고 이름이 붙여진 도로가 건설되기 시작했다. '유료 고속도로 시대'라고 알려진 1790년에서 1820년 사이에 3,200킬로미터에 달하는 도로가 만들어졌다. 1830년대에 이르러서는 서쪽으로 일리

● 뉴욕의 울워스 빌딩이 1913년에 완공되었고 이 57층짜리 건물은 1930년까지 세계에서 가장 높은 건물이었다.

노이까지 확장되었다. 동시에 강과 운하를 이용한 운송이 발전하면서 1807년에 허드슨 강에 최초로 영리를 목적으로 하는 증기선이 등장했다. 이 증기선은 1811년부터 오하이오 강과 미시시피 강, 그리고 그 지류에서 사용되기 시작하면서 중서부와 남부의 발전을 촉진시켰다. 이들 지역을 북부와 동부에 있는 시장까지 연결시켜 주었기 때문이다. 1816년에서 1840년까지 5,000km에 달하는 운하망이 구축되어 대서양 연안과 중서부, 5대호가 하나로 연결되었다.

하지만 19세기 미국에서 가장 혁신적이고 상징적인 운송 시스템은 철도였다. 1830년 최초의 철로인 볼티모어와 오하이오 구간이 개통되었다. 다른 도시에서도 곧바로 철도가 지닌 장점을 인식하기 시작했으며 그로부터 겨우 10년 만에 5,324km에 달하는 철로가 생겼다. 그리고 이것은 1850년에 이르러서 15,000km로 늘어났다. 최초의 대륙 횡단 철도가 1869년 개통되면서 철도망이 완성되었다. 이로 인해 예전 화물 마차는 자취를 감추었고, 동부의 발전된 경제 혜택을 서부에서도 누릴 수 있게 되었다. 1837년 전보의 도입으로 대륙을 가로지르는 통신망이 더 한층 발전했다. 1861년까지 미국에는 80,000km에 달하는 전신 케이블이 설치되었다.

산업화의 급진전

운송 수단의 발전은 1800년대 초기에 1차 산업화를 불러왔다. 여기에는 영국과 1812년 전쟁을 치르는 동안 수입에 어려움을 겪으면서 자국 내 제조 산업을 장려한 것도 한 몫 했다. 1813년에 최초로 '북아메리카 공장'을 설립하며 직물 산업이 산업화에 앞장섰다. 그러나 방대한 천연자원과 꾸준한 인구 증가(1865년 기준 3,150만 명)에도 불구하고 남북전쟁이 발발하기 전까지는 미국의 산업화는 서서히 그리고 드문드문 진행되었다.

1865년 남북전쟁이 끝나자 미국 안팎에서 전망이 밝은 미국에 투자를 하려는 투자자들이 몰려들면서 거대한 산업화 물결이 소용돌이쳤다. 연방 부지의 무상 원조로 고무된 철도 건설이 경제 성장을 주도했다. 점점 더 많은 도심과 지방이 철도로 연결되면서, 빠르게 산업화하고 있던 북동부를 위한 새로운 시장이 문을 열었고, 그로 인해서 생산은 더욱 활발해졌다. 기술 혁신과 개선된 공장 시스템 덕분에 전보다 더 빨리 더 많은 제품을 더욱 저렴한 비용으로 생산하는 것이 가능해졌다. 1870년대부터 미국은 두 번째 산업 혁명을 선도했고, 철강 생산 부문에서 세계 최고가 되었으며 전기라는 새로운 동력원을 개척한 선도자가 되었다. 1901년 펜실베이니아의 카네기 철강 회사는 영국 전체 생산량보다 많은 철강을 생산했다.

규제가 없는 미국 경제의 특징은 기업가들이 번창하고 산업이 놀라운 속도로 성장하는 데 밑거름이 되었다. 하지만 동시에 무자비하고 때로는 반(反)경쟁적인 관행을 낳기도 했다. 어떤 사람들은 자신의 산업 분야에서 독점적인 지배력을 행사하기도 했고 존 D. 록펠러(석유), 필립 D. 아머(정육업), J. 피어폰트 모건(금융), 앤드류 카네기(철강)와 같은 엄청난 부를 가진 경제 거물 계층이 등장하기도 했다.

Tips of History

근대화를 부추긴 발명품

19세기 후반 미국에서는 과학 기술을 혁신하려는 움직임이 활발하게 일어났고 발명가들은 연이어 주목할 만한 새로운 장치들을 개발했다. 그중에는 타자기(1867년)도 있었고 등사 기계(1875), 전화기와 마이크로폰, 축음기(1877년), 전기 조명(1879), 카메라(1888년)도 있었다. 1908년 기계 기술자 헨리 포드는 최초로 상용화된 자동차 T형 포드를 시장에 내놓았고, 미국 교통 수단에 일대 혁명을 가져왔다.

● 헨리 포드는 미국에 모터가 장착된 상용 자동차를 내놓았고, 이 자동차는 곧 말과 마차를 대체했다.

인구와 도시의 성장

특히 독일과 스칸디나비아 반도, 영국, 아일랜드, 이탈리아, 동부 유럽으로부터 2천 5백만 명이 넘는 유럽 이주민이 1870년과 1916년 사이에 미국으로 들어왔다. 급속히 성장하는 산업 분야에서 값싼 노동력에 대한 요구가 늘어나면서 이를 충족시키기 위해서였다. 뉴욕과 시카고, 피츠버그, 클리블랜드, 밀워키, 신시내티, 세인트루이스 같은 도시는 거대하게 성장했다.

1910년이 되자 인구는 9천 2백만에 달했고 이들 중 과반수 이상이 중소 도시나 대도시에 거주했다. 노동자에 대한 착취가 성행했고 이에 따라 노동자들이 노동조합을 결성했으며 임금이나 실직 문제로 쟁의를 일으키기도 했다. 1877년에 일어난 총파업은 6개의 도시로 확산되었고 결국 연방 군대가 개입해 진압되었다.

그렇지만 산업화가 초래한 사회적 문제와는 별개로, 산업화가 국가 전체에 끼친 경제적 영향은 엄청났다. 1914년에 이르자 미국은 다른 어떤 나라보다 많은 전화와 전보, 전기 조명, 자동차를 보유하면서 영국을 제치고 세계 최대의 공업국이 되었다.

캐나다의 발전

18세기까지 캐나다로 알려진 지역은 2개의 영역으로 구성되었다. 세인트로렌스 강 유역에 있는 뉴프랑스 또는 캐나다라고 불린 프랑스 지역과, 대서양 연안에 있는 영국의 노바스코샤 지역이었다. 7년 전쟁(1756-1763)에서 프랑스에게 승리한 영국은 캐나다를 장악하고 퀘벡으로 이름을 바꿨다. 퀘벡에 살면서 프랑스어를 사용하던 6,500명에 달하는 독실한 로마 가톨릭 신자들은 당연히 영국이 그들에게 개종을 요구할지도 모른다는 두려움에 휩싸였다. 그들을 안심시키기 위해서 영국 의회는 퀘벡법(1774년)을 통과시켜서 종교의 자유를 보장하고 퀘벡이 프랑스 법률 시스템을 유지하도록 허락했다. 그 법은 또한 퀘벡의 영토를 크게 늘려서 5대호 남부까지 포함하도록 만들었다. 영국은 미국의 13식민지에서 갈수록 반란이 늘어가던 시점에 이런 식으로 캐나다의 환심을 얻었다. 이 정책은 미국 독립 전쟁(1775-1783) 중에 영국에게 가치를 따질 수 없는 중요한 힘이 되어 주었다. 독립 전쟁 당시 미국은 퀘벡을 포위했지만, 그들이 내세운 대의명분에도 불구하고 퀘벡 주민으로부터 거의 아무런 지원도 받을 수 없었다.

Tips of History

● 볼티모어 전투 당시 영국 함대가 1814년 9월 13일 매켄리 요새에 포격을 가하는 모습

1812년 전쟁

영국과 미국의 1812년 전쟁에서 미국은 캐나다를 침략해서 후퇴하기 전까지 잠시나마 어퍼 캐나다(지금의 온타리오 주)의 존립을 위협했다. 이 전쟁으로 말미암아 캐나다인의 애국심이 강해졌고, 캐나다가 미국과 별개로 독립국으로 남아야 한다는 믿음이 강화되었다. 두 나라 사이에 공격적인 군사 행동이 발생한 것은 이 전쟁이 마지막이었다. 추후의 국경 변화는 평화적으로 합의 되었고 1846년에 미국-캐나다 국경이 영구적으로 확립되었다.

퀘벡의 분열

미국이 독립을 쟁취하자 영국은 5대호 남쪽에 있던 모든 땅을 새롭게 구성된 미국 정부에게 넘겨야 했고, 그로 인해서 퀘벡의 영토가 크게 줄게 되었다. 퀘벡은 또한 자체적으로 급격한 인구 변화를 겪었다. 미국에서 독립전쟁 중에 영국을 지지했던 식민지 개척자 약 50,000명이 북쪽으로 퀘벡과 노바스코샤까지 도망쳐 왔기 때문이다. 이들은 오늘날 캐나다 영어권 국민들 대다수의 조상이 되었다.

13식민지에서 저지른 실수를 반복하지 않기 위해 단단히 결심한 영국은 퀘벡을 다스리는 데 더욱 세심한 접근을 시도했다. 1791년에 제정된 제헌법은 식민지가 지닌 두 문화의 특성을 인정하고, 영국 신교도 법과 제도 하에서 살고자 하는 영어권 정착민의 욕구를 받아들인 것이었다. 제헌법은 영국 총독과 입법 의회의 지배 아래 캐나다를 둘로 나누었다. 그에 따라 오늘날 온타리오에 해당하는 어퍼 캐나다에는 영어권 정착민이, 그리고 퀘벡에 해당하는 로어 캐나다에는 프랑스어권 정착민이 살게 되었다.

서부 지역 탐사

1775년에서 1821년 사이에 캐나다 북동부 대부분을 차지한 허드슨베이사(HBC)와 몬트리올의 노스웨스트사(NWC)는 캐나다 모피 무역을 장악하기 위해 경쟁을 벌였다. 이 경쟁으로 두 회사는 캐나다의 서부 지역 탐사에 박차를 가했다. 경쟁 상대가 새로운 통로와 공급자를 개척할 때마다 경쟁은 더욱 치열해졌다. NWC 모피 교역상 알렉산더 매켄지와 사이먼 프레이저, 데이비드 톰슨은 태평양 연안과 북극해에 이르는 서부 지역을 탐험하고 지도를 작성했다.

1815년에서 1850년 사이에 엄청난 수의 잉글랜드와 스코틀랜드, 아일랜드 이주민이 영국령 캐나다로 물밀 듯 들어왔다. 1840년대에 들어서는 인구가 대략 1백 5십만 명에 달했고, 이때부터 로어 캐나다를 제외하고는 프랑스어권 정착민보

다 영어권 정착민 숫자가 월등히 많아졌다. 대부분은 기존에 세워진 식민지에 정착했지만 새로운 식민지가 건설되기도 했다. 스코틀랜드 박애주의자 로드 셀커크는 1812년 중부에 레드 강 식민지를 건설했다. 그리고 극서 지역에서는 밴쿠버 아일랜드(1849년 건설)와 브리티쉬 콜롬비아(1858년 건설)가 1866년 하나의 식민지(브리티쉬 콜롬비아)를 구성했다.

영국에 대한 반란

1837년에 로어 캐나다의 프랑스어권 혁명가들이 영국 정부에 대한 전복을 시도했다. 같은 해에 어퍼 캐나다의 급진주의자들이 영국의 독재적인 지배에 대항해 무기를 들고 대의 정치를 요구했다. 이 두 번의 반란은 모두 진압되었지만 입헌 개혁이 절실히 필요함을 보여 주었다. 영어권과 프랑스어권 두 공동체의 동화를 위해 합동법(1840년)이 제정되어 어퍼 캐나다와 로어 캐나다가 하나의 캐나다 주로 합쳐졌다. 프랑스어권과 영어권의 의석 배당 문제가 또 다른 불만의 초점이 되기는 했지만 1848년에 선거에 의한 의회가 설립되었다.

캐나다의 확장

1860년대 동안 캐나다는 페니어 결사단원(영국으로부터 아일랜드의 독립을 요구하는 아일랜드계 미국인)의 잦은 국경 침입으로 골머리를 앓았다. 또한 남쪽에서 미국이 강대국으로 부상하고 있으며 그들이 급속히 서부로 팽창하고 있는 점도 캐나다에게는 위협으로 작용했다. 영국과 캐나다는 안보 차원에서 연방 연합이 최선의 해결책이라는 데 합의하고 1867년에 영국령 북미법을 통과시켰다. 이 법안에 의해서 노바스코샤와 뉴브런즈윅, 퀘벡, 온타리오(퀘벡과 온타리오는 예전 이름을 요구했다)가 영국 의회 체제에 기초한 헌법 아래 캐나다 자치령으로 통일되었다.

캐나다 자치령을 설립한 사람들은 남아 있는 모든 영국 식민지를 통일하여 대륙을 횡단하는 하나의 나라로 만들고자 했다. HBC로부터 1870년에 사들인 루퍼츠랜드로 인해 북동부에서 캐나다의 영토가 크게 확장되었고, 그곳에 새로운 매니토바 주가 세워졌다. 1873년까지 매니토바, 브리티쉬 콜롬비아, 프린스 에드워드 아일랜드가 새로운 연방에 가입했다. 1885년에 완공된 캐나디안퍼시픽 철도는 브리티쉬 콜롬비아와 동부를 연결하고, 철로를 따라 사람들이 정착하도록 하면서 캐나다의 통일에 결정적인 역할을 수행했다. 동유럽과 미국에서 새로운 정착민들이 쏟아져 들어오면서 캐나다의 확장은 20세기까지 계속되었다. 1905년에 앨버타와 서스캐처원 주가 생겼고, 1912년에는 HBC가 소유한 나머지 지역이 퀘벡과 온타리오, 매니토바로 합병되었다.

LECTURE 14

라틴아메리카 대륙의 독립 운동

1783~1830

18세기에 스페인 부르봉 왕조는 아메리카 식민지에서 수익을 늘릴 방법을 모색했다. 스페인은 유럽의 경쟁자들, 특히 영국과 프랑스로부터 제국을 방어하기 위해서 더 많은 자금이 필요했다. 따라서 농업과 광업에서 수입을 늘리기 위해 식민지를 압박했다. 같은 맥락으로 관리와 방어 비용을 줄이고 국경을 확장하고자 했다. 그로 인해 스페인 사람이지만 식민지에서 태어난 크리올인 사이에서 불만이 쌓여 갔다. 이러한 불만은 스페인이 크리올 상인을 압박하고 유럽과 아메리카 시장에서 상업을 독점하려고 시도하면서 더욱 악화되었다. 게다가 크리올인이 스페인 본토에서 태어난 소위 반도의 시민에게 밀려 식민지의 지배적인 지위에서 배제되는 경우가 잦아지자 상황은 악화일로로 치달았다.

18세기 후반까지 많은 크리올인들이 스페인 당국에 점점 반감을 가졌다. 계몽주의와 미국의 독립 전쟁, 프랑스 혁명 정신의 영향을 받아 그들은 스페인으로부터 독립을 갈망하기 시작했다. 하지만 정작 반란을 일으키려는 사람은 없었다. 스페인의 보호가 없으면 아프리카 노예와 원주민, 혼혈인 집단이 반란을 일으켰을 때 스스로를 지킬 수 없을지도 모른다는 두려움 때문이었다. 그도 그럴 것이 당시 아프리카 노예와 원주민, 혼혈인 집단은 전체 스페인령 아메리카 인구의 80퍼센트를 차지했다.

● 이 시몬 볼리바르 동상은 뉴욕 6번가의 센트럴파크 입구에 서 있다.

2가지 사건으로 그들의 두려움은 더욱 배가되었다. 1780년 페루에서 투팍 아마루가 이끈 잉카족의 반란과, 1791년 생도미니크에 있는 프랑스령 카리브 해 식민지에서 일어난 노예들의 반란 사건이었다. 이중에서 특히 프랑스령 카리브 해 식민지에서 발생한 노예 반란은, 1804년 카리브 해에 아프리카계 공화국인 아이티가 들어서는 토대가 되었다.

● 프랑스령 생도미니크 식민지에서 1791년 발생한 노예의 반란, 이 반란으로 아이티 공화국이 설립되었다

그럼에도 크리올인이 태도를 바꾸고 독립 운동을 벌이도록 재촉하는 일이 벌어졌는데, 1808년에 나폴레옹이 스페인을 침공한 사건이었다. 나폴레옹은 스페인 부르봉 왕조의 페르난도 왕을 자신의 친형인 조제프 보나파르트로 교체했고, 이것은 스페인령 아메리카 전역에 충성에 대한 중요한 논란을 야기했다. 그들이 새로운 왕을 인정해야 하는가? 끝까지 페르난도 왕에게 충성을 서약해야 할까? 아니면 그들 스스로 자치 정부를 구성해야 하는가? 크리올인들 대다수는 부르봉 왕조가 복권되기 전까지는 적어도 일시적인 조치로서 세 번째 방법을 선호했다.

멕시코와 중앙아메리카

1810년 멕시코에서는 사제인 미겔 이달고를 주축으로 독립 전쟁이 시작되었다. 이달고가 처형되고 그 이듬해가 되자 군대 사령관인 아구스틴 데 이투르비데가 독립 운동을 이끌었다. 1822년이 되자 이투르비데는 스페인 왕정주의자들을 국외로 몰아냈다. 그리고는 멕시코 제국을 세우고 본인 스스로 황제의 자리에 올랐다. 같은 시기에 스페인령 중앙아메리카 식민지 역시 독립을 선언하고 중앙아메리카 연방을 세웠다. 이 연방은 이후 쭉 지속되다가 1838년에 오늘날처럼 개별 독립국으로 분리되었다.

브라질

스페인령 아메리카의 경우처럼 나폴레옹이 1808년 이베리아 반도를 침공한 것은 브라질 독립의 기폭제 역할을 했다. 프랑스가 포르투갈을 점령하자 후에 주앙 6세가 되는 포르투갈의 섭정 왕자는 브라질로 피신했다. 1814년 프랑스가 포르투갈에서 퇴각했지만 주앙은 브라질에 그대로 머물기로 결정했고, 이후에 브라질을 포르투갈과 맞먹을 정도의 지위를 가진 왕국으로 발전시켰다. 하지만 그의 정부가 1820년에 브라질을 이전 식민지 상태로 되돌리려고 시도하면서 1822년에 브라질 군부는 혁명을 일으키기로 결정했다. 군부는 브라질의 독립을 선언하고 주앙의 아들 페드로 1세(재위 1822-1830)를 황제로 앉히며 입헌 군주제를 도입했다.

● 페드로 1세는 독립국 브라질의 첫 황제였다. 정치 경제적 위기를 겪으면서 그는 5살 난 아들 페드로 2세에게 황제의 자리를 넘겨주고 퇴임했다

스페인령 남아메리카

두 인물이 남아메리카 독립의 역사를 주도했다. 북쪽에서는 시몬 볼리바르가 오늘날의 베네수엘라, 콜롬비아, 에콰도르, 페루, 볼리비아를 해방시키기 위해 투쟁했다. 남쪽에서는 호세 데 산 마르틴이 아르헨티나, 칠레, 볼리비아, 페루의 독립을 위해 투쟁했다. 볼리바르는 1811년에 스페인 왕실 군대와 싸움을 시작했다. 수많은 처절한 전투 끝에 그는 1822년에 그란 콜롬비아 공화국의 독립을 쟁취했다. 1830년에서 1831년 사이에 그란 콜롬비아가 분열되어 각각 베네수엘라와 에콰도르, 누에바 그라나다가 세워졌다.

연대표	
1808	포르투갈의 브라간사 왕가가 브라질로 도피
1810-1811	미겔 이달고가 멕시코의 독립 전쟁을 시작
1810-1814	칠레에서의 독립 운동이 실패
1819	시몬 볼리바르가 그란 콜롬비아 공화국을 건설
1823	미국이 새로이 독립한 국가들을 인정하고 먼로주의를 선포

1816년에 아르헨티나는 스페인으로부터 독립을 선언했다. 호세 데 산 마르틴은 아르헨티나가 독립을 유지하려면 대륙의 다른 나라들도 해방되어야 한다고 생각했다. 1817년 산 마르틴은 높은 안데스 산맥을 통과해 페루를 침략해서, 왕정주의자들의 허를 찌르고 샤카부코 전투에서 승리를 거두었다. 산 마르틴이 거둔 승리에 고무된 칠레의 우국지사 베르나르도 오이긴스는 1818년 칠레를 공격해서 마이푸 전투에서 왕정주의자들을 굴복시키고 칠레 독립을 쟁취했다. 1821년에 이르러서 산 마르틴은 페루의 수도인 리마를 점령하고 독립을 선언했다.

그럼에도 당시 대부분의 외곽지역과 고지대는 스페인 왕정주의자들이 지배하고 있었다. 산 마르틴은 시몬 볼리바르에게 페루의 해방을 완성해달라고 요청했고, 볼리바르와 안토니오 호세 데 수크레 장군은 1824년에서 1825년 사이에 후닌과 아야쿠초 전투에서 페루의 독립을 이루어냈다. 1825년에 독립을 선언한 페루 위쪽 지방은 볼리바르를 기리기 위해 나라 이름을 볼리비아로 바꾸었다.

아르헨티나 북쪽에 있는 파라과이는 1811년에 해방을 달성했다. 브라질과 아르헨티나 사이에 위치한 우루과이는 1816년에 독립을 선언했지만, 이후 1820년에 브라질에 의해 다시 점령당했다가 1828년에 겨우 해방되었다. 1826년에 이르러서 마지막까지 남아 있던 왕정주의자들이 남아메리카에서 쫓겨났다. 한때 강력했던 스페인령 아메리카 제국은 쿠바와 푸에르토리코에서만 겨우 명맥을 유지했다. 미국 정부는 1823년 먼로주의를 선포하면서 아메리카를 재차 식민지화하려는 유럽의 어떤 시도도 좌시하지 않겠다고 표명했고, 이후 중앙아메리카와 남아메리카의 지속적인 독립이 보장되었다.

독립 이후의 라틴아메리카

1830~1910

A SHORT HISTORY OF THE WORLD

라틴아메리카는 독립을 통해 평화까지 얻지는 못했다. 새로운 국가들은 강력한 도전에 직면했다. 전쟁으로 대륙은 황폐해졌고 농장과 공장, 광산, 기반 시설이 파괴되었다. 식민 지배자들이 공채 증권까지 모두 약탈해 도주했기 때문에, 국가를 재건하는 데 쓸 수 있는 자금이 거의 전무했다. 식민 시대에 만들어진 행정 구역을 기초로 만들어진 국경은 분명하지 않았고, 그로 인해 19세기 내내 라틴아메리카 전역에서 자국의 영토를 지키려는 수많은 전쟁이 진행되었다.

● 1866년 5월 24일 타이아티 전쟁을 묘사한 칸디도 로페즈의 세부화. 이 전쟁은 파라과이 군대의 패배로 끝났다.

남미의 영토 확장 전쟁

파라과이 전쟁이라고도 하며 라틴아메리카 역사상 가장 처참했던 전쟁으로 기록되는 3국 동맹 전쟁(1865-1870)을 치르면서 아르헨티나와 브라질, 우루과이는 파라과이를 상대로 싸웠다. 그 결과 파라과이는 최소한 인구의 5분의 1을 잃었고, 아르헨티나와 브라질은 파라과이로부터 넓은 영토를 빼앗았다. 칠레는 태평양전쟁(1879-1883)에서 볼리비아와 페루에게 승리를 거두고, 광물 매장량이 풍부한 아타카마 사막을 차지했다. 아타카마 사막을 잃은 볼리비아는 사방이 육지로 둘러싸이게 되었다.

라틴아메리카에 대한 외국 열강의 간섭도 잦았다. 대서양 연안부터 태평양 연안에 이르는 나라를 건설하려는 목표를 가지고 미국은 1846년 멕시코를 공격했다. 전쟁에서 패배한 멕시코는 캘리포니아와 네바다, 유타, 애리조나 대부분 지역, 뉴멕시코, 콜로라도 일부, 와이오밍을 넘겨주어야 했다. 스페인은 2번의 전쟁

(1868-1878, 1895-1898)을 치르면서 쿠바의 독립을 저지했다. 미국이 이 전쟁에 개입하면서 스페인-미국 전쟁(1898년)이 일어났고, 스페인은 미국에게 쿠바와 푸에르토리코를 넘겼다. 쿠바는 미국이 내정에 간섭할 수 있다는 조건으로 1901년 독립했다.

국내의 정치적 투쟁

또한 내부적으로는 모든 나라에서 보수주의자와 진보주의자 간에 권력 투쟁이 일어났다. 보수주의자는 정치적으로 강력한 세력을 지닌 로마 가톨릭 교회를 포함해 식민 시대의 생활을 상당 부분 그대로 유지하고자 했다. 그리고 대부분 입헌 군주제를 지향했다. 계몽주의에 영향을 받은 진보주의자는 의회정치를 근간으로 하는 공화국 수립을 지지했다. 비유럽인과 혼혈인에 대한 동등한 대우와 사유재산, 공공교육, 가톨릭 교회 권력의 축소를 주장했다.

1850년대와 1860년대에 대부분의 라틴아메리카에서 진보주의 세력이 정권을 잡았다. 멕시코에서는 진보주의 개혁이 보수주의자와 내전(1858-1860)으로 번졌고 결국 진보주의자가 승리했다. 멕시코 보수주의자들은 이에 프랑스를 설득해 멕시코를 침략하도록 종용했다. 1864년 프랑스는 오스트리아-헝가리 제국의 막시밀리안 폰 합스부르크 대공을 멕시코 황제로 앉혔다. 이후 황제 막시밀리안 폰 합스부르크가 진보주의 세력이 재집권하는 1867년까지 멕시코를 통치했다.

일부 국가에서는 카우디요스라고 불리는 지방의 지도자들이 진보주의 지도자들과 권력을 놓고 싸움을 벌였다. 카우디요스는 지방 민병대로부터 지지를 받았는데 민병대원들은 도시의 엘리트가 나라를 다스리는 꼴이 결코 달갑지 않았다. 아르헨티나에서는 카우디요스 중 한명인 후안 마누엘 데 로사스(재위 1829-1852)가 뇌물과 잔인성을 동원해 아르헨티나의 다른 카우디요스

● 후안 마누엘 데 로사스는 무자비한 지배자였다. 그는 1852년에 권좌에서 밀려난 뒤로 영국에서 농부로 여생을 보냈다.

● 1914년 파나마 운하가 문을 열기까지 많은 희생이 선행되었다. 운하를 건설하는 도중에 대략 30,000명에 달하는 근로자가 목숨을 잃었다.

를 통일시키고 그들 위에 군림했다.

노예제도의 폐지

평등을 추구한 진보주의 정책은 때로는 아메리카 원주민을 식민지 시절보다 더욱 불행하게 만들었다. 원주민은 당시에 적어도 스페인으로부터 자신의 땅을 지킬 수 있었다. 하지만 진보주의 정부는, 특히 멕시코 같은 경우에는 이처럼 공동으로 소유한 땅을 강제로 개인에게 재분배해서 아메리카 원주민을 소규모 자작농이나 임금 노동자로 전락시켰다.

노예제도는 1824년에 중앙아메리카, 1825년에는 칠레, 1834년은 영국령 서인도 제도에서 각각 폐지되었다. 나머지 다른 라틴아메리카 공화국은 대부분 1850년대와 1860년대에 노예제도를 폐지했다. 공식적으로 자유의 몸이 되었음에도 노예 신분으로 살던 사람들은 대부분 지극히 낮은 임금을 받으면서 예전 주인 밑에서 계속해서 일했다. 노예제도가 가장 늦게까지 남아 있던 곳은 브라질이었는

연대표	
1836	샌재신토 전투로 멕시코가 텍사스를 상실
1836–1839	볼리비아와 페루가 짧은 기간 동맹을 결성
1846–1848	멕시코-미국 전쟁
1865–1870	3국 동맹 전쟁
1879–1883	태평양 전쟁
1889	브라질 연방 공화국의 탄생
1903	파나마가 콜롬비아로부터 독립
1904–1914	미국 기술자들이 파나마 운하를 건설

데 영향력 있는 대농장주들이 황제 페드로 2세(재위 1840-1889)가 이끄는 나약한 정부를 좌지우지하고 있었기 때문이다. 1888년에 페드로 황제는 마침내 노예제도를 폐지하고 약 75만명의 노예를 해방시켰다. 다음해에 대농장주들의 지원을 받은 군대가 페드로 황제를 권좌에서 끌어내렸고 브라질은 공화국이 되었다.

신생국들의 경제 발전

수많은 전쟁으로 피폐해지고 과거 식민 통치자에게 약탈을 당한 채 새롭게 독립한 라틴아메리카 국가들은 스스로 경제를 부양할 자원이 부족했다. 따라서 독립 직후 한동안 그들은 기본적으로 원자재를 수출하고 완제품을 수입했다. 1830년대와 1840년대에 멕시코와 콜롬비아, 브라질에서 자국의 제조 산업을 일으키려던 시도가 모두 실패로 돌아갔다. 유럽과 미국에서 들어오는 수입품과 경쟁해야 했기 때문이다.

하지만 산업 혁명으로 원자재에 대한 세계적인 수요는 증가하고 수입품의 가격이 하락하면서 라틴아메리카는 호기를 맞았다. 1860년대부터 라틴아메리카의 경제가 급속도로 성장하기 시작했고 대륙에는 돈이 넘쳐났다. 외국 투자가들, 특히 미국은 과일 회사와 광산, 철도와 항구 건설에 자본을 투자했다.

1820년과 1880년 사이에 많은 라틴아메리카 국가에서 인구가 두 배 이상 늘었다. 유럽으로부터 이민자들이 들어왔기 때문이다. 1898년 한 해에만 백만 명의 이민자가 브라질로 유입되었다. 그러면서 경제인과 전문 직업인, 관료들로 이루어진 상당히 두터운 중산층이 형성되었다. 1914년을 기준으로 라틴아메리카는 전 세계 곡물 생산량의 18퍼센트를, 설탕은 38퍼센트를, 커피와 코코아, 차는 62퍼센트를 생산했다.

인도와 영국

18세기 후반에 영국의 동인도 회사는 인도 대륙에 대한 지배력을 꾸준히 확장했다. 이때까지만 해도 동인도 회사는 인도를 정복하고자 하는 계획이 없었다. 다만 상업적인 역할에만 주안점을 두고 있었다. 영토를 합병하는 일은 단지 회사의 상업적 이익을 보호하려는 차원에서 이루어졌다. 일례로, 마이소르의 티푸 사히브가 1789년에 영국의 보호국인 트라방코르를 침략하자 콘월리스 총독은 전쟁을 선포했고 결과적으로 티푸 영토의 절반을 장악해 버렸다.

영국의 인도 침략

나폴레옹이 인도를 침략할지도 모른다는 위기감은 영국의 정책에 더욱 혁신적인 변화를 가져왔다. 영국은 1799년에 마이소르를 격파하고(1831년 합병됨), 1818년에 마라타 연방을 정복했다. 새롭게 합병된 영토 중에는 쿠마온과 실론(둘 다 1815년), 폐슈와 지방(1818년), 초타나그푸르(1833년)도 포함되었다. 하이데라바드(1800년)나 라지푸타나(1818년), 카슈미르(1846년) 같은 독립 국가도 영토 안에 영국 군대를 주둔시키면서 사실상 영국의 속국으로 전락했다. 1848년부터 총독인 댈후지 경은 무사실권 원칙(lapse)을 따랐다. 즉 힌두교도인 왕이 후계자를 남기지 않고 죽는 경우 동인도 회사는 자동적으로 해당 국가를 합병했다.

영국은 인도 북서부와 동부 국경을 방어하고자 군사 행동을 벌이는 과정에서 새로운 영토를 획득하기도 했다. 동인도 회사는 북서부 국경에 대한 러시아의 침략 가능성을 사전에 봉쇄하기 위해서 두 번에 걸쳐 아프가니스탄을 점령하려는 시도를

● 댈후지 경은 1848년부터 1856년까지 인도의 총독이었다

벌였다. 하지만 1,2차 아프간 전쟁(1839-1842, 1878-1880)에서 두 번 모두 카불을 점령했을 뿐 그 외의 지역을 장악하는 데는 실패했다. 하지만 영국령 인도의 북서부 국경은, 1843년에 신드를 정복하고 두 차례의 시크 전쟁을 치른 후에 펀자브(1849년)까지 정복하면서 더욱 확장되었다. 또한 동쪽으로부터 버마가 위협을 가하자 이에 아삼과 아라칸, 테나세림(1824-1826)을 점령했다. 버마는 1886년에 완전히 영국의 손으로 넘어갔다.

● 1878년 11월 진군 중인 카불 원정대, 제 3 구르카군 C. 풀리 중위 그림

인도의 반란

동인도 회사는 외부의 위협으로부터 인도를 성공적으로 방어했다. 하지만 인도 국민을 다스리는 데는 서툴렀다. 총독인 벤팅크 경(재임 1828-1835)이 있던 시기에는 지역 관습과 전통을 금지했고, 원주민을 기독교로 개종시키려고도 했으며, 교육과 상거래에서 영어를 쓰도록 강요했다. 이러한 조치들로 인해서 인도 국민은 영국에 대해 점점 더 깊은 반감을 갖게 되었다. 그리고 이 반감은 1857년 '인도반란'으로 알려진 전면적인 폭동의 형태로 폭발했다. 이 반란은 델리 인근 미루트에 주둔한 동인도 회사의 한 원주민 용병 군대, 벵골 '세포이'들로부터 시작되었다. 발단은 힌두교와 이슬람교 신자인 병사들 사이에서 발생한 무성한 의혹 때문이었다. 입으로 물어뜯어 개봉하는 소총 탄약통에 돼지 기름이나 소 기름이 칠해져 있다는 것이었다. 이는 두 종교, 즉 힌두교와 이슬람교의 음식 규정에 명백히 위배되었다. 반란은 순식간에 인도 북부와 중부로 확산되었다. 반란군은 델리를 점령하고 다른 두 도시를 포위했다. 하지만 반란군은 조직적이지 못했고 무기도 조악했다. 결국 1859년 반란은 실패로 끝났다.

그렇지만 반란은 영국령 인도에 많은 영향을 끼쳤고 폭넓은 변화를 가져왔다. 최초의 가장 주목할 만한 변화는 1858년에 일어났다. 동인도 회사가 해체되고 영국 정부가 직접 인도를 통치하기 시작한 것이다. 표면적으로 명백히 드러나지는 않지만 분명히 다른 변화도 있었다. 반란을 계기로 심화된 상호 불신이 지배자와 원주민 관계를 변화시켰다. 그에 따라 인도에 거주하는 영국인 사회는 점점 더 고립되었고, 원주민과 단절되었다. 반란이 진행 중이던 때에도 변함없이 충성심을 보여준 구르카와 시크 군대가 혁신된 영국령 인도 군대의 핵심 전력이 되었다.

영국의 직접 통치

인도가 영국 정부의 직접 지배를 받은 기간을 '라즈'라고 한다. 동인도 회사는 정복지를 다스리면서 영국식 사법 제도를 포함해 진작부터 영국식 제도를 도입했다. 영국 정부가 통치하는 동안에 서구화에 더 한층 가속이 붙었다. 철도와 전화, 전보망이 구축되었다. 관개 시설도 확장되었고 대학이 들어섰다. 인도에 자유 경쟁을 바탕으로 하는 시장 경제와 개신교 가치관이 전파되었다.

하지만 영국 입장에서 볼 때, 여러 가지 측면에서 인도를 경제적으로 완전히 서구화하는 것은 결코 달가운 일이 아니었다. 실제로 영국은 인도 대륙에서 산업화

● 확장 중인 철도망의 일부인 캘커타 인근 역으로 1867년에 기차가 들어오고 있다

를 촉진하는 데 거의 노력을 기울이지 않았다. 인도의 주된 역할이 영국에게 원자재, 특히 직물 산업을 위한 면화를 공급하고, 동시에 영국에서 생산된 제품을 소비하기 위한 독점적인 시장 노릇을 하는 것이라고 생각했기 때문이다. 인도가 풍부하게 보유한 또 다른 자원은 인구였다. 수많은 인도 남자들이 군인이 되어 세계 곳곳에서 대영제국을 수호했다.

인도의 민족주의

인도 반란 이후로 인도인들은 자국의 공무원 직에서 점점 더 소외되었다. 많은 사람이 더 확실한 대의 정치를 갈망하기 시작했다. 1885년에 원래는 제국 내 인도 국민의 인권을 보호하기 위해서 인도 국민회의당이 설립되었다. 하지만 1900년대 초까지 국민회의당은 인도에서 주로 민족주의적 열망의 대변자 역할을 하면서, 전 국민의 뜻을 반영하는 정부와 헌법을 요구했다. 이러한 요구는 인도에서 영국의 지배를 종식시키고자 하는 운동으로 발전할 터였다.

연대표	
1803–1818	2차 마라타 전쟁이 마라타 연방의 패배로 종식됨
1813	인도에서 기독교 선교사의 설교가 정식 허가됨
1835	영어를 모든 교육 기관의 공식 언어로 지정
1836	대규모 도로 개설 계획이 시작됨
1853	인도 최초의 철도가 봄베이에서 개통됨
1876	빅토리아 여왕에게 인도의 여제라는 칭호가 수여됨
1876–1878	중부와 남부 지방에서 5백만 명이 기근으로 사망
1909	몰리민토 입헌 개혁으로 민주주의 정부가 도입되지만, 진정한 대의 정치 차원에서 인도 국민은 여전히 소외를 당함

청나라의 쇠퇴

1783~1911

18세기 동안 중국 청조는 외부 세계와 최소한의 접촉만을 유지하고자 했다. 따라서 유럽 상인에게 광저우 항구에서만 교역하도록 제한을 가했다. 은을 받고 차나 실크, 도자기를 파는 데 만족했으며, 유럽 제품을 구매하는 데는 그다지 관심을 보이지 않았다. 결과적으로 유럽은 중국과의 무역에서 엄청난 적자에 시달렸다. 중국 상품을 가장 많이 사들이던 영국은 적자를 만회하고자 방법을 모색하기로 결심했다. 1780년대부터 영국 상인은 중독성이 강한 마약인 아편을 대량으로 중국에 밀반입시켰다. 1800년대 초에 이르면서 청나라가 수입을 금지했음에도 불구하고, 아편은 커다란 사업이 되었고 무역 균형을 영국으로 기울도록 만들었다.

● 중국의 항의에도 불구하고 영국이 상선을 통한 아편 밀수를 중지하지 않자 아편 전쟁이 일어났다.

중국의 굴욕, 아편 전쟁

아편 중독은 수많은 중국 사람의 삶을 파괴했을 뿐 아니라 은을 고갈시켰으며 정부 관료들 사이에 부패를 조장했다. 1839년에 청나라가 아편 교역을 종식시키고자, 무력으로 아편 상점을 몰수하고 영국 상인을 위협했다. 이에 영국은 해군을 파견해서 일련의 중국 항구도시를 점령하고 청나라에 협상을 요구했다. 1842년에 남경조약이 체결되기에 이르렀고, 영국은 홍콩을 양도받고 '조약에 의해 개항된 항구' 5곳에서 무역을 허가받았다.

중국인은 남경조약에 대해 커다란 반감을 품었고 따라서 조약 내용을 이행하는 데도 뜸을 들였다. 기다리다 지친 영국 상인은 인내심에 한계를 느꼈고 1856년에 2차 아편 전쟁이 발발했다. 영국이 재차 승리를 거두었다. 새로이 북경 조약(1860년)이 체결되었고, 해외 여행과 중국 내에서 선교 활동에 대한 제한이 풀렸으며 아편 무역이 합법화되었다. 두 번에 걸친 아편 전쟁과 그로 인해 체결된 조약은 정치적으로 청조를 약화시켰고, 서양은 점차 중국 경제를 장악해 갔다. 더욱이 이러한 현상은 러시아와 일본, 미국 등 다른 외부 세력이 중국에게 유사한 조약을 체결하도록 강요하는 계기가 되었고, 중국의 주권은 점점 더 축소되었다.

영토의 축소

아편 전쟁 중에 청나라 군대가 보여준 나약함은 19세기 후반에 들어서 중국이 잇달아 영토를 빼앗기는 결과를 초래했다. 1854년에 러시아 군대는 북서부에 있는 이리 지역을 합병하고 나서, 신장으로 진격해 점령했으며 1881년에 청나라로부터 배상금을 받고 나서야 물러났다. 1880년까지 일본은 류큐 제도를 장악했고, 조선에 대한 중국의 영향력을 약화시켰다. 1886년에 이르러서 영국은 버마를 합병했으며, 프랑스는 인도차이나를 정복하고 통킹을 보호령으로 선포했다. 1895년에는 일본에게 타이완과 펑후 군도를 잃었다.

태평천국의 난

청나라는 외국 열강에 의해 계속해서 영토와 주권을 잃어가면서 왕권 역시 서서히 붕괴되어 갔다. 부패한 관료와 과중한 세금, 자국 내 이주민 문제로 야기된 긴장감에 더해, 청나라가 보여준 나약함은 지배자에 대한 반란의 빌미를 제공했다. 1850년 이후로 반란은 더욱 거세졌고 때로는 왕조의 존망을 위협하기도 했다. 타이완에서 토착민들이 폭동을 일으켰다. 신강과 운남에서는 이슬람교도가 반란을 기도했고 하남에서는 농민 봉기가 발발했으며 귀주에서는 부족 간 문제가 발생했다.

태평천국의 창시자인 홍수전(洪秀全)이 이끈 태평천국의 난(1851-1864)은 청조의 종말과 '태평천국' 시대를 선포했다. 이 운동은 16개 지방으로 퍼져 나갔다. 홍수전과 그를 추종하는 무리들은 1853년에 남경을 점령했고 1860년에는 상해를 위

● 쑨원, 중화민국의 아버지라고도 불리는 쑨원은 민족주의, 민주주의, 평등사상 등 3가지 원칙을 혁명 정신의 근본으로 삼았다.

협했다. 태평천국의 난은 종국에 16개 지방으로 확산되어 2천만 명의 목숨을 앗아간 다음에야 비로소 진압되었다.

의화단 운동

잇단 외세의 침략과 내부적인 국론 분열로 연타를 맞은 청조는 사대부인 리훙장이 소개한 개혁안에 기대를 걸었다. 리훙장은 서양을 본따 중국을 근대적인 군대와 산업을 갖춘 국가로 변화시키고자 했다. 하지만 그러한 시도는 막강한 서태후(재위 1862-1908)의 측근이던 보수 세력에 가로막혀 실패했다.

서태후와 베이징에 있는 조정 대신이 서양에 대해 보여준 반감은 점점 더 많은 중국인의 공감을 얻었다. 1900년부터 1901년에 걸쳐 진행된 의화단 운동의 이면에는 민족주의와 더불어 외국인에 대한 혐오가 내포되어 있었다. 이 운동은 의화단으로 알려진 중국의 비밀 단체에 의해 시작되었다. 의화단은 중국에서 모든 외국인을 몰아내려고 했으며 중국 북동부 지역에 있는 기독교 선교 단체와 베이징

연대표	
1839	황실의 후관 임칙서가 아편 무역을 중단시키기 위해 광저우로 파견됨
1844	프랑스와 미국이 중국과 무역 협정을 맺음
1851-1864	태평천국의 난
1855-1857	귀주(貴州)에서 먀오 부족의 반란이 일어남
1863-1873	간쑤, 칭하이, 산시에서 이슬람교도가 반란을 일으킴
1894-1895	중국이 청일 전쟁에서 패하고 타이완과 펑후 군도를 잃음
1896	중국인 개혁가이자 사대부가 러시아의 만주 횡단 철도 건설을 허가
1900-1901	의화단 운동
1908	서태후의 사망
1911-1912	신해 혁명으로 공화국 정부가 들어섬

에 있는 외국인들을 공격했다. 서태후는 의화단에게 황실 군을 지원해주었으며 그들은 베이징의 외국 공사관을 공격했다. 의화단 운동은 외국의 연합 군대가 수도를 점령한 다음에야 종식되었다. 1901년 국제 의정서가 체결되었고, 청나라는 엄청난 금액의 배상금을 지급하고, 무역 부문에서 추가 양보를 해야 했다. 이를 계기로 러시아는 만주에 대한 지배력을 늘려나갔고, 1905년부터는 일본이 그 뒤를 이어받았다.

공화국 혁명

민족주의 혁명 지도자 쑨원은 1894년부터 청나라를 전복하고 공화국 정부를 세우고자 계획했다. 1911년 10월 쑨원의 추종자들이 무장 반란을 일으켰다. 혁명은 한커우 시에서 시작되어 순식간에 중국 남동부와 중앙 지역으로 전파되었다. 청나라 황실은 최고위 장군인 위안스카이(원세개)에게 반란을 진압하도록 명령했지만 오히려 위안스카이는 혁명군에게 협상을 요구하며 자신이 청나라 황제를 퇴위시키겠다고 제안했다. 그 대신 새로운 정부의 대총통이 되기를 원했다. 혁명군이 그의 제안을 받아들였고 1912년 2월 위안스카이는 중화민국의 임시총통이 되었다. 그로써 중국의 2,000년에 걸친 왕권 통치가 막을 내렸다.

일본의 근대화

1800~1914

일본에서는 1600년대 초에 도쿠가와 막부에 의해 확립된 봉건적인 바쿠한 체제가 19세기 중반까지 지속되었다. 이 체제 아래서 에도(지금의 도쿄)에 기반을 둔 쇼군이 지방으로부터 다이묘의 지원을 받으며 군림했다. 대신 다이묘는 자신이 소유한 영토에 대한 자치권을 가졌다. 교토에는 천황이 반신성(半神聖)한 존재로서 여전히 존속했지만 명목상의 존재에 불과했다.

● 사쓰마 번의 사무라이들, 이들은 일본의 왕정복고에 일조했다.

외세의 개방 압력

도쿠가와 막부는 자국 문화와 주권을 위협할 수 있다고 생각해서 외국과의 접촉을 피하고자 했다. 하지만 1700년대 후반부터 부쩍 외국 열강들이 문호를 개방하도록 일본에게 압력을 가해왔다. 미 해군 제독 매튜 페리가 전함으로 구성한 탐험대를 이끌고 도착한 1853년까지 막부는 계속해서 개방 요구를 거절했다. 하지만 일본 앞바다에 미군 전함이 출현한 것은 그 자체로 막부를 설득시키기기에 충분했다. 막부는 처음으로 서구 열강에게 양보하여 2곳의 항구도시에서 교역을 할 수 있도록 허락했다. 하지만 미국은 계속해서 압력을 가했고, 일본은 국제 교역을 위해 곧 더 많은 항구를 개방했다.

1860년대에 증폭된 외국인 혐오증의 영향으로 많은 젊은 사무라이가 외국 상인과 상선을 공격했다. 외세에 반대하는 경향은 특히 일본 서부에서 거세게 일어났으며, 이 경향은 조직적인 반란군으로 발전하여 막부에 대항하기에 이르렀다. 그들은 외국인을 일본에 들인 막부를 비난했다. 1867년에 서부의 초슈와 사쓰마,

두 지역 지도자는 쿠데타를 일으켜 젊은 메이지 천황의 권력을 강화하고자 했다. 이어 벌어진 내전에서 초슈-사쓰마 군대는 막부 군대에게 단시간에 승리를 거뒀다. 메이지 유신이라고 알려진 이 혁명은 1869년에 완료되었다.

메이지 시대의 개혁

메이지 유신이 왕정복고를 의미하기는 했지만, 사실상 천황의 주요 역할은 분열된 국가에 전체를 아우르는 상징성과 정통성을 부여하고자 한 것에 불과했다. 에도(이때부터 도쿄로 개명됨)에 기반을 둔 메이지 신정부는 초슈와 사쓰마 출신의 젊은 사무라이들이 집권했다. 이들 사무라이는 한결같이 외국의 침략을 막아내기 위해서는 일본을 강하게 만들 필요가 있다고 생각했다. 하지만 그 방법에 대해서는 서로 의견이 달랐다. 보수주의자는 전통적인 사회질서를 유지하려고 했지만, 급진주의자는 근대화가 해답이라고 생각했다. 결국 급진주의자가 승리했다. 하지만 일본이 근대화되려면 단일 중앙집권 체제 하에서 통일을 이루는 것이 먼저였다.

1871년 봉건적인 바쿠한 체제가 폐지되고, 다이묘가 보유하고 있던 영토는 정부 관료가 다스리는 현으로 바뀌었다. 전통적인 일본 사회의 계급제도가 무너지고, 시민들은 배경에 상관없이 동등한 지위를 갖게 되었다. 이 같은 조치에 격분한 많은 사무라이들이 반란을 일으켰지만, 새로이 모집된 군대에 의해서 모두 금방 진압되었다.

외국 문물에 대해서 일본은 보다 실용적인 노선을 추구하게 되었다. 부국강병을 위해서는 서구 문명으로부터 배워야할 필요가 있다는 인식이 대두되었다. 1870년대에 메이지 신정부 지도자들은 서구 여러 나라를 여행하면서 그들의 법과 조직을 연구했다. 그 결과, 일본의 교육과 군대, 조세 분야에서 대대적인 개혁이 일어났다. 1880년대 들어서는 정치 개혁이 이어졌고, 제한된 형태지만 대의정치가 도입되었다. 일본은 신속하게 산업화를 추진하기 위해서 서양으로부터 증기기관, 면 방적기, 철강 등과 같은 기계 장치와 기구를 수입했다. 1890년대에 이르러서 일본이 보유한 공장의 생산력은, 외국에 대한 수입 의존도를 낮추면서 경제에 이미 중요한 역할을 행사하고 있었다.

일본의 영토 팽창

1890년대 중반에 이르러 자신감을 회복한 일본은 서구 열강을 설득해서, 도쿠가와 막부 시대에 체결된 조약에 대해 재협상을 벌였고 일본에게 더 유리해진 조건을 이끌어냈다. 메이지 정부 내 지도자들은 이때부터 식민지 제국을 건설하려는 결심을 굳혔다. 한편으로는 식민지를 완충지역으로 삼기 위해서였고, 다른 한편으로는 국제적인 위신을 세우기 위해서였다. 일본은 1870년대 들어서 처음으로 팽창주의 행보를 내딛기 시작했다. 청나라가 쇠락한 틈을 타 류큐 제도를 차지했으며, 조선에서 세력을 확대했다.

● 군복을 입은 1872년의 메이지 천황 모습. 이 이미지가 공식적인 천황의 초상이 되었다.

　　인근 지역에서 중국은 일본에게 가장 커다란 장애물이었다. 1894년에 일본은 조선에 주둔하고 있던 중국군에게 기습을 감행했다. 새롭게 근대화된 무장을 갖춘 일본 군대는 불과 9달 만에 중국군에게 승리했다.(청일전쟁) 이어 체결된 시모노세키 조약(1895년)으로 중국은 조선의 독립을 인정하고 타이완과 펑후 군도, 만주 남부의 랴오둥 반도를 일본에게 양도했다. 한편 동아시아에서 일본이 팽창하는 것을 염려한 서구 열강은 해당 조약을 수정하도록 강요하여 일본으로부터 랴오둥 반도를 몰수했다.(삼국간섭)

러일 전쟁으로 열강 합류

1890년대에 러시아는 조선과 만주 남부 지방에서 세력을 확대하면서 일본을 자극했다. 1904년 2월, 일본 해군이 랴오둥 반도 포트아더 항구에 정박해 있는 러시아 함대를 공격했다. 이렇게 촉발된 러일 전쟁은 1905년 5월 일본이 쓰시마 전투에서 러시아 함대를 쓸어버리고 항복을 받아내면서 종식되었다. 이 승리로 일본은 세계를 놀라게 했고, 세계 열강으로서 입지를 굳혔다.

포츠머스 조약(1905년)이 체결되면서 러시아는 랴오둥 반도와 사할린 섬 남쪽 절반을 일본에 넘겼고, 조선에 대한 일본의 지배권을 인정했다. 조선에서 점차 세력을 늘리던 일본은 1910년에 조선을 완전히 합병했다. 일본은 이때부터 북쪽으로 사할린, 서쪽으로 조선, 남쪽으로 타이완에 이르는 완충지역을 확보하고 동아시아 지역의 강국이 되었다.

연대표	
1853	페리 제독의 미국 해군이 일본에게 교역을 위해 문호를 개방하도록 강요
1863-1864	사쓰마와 초슈 반란자들이 서양인을 공격하자 서양 군대가 가고시마와 시모노세키를 공격
1867	초슈-사쓰마 사무라이들이 막부에 대항해 반란을 일으킴
1868	메이지 유신
1877	사쓰마 번이 메이지 개혁에 대항해 들고 일어남(세이난 전쟁)
1889	메이지 헌법의 도입
1894-1895	청일 전쟁
1902	영일 동맹으로 동아시아에서 일본의 지위가 인정됨
1904-1905	러일 전쟁
1910	일본의 조선 합병

동남아시아에서의 식민주의

1790~1914

A SHORT HISTORY OF THE WORLD

18세기 마지막 10년 동안 심화되기 시작한 서구 열강의 동남아시아 침략은, 1870년에서 1914년 사이에 절정에 달했다. 이 시기에는 유럽과 미국이 거의 모든 동남아시아 지역을 지배했다. 차크리 왕조가 지배한 시암(오늘날의 태국)만이 유일하게 독립을 유지했다. 20세기 초에 들어서 동남아시아를 지배하던 식민주의가 초기 민족주의 운동과 일본의 급성장으로 위협을 받기 시작했다.

영국의 말라카 해협 진출

동남아시아에 대한 영국의 관심은, 한편으로는 인근 지역에서 천연자원을 개발하고 다른 한편으로는 중국으로 통하는 무역로를 확보하려는 의도에서 비롯되었다. 영국이 중국으로 가려면 수마트라와 말레이 반도 사이에 위치한 말라카 해협을

● 1831년의 말라카 해협. 말라카 해협은 당시 영국의 중요한 무역로였을 뿐 아니라 오늘날에도 세계에서 중요한 뱃길 중 하나이다.

통과해야 했다. 말라카 해협을 확보하기 위한 첫 번째 조치로 영국은 1786년 말라카 해협에 있는 피낭 섬을 사들였다. 피낭 섬은 영국 해군이 1795년에 네덜란드령이던 말라카를 점령하는 거점이 되었다. 1819년 영국이 점령한 싱가포르는 곧 인근 지역을 아우르는 주요 무역 중심지로 성장했다. 1824년에 영국은 수마트라에 대한 모든 기득권뿐 아니라 1685년에 수마트라 벵클렌에 건설한 후추 무역 거점을 양보하고, 대신 네덜란드로부터 전체를 통틀어 해협 식민지라고 알려진 피낭과 포트 웰즐리, 싱가포르, 말라카에 대한 지배권을 인정받았다.

말레이 반도

1870년대부터 영국은 또한 말레이 반도에서 영토를 획득하기 시작했다. 이렇게 획득한 영토가 1896년에 말레이 연합주가 되었고, 1900년대 초반에 고무와 주석 생산의 중심지가 되었다. 1909년에 추가로 5개의 반도국이 시암으로부터 양도되었고, 이들 5개국은 말레이 비연합주가 되었다.

수마트라와 자바

영국에게 해협 식민지를 잃고 난 네덜란드는 동인도 제도에서 원주민을 지배하는 데 심각한 어려움에 직면해 있었다.

　1825년부터 1829년까지 자바에서는 디포 네고로 왕자가 이끄는 반란군과 네덜란드군 사이에 치열한 전투가 이어졌다. 수마트라에서 식민지를 확대하려던 네덜란드는, 미낭카바우에서 이슬람 무장 세력의 끈질긴 저항에 부딪혀 17년 동안이나 전쟁을 치러야 했다. 하지만 1838년에 마침내 목적을 달성할 수 있었다. 그리고 이를 계기로 네덜란드는 점차 북쪽으로 섬 양쪽 연안을 따라 장악해 나갔다. 그렇지만 섬 북부까지 점령하려던 노력은 강력한 이슬람 국가인 아체에 가로막혀

프랑스령 인도차이나

프랑스는 17세기부터 베트남에 선교회와 무역 거점을 보유하고 있었다. 하지만 본격적으로 식민지화에 열을 올린 것은 1850년대 후반 공명심에 사로잡힌 나폴레옹 3세가 식민지화를 선동하면서부터였다. 1858년에 프랑스 원정대가 사이공과 다낭을 점령했다. 추가로 메콩 강 유역까지 손에 넣으면서 프랑스는 1863년에 캄보디아에 보호령을 선포했다. 1883년에서 1885년 사이에는 주변 지역의 패권을 놓고 중국과 싸웠다. 1887년에는 코친차이나, 안남, 통킹을 장악했으며, 이들 지역을 캄보디아와 합병시켜서 프랑스령 인도차이나를 건설했다. 1893년에 이르자 라오스까지 식민지가 확대되었다. 1896년에 영국과 프랑스는 협약을 맺고, 시암을 버마와 인도차이나 사이에서 완충지대 역할을 하도록 독립을 유지시키기로 합의했다. 1900년대 초반부터 베트남에서는 학생 민족주의자들이 프랑스 식민지 정부에 대한 폭력 행사를 선동하기 시작했다.

서 30년(1873-1903)간 답보상태에 머물렀다. 1900년대 초에 이르자 자바 원주민 가운데 서구식 교육을 받은 새로운 엘리트들이 등장해 독립을 외쳤다.

북 보르네오

1841년에 브루나이 술탄은 북 보르네오에 있는 사라와크를, 해당 지역에서 발생한 폭동을 진압하도록 도와준 대가로 영국 탐험가 제임스 브룩에게 넘겨주었다. 브루나이 왕실은 1881년에 새로 설립된 영국 북 보르네오 회사가 사라와크를 관리하고 해당 지역을 상업적인 용도로 개발할 수 있도록 인가했다. 영국은 추가로 영토를 확장하면서 1889년에 북 보르네오를 영국의 보호령으로 선포했다.

버마

아편 생산지인 벵골을 포함해 인도의 동쪽 국경을 안정시키고자 고심하던 영국은 점차로 이웃한 버마 영토를 합병하기에 이르렀다. 버마가 벵골을 침략하면서 촉발된 전쟁(1824-1826)으로 영국은 하버마인 아라칸과 테나세림을 정복했다. 뒤이어 나머지 하버마 지역은 2차 전쟁(1852–1853)을 통해서, 그리고 상버마 지역은 3차 전쟁(1855–1856)을 통해서 영국에 귀속되었다. 이때를 기점으로 버마는 영국령 인도에 흡수되었다.

뉴기니

1828년에 네덜란드가 섬의 서쪽 절반을 점령하면서부터 뉴기니에 식민주의 압박이 대두되기 시작했다. 식민지 경쟁에 뒤늦게 합류한 독일은 나머지 동쪽 절반을 놓고 영국과 경쟁을 벌였다. 1814년에 독일은 섬의 북동부와 인접한 다른 섬들(비스마르크 제도로 개명)을 차지하고, 영국에게 남동부 지역을 양보하기로 협약을 맺었다. 1906년에 영국령 뉴기니는 오스트레일리아 영토가 되었다.

필리핀

1890년대에 미국은, 필리핀 민족주의자들이 1565년 이후로 필리핀을 지배한 스페인에 항거해 독립 운동을 벌이도록 독려했다. 따라서 미국이 스페인–미국 전쟁에서 승리하고 1898년에 필리핀을 점령하자, 필리핀 국민은 배신감을 느낄 수밖에 없었다. 민족주의자들은 새로운 점령자에 대항해 1905년까지 투쟁을 계속했다. 이 투쟁으로 10만 명이 넘는 필리핀 사람들이 목숨을 잃었다.

● 드 코크 제독에 대한 디포 네고로 왕자의 굴복. 종전 1년 후 니콜라스 피에네만 그림

오스트레일리아와 뉴질랜드에서의 식민주의

1788~1914

유럽이 처음으로 오스트레일리아와 접촉한 것은 네덜란드 탐험가들이 오스트레일리아 대륙 서부와 북부 해안을 지도에 표시한 17세기부터였다. 1642년에 아벨 타스만이 태즈메이니아를 발견하고 뉴질랜드 해안 일부를 탐험했다. 1769년에서 1770년 사이에는 영국인 항해사 제임스 쿡이 지도에 뉴질랜드 해안을 표시하고, 오스트레일리아 동부에 상륙해서 그곳을 영국령으로 선포했다. 그리고 1788년에 영국 정부가 이곳에 죄수 유형지를 건설하면서 유럽인이 정착하기 시작했다. 대략 750명의 죄수와 군인 200명이 보터니 만에 상륙했고, 이들은 나중에 포트 잭슨(현재의 시드니)으로 옮겼다. 향후 80년 동안 16만 명에 달하는 죄수가 오스트레일리아의 동부와 남부, 서부 해안에 건설된 유형지로 보내졌다.

● 제임스 쿡 선장의 초상화. 당시 선장들의 정장 모습을 보여준다. 1775년 너대니얼 댄스 그림

초기 정착민

초기 정착민은 영국에서 실어오는 보급품을 비롯해 고래잡이나 단순 어업, 물개사냥 등에 의지해 살았다. 제대한 군인과 자유를 얻은 죄수들이 점차 좁은 지역에서나마 농지를 개척하기 시작했다. 시드니 주위에 있는 땅은 농사에 적당하지 않았지만 1820년대에 내륙으로 들어가는 통로가 개척되었고 목축업에 적합한 광대한 평야가 드러났다. 자유 신분의 정착민들은 양 목축업으로 눈을 돌렸고, 영국으로 수출하는 양모는 오스트레일리아 경제의 핵심 요소가 되었다. 많은 목초지가 필요하게 되면서 정착민은 인근지역의 오스트레일리아 원주민과 부닥치게 되었다. 오스트레일리아 원주민은 그들의 땅과 수원을 지키려고 저항했으며, 여기에 정착민이 보복 공격을 가하면서 종종 대량 학살이 발생했다. 이런 이유 때문에 그리고 천연두 같은 유럽 질병으로 인해

서 오스트레일리아 원주민 숫자가 급격히 감소했다. 1900년이 되자 오스트레일리아 원주민 인구는 1788년에 비해 절반 가까이 줄어들었다.

● 캘굴리–볼더의 골드 필즈 고속도로변에 있는 피미스턴 노천 광산. '슈퍼 광산'으로도 알려졌으며 오스트레일리아의 최대 노천 광산이다.

황금 투기 열풍

1830년대부터 영국 정부는 자유 신분의 식민지 개척자에게 오스트레일리아 식민지로 이주할 것을 종용했다. 1851년 이후 식민지 곳곳에서 황금이 발견되자 이민자 숫자는 극적으로 증가했다. 1850년에 405,000명이던 인구가 1900년에 4백만 명으로 늘어났다. 투기자들이 일확천금을 노리고 배서스트와 발라라트, 벤디고, 캘굴리 광산으로 몰려들면서 황금 열기가 식민지를 휩쓸었다. 수천 명의 중국인과 아시아인 광부들이 계약 노동자 신분으로 배를 타고 오스트레일리아로 건너왔다. 이와 함께 특히 중국인을 대상으로 가혹한 인종 차별이 성행하자, 엄격한 이민자 법이 생겼다.

금광은 오스트레일리아의 경제와 사회에 변화를 가져왔고 정치적인 발전을 초래하기도 했다. 당시 모든 광부가 금을 캐기 전에 채굴 허가권을 사야만 했는데, 발라라트의 광부들은 턱없이 비싼 채굴 허가권 값에 강력히 반발해서 개혁 운동을 일으켰다. 그들이 요구한 개혁안에는 투표권도 포함되었다. 이 저항은 1854년에 대량 학살로 이어졌다. 하지만 이듬해부터 광부들은 채굴 허가권을 얻기 위해서 돈을 지불할 필요도 없어졌고, 투표권도 얻게 되었다.

자치 정부

인구가 늘어나자 영국으로부터 독립을 요구하는 정착민의 목소리도 더욱 커졌다. 1850년에 영국 정부는 원칙적으로 이러한 요구를 받아들였고, 뉴사우스웨일스와 빅토리아, 태즈메이니아 주가 1856년에 자치권을 획득했다. 그 뒤를 이어 사우스오스트레일리아(1857년), 퀸즐랜드(1859년 설립), 웨스턴오스트레일리아(1870년) 주도 자치권을 얻었다. 모든 주에서 대의 정치 제도를 채택했고, 당시에 보편적이던 방식대로 남성에게만 투표권이 주어졌다. 이후 1894년에 사우스오스트레일리아에서 역사상 처음으로 여성에게도 투표권이 주어졌다. 1901년 오스트레일리아 연방이 설립되면서 주(州)간 교역이 장려되었고 통합적인 국방 정책 수립이 수월해졌다.

탐사

항해사이자 지도 제작자인 매튜 플린더스는 1802년에서 1803년 사이에 최초로

Tips of History

뉴질랜드

뉴사우스웨일스에서 온 최초의 유럽인 아일랜드 정착민은 1792년에 베이오브아일랜즈에 상륙한 물개 사냥꾼이었다. 정착민은 땅을 얻는 대신 원주민 부족인 마오리족에게 머스킷 총을 주었는데, 그로 인해 1818년부터 마오리족 사이에서는 '머스킷 전쟁'이 일어났다. 오스트레일리아 고래잡이와 물개 사냥꾼은 사우스 아일랜드에 정착지를 건설했다. 정착민과 마오리족 사이에 무력충돌이 빈번히 일어났고, 무법천지인 현지 상황을 정리하고자 영국 정부가 개입했다. 1840년에 영국 정부 대표와 마오리족 지도자들은 와이탕기 조약을 체결했다. 이 조약으로 마오리족은 재산에 대한 소유권과 시민권, 보호를 약속받는 대신 영토에 대한 통치권을 포기했다. 조약 조건에 대한 이해 부족으로 무력 충돌이 일어났고 전쟁(1859~1863)으로 발전했다. 마오리족의 저항은 1872년까지 지속되었으며, 1881년에 평화조약이 체결되었다. 1861년에 오타고에서 금광이 발견되자 뉴질랜드에 이민자들이 몰리기 시작했다. 얼마 지나지 않아 뉴질랜드의 주요 수출품은 양모에서 금으로 대체되었다. 뉴질랜드는 1907년에 영국연방 자치령이 되었다.

● 마오리족 족장 혼 위레무 헤케 포카와 아내인 하리아타(왼쪽), 삼촌 카위티(오른쪽)

해안을 따라 오스트레일리아를 일주했다. 하지만 내륙에 대한 탐험은 너무나 거친 자연 환경 때문에 이후로 수십 년 동안 발목이 잡혀 있었다. 1839년부터 1841년까지 에드워드 에어는 사우스오스트레일리아를 동에서 서로 횡단했다. 루트비히 라이히하르트는 1844년에서 1845년 사이에 모어턴 만에서 포트 에싱턴까지 북에서 서로 이어지는 지역을 탐험했다. 그리고 마침내 버크와 윌스가 1860년에서 1861년에 걸쳐 최초로 남쪽에서 북쪽으로 전 대륙을 가로질러 종단했다. 존 스튜어트는 1860년 탐사 중에 지리학적으로 대륙의 중심이 되는 지점을 발견했다. 1870년대에 이루어진 이후의 탐험은 웨스턴오스트레일리아에 집중되었고, 목초지 개발을 위해 필바라와 킴벌리 지역을 발굴했다. 1872년에는 전신기가 설치되고 1917년에 오스트레일리아 횡단 철도가 완성되면서, 전 대륙에 걸친 교류 증대에 큰 역할을 했다.

연대표	
1788	최초의 영국인 정착민이 오스트레일리아에 상륙
1803	반디멘스랜드에 죄수 유형지가 설치됨
1827	웨스턴오스트레일리아에 주도인 퍼스가 들어섬
1830	반디멘스랜드에 거주하던 오스트레일리아 원주민이 완전히 없어짐
1840	500명의 마오리족 족장들이 와이탕기 조약에 서명
1851	배서스트에서 황금이 발견됨
1854	발라라트의 유리카 방책에서 광부의 반란이 일어남
1859	별도의 식민지로 퀸즐랜드가 세워짐
1865	뉴질랜드의 수도가 오클랜드에서 웰링턴으로 옮겨짐
1901	오스트레일리아 연방이 선포됨
1907	뉴질랜드가 영국연방 자치령이 됨

아프리카

1800~1880

1800년대 초에 이르자 연안과 인접한 아프리카 대륙 곳곳에 유럽의 식민지가 들어섰다. 하지만 유럽인은 대륙 안쪽에 대해서는 아는 것이 거의 없었다. 거친 자연환경과 서아프리카의 아샨티 제국 같은 적대적인 원주민 부족이 탐험을 가로막았다. 유럽인이 가장 많이 거주한 곳은 남아프리카 케이프 식민지였다. 이곳을 거점으로 19세기 중반에 유럽의 식민지 개척자들은 북쪽으로 림포포까지 확장해 나갔다. 아프리카의 전통 문화는 유럽이 자행한 침략과 별개로, 이집트와 소코토 칼리프국에서 시작된 이슬람식 팽창주의의 영향을 받았다. 뿐만 아니라 줄루족이 남쪽에서 벌인 정복 사업으로 촉발된 대대적인 인구 이동도, 아프리카 전통 문화에 영향을 끼쳤다. 노예 무역 역시 계속해서 아프리카의 경제와 사회에 중대한 영향을 끼쳤다.

● 19세기에 동아프리카의 일부 지역에서는 중동, 영국과 활발하게 교역이 이루어졌고 일부는 화려한 옷과 기타 사치스런 물품을 살 수 있었다.

19세기 초 대부분의 유럽 국가와 미국에서 노예 무역이 폐지되었다. 따라서 상아나 야자 기름, 금, 고무 같은 다른 상품에 대한 교역으로 관심이 쏠렸다. 그러나 노예 무역을 금지하고자 해군까지 동원한 영국의 노력에도 불구하고 19세기 동안에만 아프리카에서 대략 3백만 명의 노예가 팔려 나갔다.

북아프리카

19세기 초에 오스만 제국의 이집트 총독 무하마드 알리는 사실상 이집트를 독립시켰다. 알리는 1820년에서 1822년 사이에 남쪽으로 수단을 침공해 그곳에 있는 귀중한 금과 노예 자원을 장악했다. 1830년에는 프랑스가, 빈약한 군사력을 보유한 채 쇠락해가는 오스만 제국에 의존하고 있던 알제리를 침략해서 알제리 북부 지역을 점령했다. 프랑스는 해당 지역을 자국의 일부처럼 다스렸고, 현지 거주자에게도 프랑스 시민권을 주었다. 하지만 정작 식민지 통치자들은 유럽인 이주자들에게 많은 땅을 제공했고 그로 인해 반란이 일어났다. 결과적으로 이 반란은 1847년에 진압되었다.

동아프리카

잔지바르 술탄국의 지배를 받으며 인도양과 접한 항구 도시인 말린디와 몸바사, 탕가, 킬와는 19세기에 활발한 무역 중심지가 되었다. 이들 도시에서는 스와힐리어를 사용하는 아프리카인들이 오만, 인도인과 무역을 했다. 영국이 술탄을 설득해서 노예 시장을 폐지한 1873년까지 노예들은 이곳에서 중동과 아시아로 팔려나갔다. 잔지바르의 이슬람 무역상들은 우람보와 우킴부, 우테테라 술탄국을 포함해 동아프리카와 중앙아프리카 내륙에 위치한 많은 왕국과 강력한 유대를 형성했다. 이들 왕국은 노예와 상아 무역을 바탕으로 부를 축적했다. 북쪽으로는 고대 왕국인 에티오피아가 16세기에 소왕국으로 분열되었다가 1870년대에 요하네스 4세의 지배하에 다시 통일되어 확장을 시작했다. 이 나라는 아프리카에서 진행된 소위 유럽의 '쟁탈전'(192-195쪽 참조) 중에 식민 지배를 받지 않은 유일한 나라였다.

연대표	
1804	우스만 단 포디오가 성전(聖戰)을 시작
1822	아메리카에서 해방된 노예들을 위해서 라이베리아가 건국됨
1835-1836	케이프 식민지를 떠나 보어인의 '대이주'가 시작됨
1852-1856	데이비드 리빙스턴이 아프리카 내륙을 탐험하고, 모시-오아-툰야(천둥소리를 내는 연기)를 발견한 최초의 유럽인이 됨. 그는 이 폭포를 빅토리아 폭포로 개명
1875	이집트가 아프리카의 뿔 지역을 공격

서아프리카

서아프리카에서는 이슬람교 지도자 우스만 단 포디오(1754-1816)가 소코토 칼리프국을 건설하고 1804년에 북쪽의 하우사 제국을 상대로 '지하드'(聖戰)를 시작했다. 우스만의 진격으로 오요와 세구를 포함해 오랜 역사를 지닌 왕국들이 붕괴되었다. 1850년대가 되자 소코토 칼리프는 하우사 제국의 영토 중 상당 부분을 통일하면서 지역 강자로 부상했다. 1861년에 영국이 라고스를 합병하면서 소코토는 쇠퇴의 길을 걷기 시작했다. 소코토 칼리프국은 1903년에 멸망했다.

남아프리카

아프리카 남쪽에 가장 큰 유럽인 정착 지역이 있었다. 19세기 초에 아프리카너(네덜란드인)와 영국인 정착민이 아프리카 최남단에 위치한 케이프 식민지에 모여 있

● 블러드 강 전투. 1897년 '하퍼스 매거진'에 실린 R. C. 우드빌 그림. 이 전투에서 줄루족은 보어인에게 패배했다.

었다. 아프리카너를 상대로 영국인이 우위를 점하기 시작했고, 1814년 영국이 공식적으로 케이프 식민지를 합병하면서 절정에 달했다. 이로 인해 케이프의 보어인(아프리카너)은 나탈로 '대이주'를 시작했다. 1843년에 영국이 나탈을 합병하자 보어인은 또 다시 이동해서 오렌지 자유주와 트란스발을 건설했다. 영국은 1850년대에 보어 공화국을 승인했다. 1871년 그리퀄란드에서 다이아몬드가 발견되고 1886년에는 비트바테르스란트에서 황금이 발견되면서, 유럽인의 이주가 폭발적으로 늘어났고 남아프리카의 경제와 사회가 변화를 맞이했다.

Tips of History

유럽인의 탐험

유럽인 탐험가들은 1820년대부터 과학적 관심이나 선교에 대한 열정, 또는 단순한 모험심으로 아프리카 내륙을 여행하기 시작했다. 1827년부터 1828년에 프랑스인 르네 오귀스트 카이에가 아랍인 복장을 하고 서아프리카를 여행했고, 유럽인으로서는 거의 최초로 통북투 땅을 밟았다. 1850년대에 스코틀랜드인 탐험가 데이비드 리빙스턴은 중앙아프리카와 남아프리카를 여행하면서 노예 무역을 폐지시키기 위해 투쟁했다. 그의 모험에 자극을 받은 다른 탐험대들이 나일 강과 콩고 강, 잠베지, 나이저 강의 발원지를 탐험했다. 1880년 이후에는 아프리카 지도가 제작되어 식민지 사이에서 국경을 확정하는 데 중요한 역할을 했다.

남아프리카에 있던 원주민 국가 중에서 해당 기간 가장 주목할 만한 변화는 1820년대 샤카 왕(재위 1816-1828)이 지배하는 줄루 왕국의 발흥과 팽창이었다. 샤카는 훌륭한 군사 전략가였으며 이웃 나라들과 벌인 일련의 전쟁을 승리로 이끌었다. 전쟁에서 패한 나라들은 줄루 연방으로 흡수되었다. 줄루족의 팽창주의는 주변 지역에 '음페카네'라고 알려진 대규모 이주를 초래했고 이것은 또 레소토, 스와지, 은데벨레를 포함한 새로운 왕국이 들어서는 계기가 되었다. 1830년대에 줄루족은 나탈에서 보어인과 충돌했다. 여러 차례에 걸쳐서 충돌이 발생했지만 1838년에 벌어진 블러드 강 전투가 그중에서도 특히 치열했다. 이 전쟁에서 470명밖에 안 되는 보어인들은 1만 명에 달하는 줄루족을 격퇴시켰다.

아프리카 쟁탈전

1880~1914

1880년에서 1914년 사이에 아프리카 대륙 전체가 유럽 열강에 의해서 완전히 식민지화 되었고 라이베리아와 에티오피아만 겨우 독립을 유지했다. 아프리카 쟁탈전이라고 알려진 대륙 분할은 놀라울 정도로 빠르게 진행되었다. 사실상 식민지화는 1880년을 기점으로 단 10년 만에 대부분 완료되었다. 쟁탈전이 벌어진 이유는 다양했다. 천연자원을 공급받고 공산품을 판매하는 시장으로 아프리카를 개척하려는 의도도 있었지만, 해외에 식민지를 보유함으로써 얻는 명성 때문이기도 했다. 19세기 후반과 20세기 초 유럽 국가들 사이에서는 민족주의 경쟁이 심화되었고, 아프리카 쟁탈전은 이러한 민족주의 경쟁을 보여주는 의미 있는 경연의 장이었다.

● 에드워드 린리 샘번이 그린 이 '펀치'의 풍자만화는 1892년 12월 10일 발행되었으며, 세실 로즈의 모습을 아프리카 대륙 위에 다리를 벌리고 선 거인으로 묘사하고 있다

베를린 서아프리카 회의

아프리카의 분할을 위한 기초는 1884년에서 1885년에 열린 베를린 서아프리카 회의에서 마련되었다. 이 회의에서 유럽의 15개국 대표가 만나 식민지에 대한 경쟁적인 권리 주장을 조율하고자 했다. 각 열강이 권리를 행사할 수 있는 범위는 해당 열강이 지배하고 있는 연안에 인접한 내륙 지역으로 정해졌다. 단지 이름뿐인 식민지 건설을 막기 위해서 '유효성 원칙'이 도입되었다. 식민지를 건설한 열강은 그곳에 자국의 깃발을 꽂아야 했고 해당 지역 부족장들과 체결한 조약이 있어야 했다. 또한 점령 지역의 행정과 치안을 관리하고 해당 식민지를 경제적으로 활용해야 했다. 만약 이것 중에 하나라도 이행되지 않으면 다른 열강이 합법적으로 해당 지역을 점령할 수 있었다. 효율성 원칙이 발효되면서 유럽 열강들은 경쟁국보다 먼저 점령지에 대한 권리를 확보하려고 서둘렀고, 그에 따라 식민지화가 더욱 가속되었다.

식민지화 작업

● 마타벨란드 블라와요의
거주자. 약 1890년대 사진

경우에 따라서는 아프리카의 통치자들이 나서서 식민지화를 돕기도 했다. 이들은 기존의 적을 상대하기 위해서 유럽과 동맹을 맺어 협력하고자 했다. 예를 들어, 부간다인은 1903년에 영국이 영토를 정복해서 우간다를 설립하도록 도왔다. 어떤 통치자들은 식민지화를 단지 경제 기업들 간에 맺어지는 제휴 관계일 뿐이라고 생각하고 넘어갔다. 하지만 어떤 경우이든 유럽인이 일단 영토 안으로 들어오면 그걸로 끝이었다. 그들을 다시 내쫓는 건 불가능했다.

　일반적으로 식민지화는 기업 형태를 지닌 조직에 의해 진행되었다. 영국 남아프리카 회사, 로열나이저 사(社), 독일 남서아프리카와 동아프리카 회사, 포르투갈 니아사 회사 등도 여기에 해당했다. 이런 회사들은 점차적으로 식민지화를 위한 강제적인 조치를 취했다. 예컨대 기존에 있는 통화와 무역 방식을 폐지하고 세금을 부과했으며, 정부 허가 없이 불법으로 땅을 점령했다.

　식민지화는 아프리카의 사회와 문화를 근본적으로 변화시켰다. 세금을 내기 위해서 많은 사람이 처음으로 생소한 임금 노동자가 되어야 했다. 수천 명의 단순 노무자들이 고무나 설탕, 코코아 농장에 취직했고, 광산이나 철도 건설 현장에서 일했다. 철도망이 내륙과 해안에 있는 항구도시를 연결했다. 그로 인해 무역이 활기를 띠었고 도시가 성장했으며 아프리카인 중에서도 상인 계급이 등장했다.

　일부 아프리카 원주민은 식민지화 때문에 끔찍한 시련을 겪었다. 포르투갈령 상 투메 프린시페에 있는 카카오 대농장의 계약 근로자들은 비인간적인 환경에서 지내며 일해야 했다. 벨기에의 레오폴 2세는 상업적인 목적으로 비공식적인 영지처럼 콩고를 지배했다. 수백만 명의 콩고인들이 상아와 고무 추출을 위해 노동을 강요당했다.

원주민들의 분노

● 보어 전쟁(1899-1902) 중
보어인 게릴라 사진

식민지화는 특히 그 무자비한 면모로 인해서 원주민에게 숱하게 많은 분노를 샀다. 그리고 그 분노는 납세를 거부하거나 반란군 진압을 위한 징병에 불응하는 등 다양한 형태의 저항으로 나타났다. 1892년에는 오늘날의 나이지리아 지역에 거주한 요루바족 일파인 이제부족이 반란을 일으켰다. 1896년에는 줄루족 일파인 마타벨족이 반란을 일으켰고, 1898년에는 서아프리카 만딩카족이 반란을 일으켰다.

하지만 서양은 압도적으로 우세한 무기를 앞세워 대부분의 반란을 금방 진압했다. 그럼에도 서아프리카 아샨티 부족은 예외였다. 그들은 영국의 식민지화에 반대해서 1823년부터 1896년까지 4차례에 걸쳐 전쟁을 치렀다. 하지만 아샨티 제국도 결국 1900년에 골드코스트 식민지로 합병되었다.

또 다른 사례도 있었다. 무하마드 아흐마드가 주도한 수단 이슬람교의 반란인 마디스트 폭동이었다. 이 반란은 1885년에서 1898년 사이에 수단을 지배하고 있던 영국령 이집트 정권을 무너뜨렸다. '해방된 노예의 나라'로 건국되어 비공식

Tips of History

보어 전쟁

영국은 남부아프리카 영토와 귀중한 광물 자원에 대해 적대적인 요구를 하면서 보어인 공화국인 트란스발과 오렌지 자유주와 보어 전쟁(1899-1901)을 일으켰다. 영국이 트란스발 합병을 시도하자 보어인 군대는 마페킹과 킴벌리, 레이디스미스 마을을 포위했고 마거스폰테인과 콜렌소, 스톰버그 전투에서 승리했다. 하지만 키치너 장군이 이끄는 영국 증원부대가 포위된 마을을 구하고 보어인 공화국을 공격했다. 이때부터 보어인은 전략을 바꿔서 게릴라전을 펼쳤다. 키치너 장군은 보어인의 농장을 파괴하고 그 가족들을 수용소에 강제 격리시켰다. 영국은 원주민 군대와 함께 이처럼 잔혹한 전략을 사용해서 결국 보어인을 굴복시켰다.

적으로 미국에게서 지원을 받고 있던 라이베리아는, 약간의 영토를 잃기는 했지만 쟁탈전 기간 내내 독립을 유지했다. 에티오피아는 군사력을 동원해 유럽의 식민지화에 대항한 유일한 아프리카 국가였고, 1896년 아도와 전투에서 이탈리아 군대에게 압도적인 승리를 거두기도 했다.

● 1882년 여름, 기자의 스핑크스 앞에 모여 있는 스코틀랜드 군인들

대다수 아프리카인은 식민지화를 감내하고 그에 따른 이점을 받아들이면서 만족했다. 식민지화에 이은 교육 확대는 사회 발전을 위한 수단이 되었고, 원주민이 식민지 정부에서 일할 수 있는 기회를 제공했다. 글을 깨우친 사람이 늘어나면서 정치색을 띤 계층이 등장했고, 마침내 민족주의 운동이 시작되었다. 기독교는 원주민을 통해 빠르게 확산되었고, 때로는 아프리카의 토착 종교와 혼합되기도 하였으며 오래 지나지 않아 동아프리카를 비롯해 중앙과 남아프리카에서 대다수의 사람이 믿는 종교가 되었다.

과학과 기술

19세기에 들어서 과학은 물리학과 화학, 생물학처럼 특화된 분야로 세분되었다. 각각의 분야에서 중요한 발전이 이루어졌고, 특히 독일과 영국, 프랑스, 러시아, 미국 연구자의 활약이 두드러졌다. 과학에 의한 새로운 기구와 동력원, 통신 형태의 개발은 농경과 산업, 일상생활에 변화를 가져왔다. 과학적 발견은 또한 우주와 지구, 생명의 진화에 대한 이해의 차원을 높여주었다.

● 과학자들이 토마스 에디슨(1847-1931)이 발명한 축음기를 시험하고 있다.

물리학의 발전

19세기 동안 전기와 자성에 대한 이해가 크게 발전했다. 영국의 마이클 패러데이가 1831년에 실험 장치를 고안해서 움직이는 자석이 전류를 일으킬 수 있다는 사실을 증명했고, 이 원리는 후에 발전기를 만드는 데 활용되었다. 1864년에는 다른 영국인 과학자 제임스 클라크 맥스웰이 4개의 수학 방정식을 만들어서 전기와 자성이 단순히 표현만 다를 뿐 똑같은 현상, 즉 전자기임을 밝혀냈다. 그가 만든 방정식은 전자기파의 모태가 된 원리를 증명하고 빛 자체도 일종의 전자기 에너지임을 입증했다. 맥스웰은 전자기 스펙트럼에는 분명 또 다른 형태의 파장이 있다고 믿었으며, 이러한 믿음은 독일인 과학자 하인리히 헤르츠에 의해 사실로 입증되었다. 하인리히 헤르츠는 1888년에 전파를 발견하고, 역시 독일인인 빌헬름 뢴트겐은 1895년에 X선을 발견했다. 물리학에서 이루어진 발견은 전화기나 축음기, 라디오, 레이더, 텔레비전 같은 수많은 발명품을 낳았다.

화학적 발견

1803년 영국인 과학자 존 돌턴은, 모든 물질이 원자라고 불리는 매우 작은 입자로 이루어져 있다는 이론을 제기하며 현대 화학의 기틀을 만들었다. 돌턴은 각각의 원자가 어떻게 고유한 무리를 이루고 있으며, 다른 원자와 합해져서 혼합물을 이룰 때 어떻게 성질이 변하지 않고 그대로 유지되는지 증명했다. 원자가 물질을 구성하는 가장 작은 단위라는 돌턴의 가설은 1897년 조지프 톰슨이 원자를 구성하는 소립자, 즉 전자를 발견함으로써 오류로 판명되었다. 러시아 과학자 드미트리 멘델레예프는 주기율표(1870년)로 원소를 체계적으로 정리해서 이 분야를 평정했다. 그가 1828년에 발표한 요소에 관한 연구 논문을 바탕으로 독일인 화학자 프리드리히 뷜러는 무기물로부터 유기 혼합물을 합성할 수 있다는 사실을 증명할 수 있었다. 19세기 말에 이르자 합성염료에서 아스피린까지 수백 가지 유기물이 실험실에서 만들어졌다. 화학자들은 또한 최초의 합성비료(1842년), 폭발성을 지닌 니트로셀룰로오스(1846년)를 포함해 다른 중요한 물질들을 발견했다.

연대표	
1800	알레산드로 볼타가 최초의 전지를 소개
1803	존 돌턴이 원자 이론을 주장
1828	프리드리히 뷜러가 유기화합물인 요소를 합성
1838	마티아스 슐라이덴이 모든 식물은 세포로 구성되어 있다는 사실을 밝힘
1843	제임스 프레스콧 줄이 열은 에너지의 한 형태라는 사실을 입증하고 에너지는 창조되거나 사라지는 것이 아니라 단지 형태가 변화하는 것이라는 이론을 발전시킴
1846	모턴과 롱이 마취제를 발명
1848	켈빈 경이 가장 낮은 절대온도를 발견
1859	찰스 다윈이 〈종의 기원〉을 발간
1866	그레고르 멘델이 유전법칙을 발표
1869	드미트리 멘델레예프가 원소 주기율표를 발표
1873	제임스 클라크 맥스웰이 전자기 이론을 발표
1896	헨리 베크렐이 방사능을 발견

다윈의 진화론 발표

〈종의 기원〉(1859)에서 영국인 자연주의자 찰스 다윈은 식물과 동물의 종이 오랜 세월을 통해 변화 또는 진화했다고 설명했다. 다윈은 이러한 진화가 자연 선택에 의해 이루어졌다고 주장했다. 즉 특정한 환경에 가장 잘 적응된 형태를 지닌 생명체가 끝까지 생존하고 대를 이어갈 확률이 높다는 것이다.

다윈의 진화 이론은 교회 지도자들을 자극했다. 특히 인간이 유인원 조상으로부터 진화해 왔다는 주장에 대해서는 격렬한 반대를 유발했다. 천지창조에 대한 성경의 이야기와 대립되는 주장이었기 때문이다. 하지만 19세기 후반에 이르러서 대부분의 생물학자가 진화론을 받아들였다. 하지만 자연 선택이 그 원인이었다는 점에 대해서는 모든 사람이 동의하지는 않았다.

● 찰스 다윈은 73세의 나이로 숨을 거두었고 웨스트민스터 사원에 묻히는 영광을 얻었다

오스트리아의 성직자이자 과학자인 그레고르 멘델은, 유전자가 한 세대에서 다음 세대로 전해지는 데 작용하는 법칙을 알아내기 위해서 10년(1856–1866) 동안 완두콩을 연구했다. 멘델의 유전 법칙은 유전학의 토대가 되었다. 하지만 그가 남긴 업적은 1900년까지 인정받지 못했다.

의학의 진보

19세기 동안 질병의 진단과 치료 분야에서도 획기적인 발전이 이루어졌다. 독일인 물리학자이자 병리학(질병에 관한 과학적 연

● 〈허영의 시장(Vanity Fair)〉 지에 실린 사무엘 윌버포스 주교의 삽화. T. H. 헉슬리와 벌인 그들의 논쟁은 '과학이 종교와 충돌하는 순간'으로 유명하다.

지질학과 천문학

19세기에 과학자들은 지구가 성경에서 이야기하는 6,000년보다 훨씬 더 오래되었다고 주장하면서 논쟁을 벌이기 시작했다. 대략적인 지구 나이가 10만년에서 수백만 년에 이를 것으로 어림되었다. 스코틀랜드의 제임스 허턴 같은 사람은 암석층에 들어있는 화석을 보고 연대를 측정할 수 있다고 믿었다. 이를 바탕으로 조산 운동과 지진, 화산, 빙하시대에 관한 다양한 연구 논문이 발표되었다. 천문학자들은 최초의 소행성(1801년)과 해왕성(1846년)을 발견했다. 1840년대에 아일랜드인 천문학자 윌리엄 파슨스가 처음으로 태양계가 속한 은하계 너머 또 다른 은하계를 발견했다.

구) 분야의 개척자인 루돌프 피르호는 모든 질병이 신체 조직의 기본 단위인 세포에서 기능 장애가 발생하기 때문이라는 사실을 밝혀냈다. 프랑스 생리학자 클로드 베르나르는 췌장과 간, 신경 체계에 대한 중요한 발견을 했다. 또한 러시아 생리학자 이반 파블로프는 조건 반사에 대한 이론을 발전시켰다. 2명의 미국인 크로퍼드 롱과 윌리엄 모턴은 에테르를 사용하면 수술하는 동안 환자를 안전하게 재울 수 있다는 사실을 발견했다. 에테르는 최초의 효과적인 마취제였다.

1870년대에 루이 파스퇴르는 세균설을 확립하고, 탄저병이나 디프테리아, 결핵, 나병, 흑사병 같이 예전부터 존재하던 질병의 원인을 밝혀냈다. 그는 1885년에 광견병을 예방하는 백신을 개발했다. 뒤이어 1890년대에는 디프테리아와 파상풍을 예방하는 백신을 개발했다. 세균에 대한 파스퇴르의 업적으로부터 영감을 얻은 영국인 외과의사 조지프 리스터는 외상을 소독하는 데 페놀산을 사용하게 되었고, 수술을 받다가 사망하는 환자수가 대폭적으로 감소했다.

● 루이 파스퇴르의 발견은 수백만 명의 목숨을 구했다.

A SHORT
HISTORY
OF THE
WORLD

Part **3**

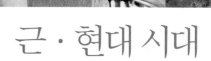

근·현대 시대

The Modern World

1914~2010년

1차 세계대전

1차 세계대전은 유럽 열강들 간에 빚어진 갈등으로 시작되었다. 하지만 제국의 결속과 지구촌 곳곳에서 국가들 사이에 얽힌 오래된 책무로 인해, 이 전쟁은 최초의 세계 전쟁으로 확산되었다. 이 전쟁은 또한 최초의 총력전이기도 했다. 참전국들은 승리를 쟁취하기 위해서 가능한 모든 인적, 경제적 자원을 동원했다. 그리고 '후방'에 있는 국민들 역시 전쟁으로부터 직접적인 영향을 받았다. 이전까지 존재했던 어떤 전쟁보다 훨씬 파괴적인 전쟁이었고 이 전쟁으로 인해 최소한 1천만 명 이상이 목숨을 잃었으며 부상자만 2천만 명이 넘었다.

유럽 동맹체제(135-138쪽 참조)는 대륙을 2개의 적대적인 권력 단체로 나누었다. 독일, 오스트리아-헝가리 제국, 오스만 제국(후에 이들은 동맹국으로 불렸다)이 한편이었고 영국, 프랑스, 러시아(후에 이들은 연합국으로 불렸다)가 다른 한편이었다. 유럽에서 가장 신생국이자 빠르게 성장 중이던 독일은 1890년대부터 노골적으로 제국주의 야심을 드러내며 긴장을 고조시켰다. 전쟁은 이미 결정되어 있는 사실처럼

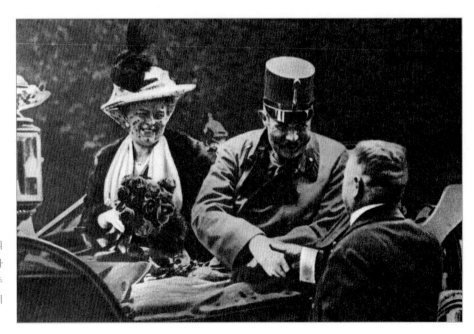

● 페르디난트 대공과 그의 아내 소피. 그들은 이날 사라예보에서 세르비아인 민족주의자 가브릴로 프린치프에게 암살당했다.

되었고 모든 국가들이 전쟁 준비를 강화했다.

전쟁의 도화선에 불을 붙인 것은 예상대로 불안정한 발칸 반도였다. 이곳은 오스트리아–헝가리 제국과 러시아가 패권을 놓고 경쟁을 벌인 곳이기도 했다. 1914년 6월 28일에 세르비아 민족주의자가 프란츠 페르디난드 오스트리아 대공을 암살하자 곧바로 오스트리아–헝가리 제국이 세르비아를 상대로 전쟁을 선포했고, 이에 세르비아의 동맹국인 러시아도 전시 체제로 들어갔다. 프랑스와 러시아가 동시에 공격할까봐 두려워한 독일이 슐리펜 계획을 발동했다. 그 계획에 따르면 독일은 벨기에를 통과해 프랑스에게 결정적인 공격을 날린 후에, 동쪽으로 부대를 이동시켜 러시아와 싸울 예정이었다. 하지만 독일군은 파리에서 80km 떨어진 마르느 강에서 진격을 멈추었고, 계획은 실패로 돌아갔다. 이로써 서부 전선이 교착 상태로 접어들었다.

서부 전선의 교착 상태

전쟁이 시작되자 곧바로 동맹국과 연합군 양쪽은, 현대화된 기관총과 대포에 대항해서 방어선을 지키려면 참호를 파는 것이 유일한 방법임을 깨달았다. 1914년 겨울이 되자 끝없이 길게 파놓은 참호는 스위스 국경부터 벨기에 해안까지 이어졌다. 서부 전선은 이후 3년 반 동안 거의 변화 없이 교착 상태를 유지했다.

교착 상태를 깨기 위해서 양측 진영에서는 각각 독가스나 화염방사기 같은 새로운 무기를 도입해보기도 하고, 적진의 참호 밑으로 땅굴을 파서 타격을 가하는 전술도 사용했지만 효과는 미미했다. 1916년에 양측 진영은 대대적인 공세를 감행했다. 결과적으로 보면 프랑스는 베르됭 전투에서 도심을 점령하려는 독일의 시도를 막아내긴 했지만, 이 전투로 양측 모두 엄청난 인명 손실을 겪었다. 7월이 되자 솜 강에서 영국군이 공세를 퍼부었다. 연합군은 9월까지 약 11킬로미터를 전진하면서 60만 명의 인명 손실을 냈다. 독일군의 사상자 역시 비슷한 수준이었다.

동부 전선의 혈투

1914년 8월 말에 러시아군은 독일 동부를 침공했지만 타넨베르크 전투에서 독일군에게 패배했다. 러시아군은 다시 오스트리아-헝가리 제국 영토인 갈리시아를 침공했고, 1914년 말에 이르러서 해당 지역을 거의 다 장악했다. 오스트리아-헝가리 제국은 1914년에만 3번에 걸쳐서 세르비아를 침공했지만 번번이 후퇴를 거듭했다. 1915년 5월, 동맹군은 갈리시아에서 러시아의 방어선을 뚫고 약 300킬로미터까지 진격했다. 1916년 6월에 러시아가 반격을 시작했고, 오스트리아-헝가리 제국을 거의 전쟁 불능 상태로 만들었다. 하지만 러시아도 기진맥진하긴 마찬가지였다. 양측은 대략 백만에 가까운 병사를 잃었다. 그해 11월 불가리아의 도움으로 동맹군은 세르비아를 짓밟았다.

기타 전선 상황

1차 세계대전은 궁극적으로 동부와 서부 전선에서의 전투로 판가름되었지만, 다른 지역에서도 주목할 만한 전투가 이어졌다. 독일, 오스트리아-헝가리 제국과 동맹을 맺었음에도 불구하고 이탈리아는 1915년 5월이 되어서야 전쟁에 가담했고, 그마저도 연합군 편으로 참전했다. 이탈리아는 이손초 강을 따라 오스트리아-헝가리 제국과 2년에 걸쳐서 전쟁을 벌였는데 아무런 성과도 없이 수많은 사상자를 내다가 1917년 10월 패배했다.

1915년 2월에는 또 다른 곳에서 대규모 전투가 벌어졌다. 연합군 전함이 러시아로 가는 보급선을 열고자 다르다넬스 해협을 지키는 터키 군대를 공격한 것이었다. 전함 공격이 실패로 끝나자 연합군은 해협의 서부 연안에 있는 갈리폴리 반도에 주로 오스트레일리아와 뉴질랜드 군으로 구성된 군대를 상륙시켰다. 공격은 실패했고 또 다시 엄청난 사상자가 속출했다.

연합군의 승리

● 1916년 7월 솜 강에서 왕립 아일랜드 소총부대가 보급품을 지급받고 있다.

러시아에서 차르 체제가 1917년에 붕괴하고, 뒤이어 들어선 볼셰비키 혁명정부가 1918년 초 전쟁에서 손을 떼면서, 마침내 동부 유럽으로 확장하고자 하는 독일의 야심이 실현되는 듯 했다. 하지만 영국의 자금력과 식민지 제국으로부터 군대와 물자를 보충하는 능력이 서부 전선에서 변화를 일으키기 시작했다. 독일이 잠수함을 실전 배치하자 1917년 4월에는 미국이 연합군에 가담해 참전했다. 연합군이 항구를 봉쇄하자 독일의 경제 상황은 더욱 악화되었다. 독일은 1918년 초까지 서부 전선에서 일련의 공격을 감행했지만 8월이 되자 미군이 가세한 연합군의 공격으로 수세에 몰리게 되었다. 같은 해 9월에는 불가리아가 항복을 선언했고, 곧이어 오스만 제국과 오스트리아-헝가리 제국의 항복 선언이 이어졌다. 1918년 11월 11일, 독일은 연합군이 제시한 조건들을 수락하고 휴전 협정에 서명했다. 바로 그날 오전 11시에 전쟁이 멈췄다. 1차 세계대전이 끝나는 순간이었다.

연대표	
1914년 6월 28일	프란츠 페르디난드 대공이 암살됨
1914년 7월 28일	오스트리아-헝가리 제국이 세르비아에 전쟁을 선포하고 1차 세계대전 발발
1914년 8월	독일이 타넨베르크 전투에서 러시아에게 승리
1914년 9월	마르느 전투에서 독일의 진격이 프랑스 군에 의해 저지됨. 참호 전쟁의 시작
1915년 5월 7일	독일의 U-보트가 미국 정기선 루시타니아호를 격침시키고 그로 인해 미국 여론이 연합군 쪽으로 기울어짐
1916년 2월-12월	베르됭 전투
1916년 6월	오스만 제국에 대항해 아랍인들이 반란을 일으킴
1916년 7월-11월	솜 강에서 영국군이 공세를 취함
1916년 9월	탱크가 최초로 실전에 배치됨
1917년 4월 6일	미국이 독일에 전쟁을 선포
1918년 3월 3일	독일이 볼셰비키 러시아 정부에 요구한 브레스트리토프스크 조약으로 러시아가 동유럽의 방대한 지역을 빼앗김
1918년 8월	연합군이 아미앵 전투에서 성공적인 공격을 가함
1918년 11월 11일	독일 황제가 네덜란드로 피신하자 독일이 유럽 연합군과 휴전 협정을 체결
1919년 1월 18일	파리 평화 회의 개최
1919년 6월 28일	베르사유 조약의 체결로 1차 세계대전이 끝남

러시아 혁명과 소비에트 연방

A SHORT HISTORY OF THE WORLD

1차 세계대전은 경제적으로나 사회적으로 러시아에게 엄청난 부담으로 작용했다. 식량과 연료, 생필품 부족이 심각했고, 황제 니콜라이 2세에게 비난이 쏟아졌다. 1917년 3월 수도인 페트로그라드에서 민중 반란이 일어났다. 니콜라이는 군대를 투입해서 두마(의회)를 진압하려고 했지만, 오히려 그의 정권이 붕괴되었고 결국 강제로 퇴임을 당했다. 두마가 임시 정부를 수립하는 동안 러시아 전역에는 소비에트가 결성되었다. 소비에트는 노동자와 군인을 대표해 민주적으로 선출된 평의회였다. 평의회를 지배한 것은 블라디미르 일리치 레닌이 이끄는 볼셰비키 당을 비롯한 사회주의자들이었다. 임시 정부를 맡은 온건주의자들이 전쟁을 계속하기로 결정하자 대중의 지지는 보다 급진적인 소비에트 당으로 몰렸다. 1917년 11월(러시아 구력으로는 10월) 볼셰비키 당이 권력을 장악했다.

내전

볼셰비키 당은 즉시 1차 세계대전에서 손을 떼고 독일과 협상을 시작해 브레스트리토프스크 조약을 체결했다. 이 조약에서 러시아는 발트 3국과 핀란드, 폴란드, 우크라이나를 포기하는 데 합의했다. 그러나 볼셰비키의 미숙한 국정 운영은 곧바로 내전을 불러왔고, '화이트 칼라'로 알려진 반(反) 공산주의자들이 정권 전복을 기도했다. 화이트 칼라에는 볼셰비키에 반대하는 사회주의자와 자유주의자, 귀족, 민족주의 분리주의자, 농부 등이 섞여 있었으며 영국과 프랑스, 일본, 미국으로부터 지원을 받았다. 하지만 화이트 칼라의 군대는 조직적이지도 않았고 응집력을 발

● 러시아 혁명 당시에 만들어진 이 포스터는 '아직도 협동조합의 일원이 아니라면 지금 즉시 가입하라' 고 말하고 있다.

휘할 수 있는 지도력도 없었다. 그들은 1920년에 결국 볼셰비키의 붉은 군대에게 무릎을 꿇었다. 내전이 끝나자 붉은 군대는 우크라이나와 그루지야, 아르메니아 동부를 다시 점령했고, 백러시아(지금의 벨로루시)와 중앙아시아에서 민족주의를 바탕으로 한 분리주의자들의 움직임을 진압했다. 하지만 1921년에 프랑스와 폴란드 연합군에게 패배한 붉은 군대는 벨로루시 서쪽 일부와 우크라이나를 폴란드에게 양도했다.

정권 수립

볼셰비키 당이 권력을 잡자 러시아는 많은 혼란에 휩싸였다. 농부들이 러시아 귀족으로부터 농장을 탈취하고 노동자가 다수의 공장을 점령했다. 레닌 정부는 처음에 이러한 약탈을 지지했다. 하지만 내전이 일어난 이후로는 통제를 강화하고 '전시 공산주의' 체제라고 알려진 정책을 시행했다. 공장을 국유화하고 농부들의 수확량 대부분을 군인과 도시민에게 제공하도록 강요했다. 이로 인해 1920년에

연대표	
1917년 3월	니콜라이 황제가 퇴위하고 임시 정부가 들어섬
1917년 11월	볼셰비키 당이 권력을 장악
1918년 3월	브레스트리토프스크 조약
1918-1921	'백군'과 '적군' 사이에 내전 발생
1920	붉은 군대가 폴란드를 침략
1921	신경제정책의 도입
1922	소비에트 연방의 결성
1928	최초의 5개년 계획 발표
1929	집단농장제 발표
1932-1933	우크라이나와 중앙아시아에서 5백만에서 7백만 명이 기근으로 사망
1933	두 번째 5개년 계획 발표
1934-1938	대숙청

서 1922년 사이에 대대적인 폭동이 일어났고, 이 폭동은 기근으로 이어져 볼가 지역에서만 5백만 명에 달하는 사람이 굶어죽었다. 레닌은 하는 수 없이 사회주의 원칙에서 한 발물러나 1921년에 '신경제정책'(NEP)을 도입했다. 은행과 중공업은 계속해서 정부가 운영하면서 소규모 기업과 농장에 자유무역을 허락했다. 1920년대에 들어서 경제가 꾸준히 성장했다. 1922년에 볼셰비키 당은 공산당으로 개명하고 소비에트 사회주의 공화국 연방, 줄여서 소비에트 연방을 설립했다. 처음에는 벨로루시와 자카프카지예, 우크라이나가 러시아와 함께 하면서 4개국으로 구성된 공화국 연방을 결성했다. 종국에는 15개의 공화국이 소비에트 연방에 가입했다.

● 이오시프 스탈린은 스스로를 나라의 현명한 아버지로 여겼지만, 실상은 수백만 명에 달하는 시민을 죽음으로 몰았다

산업화

1924년 레닌이 사망하자 정치국(공산당의 집행 위원회) 구성원들 사이에 권력 다툼이 일어났다. 그 중에 두각을 나타낸 이오시프 스탈린은, 서기장이라는 자신의 지위를 이용해 당 내에 권력을 구축하고 경쟁 상대를 하나씩 물리쳤다. 1928년에 스탈린은 마침내 절대 권력을 쥐게 되었다. 소비에트 연방을 유럽과 견줄 정도의 세계 열강으로 만들고자, 스탈린은 조속한 산업화 계획을 추진했다. 1928년에 5개년 계획이 처음 채택되었다. 지나치게 낙관적인 목표에만 치중한 이 계획은, 엄청난 비효율성과 손실을 초래했지만 주목할 만한 진전도 있었다. 거대한 규모로 새로운 광물 추출 설비와 공장, 발전소가 우랄 산맥 지역과 볼가 강 유역, 시베리아 지역에 세워졌다. 그리고 새로운 산업 거점을 연결해줄 철도가 건설되었다. 대도시에 거주하는 인구도 급속히 늘어나서, 1928년에서 1933년 사이에만 거의 두 배 가까이 늘어났다.

집산주의

늘어나는 도시 근로자 인구의 식량 문제를 해결하기 위해서 스탈린은 지방에 대한 근본적인 개혁을 실시했다. 1929년에는 집단농장 체제가 채택되었다. 사유재산제가 폐지되고 농부들은 거대한 집단농장에서 강제로 일했다. 쿨락(Kulak)으로 알려진 부유한 농장주들이 굴락(gulag, 교화노동수용소관리국)으로 유배되었다. 많은 농부가 이에 항거하고자, 가축을 도살하고 자신이 먹고 살 만큼만 농사를 지었다. 그러나 필요한 만큼만 생산된 농산물마저 징발되자 기근이 발생했다. 1933년까지 대략 1,450만 명이 굶주림으로 또는 굴락에서 강제 노동을 하다가 목숨을 잃었다.

대숙청

5개년 계획을 달성하기 위한 산업화와 집산주의가 실패하고 스탈린 스스로도 망상증이 심해지면서 1934년에 '대숙청'이 진행되었다. 많은 전 볼셰비키 당원과 고위 당원이 공개재판을 받고 긴 목록의 죄를 스스로 인정하고 총살당했다. 비밀경찰인 NKVD가 수백만 명의 불온 분자를 체포해서 굴락으로 유배시켰다. 일단 유배된 사람은 거의 돌아오지 못했다. 이웃은 물론이고 가족끼리도 서로를 감시하도록 종용되었고 전국에 공포가 확산되었다. 숙청으로 인해 공산당과 관료제도가 크게 약화되었고, 1938년에는 군대로까지 숙청이 확산되어 수백 명의 고위 장교가 체포되거나 수감되었다. 무엇보다 이것은 시기가 적절치 않았다. 소비에트 연방은 그로부터 3년 뒤에 독일과 전쟁을 벌여야 했기 때문이다.

1, 2차 세계대전 사이의 유럽

1차 세계대전으로 유럽의 구질서가 붕괴되었다. 로마노프나 호엔촐레른, 합스부르크 같은 왕조가 모두 무너졌다. 평화조약으로 전쟁이 끝나면서 유럽의 정세에 근본적인 변화가 일어났다. 오스트리아–헝가리 제국은 여러 국가로 분할되었다. 우드로 윌슨 미국 대통령은 민족 국가들을 독립시켜서 민족주의로 인한 갈등의 불씨를 없애고자 했다. 그에 따라 단일 민족으로 구성된 4개의 국가가 등장했다. 체코슬로바키아와 에스토니아, 라트비아, 리투아니아였다. 하지만 특히 재건된 폴란드나 새롭게 탄생한 세르비아, 크로아티아, 슬로베니아 왕국(유고슬라비아의 옛 이름)에 있던 많은 민족주의자들은, 여전히 그들이 다민족 국가 내에 있는 소수민족에 불과하다는 사실에 불만을 가졌다. 베르사유 조약으로 전쟁에 대한 책임은 전적으로 독일에게 돌아갔다. 독일은 알자스–로렌 지방을 프랑스에게 빼앗겼고, 추가로 일부 영토를 폴란드에게 넘겼으며, 해외에 있는 모든 식민지를 잃었다. 독일 군대가 축소되었고, 승리한 연합군은 독일을 상대로 막대한 전쟁배상금을 요구했다. 전쟁이 끝나자 독일을 떠나 외국에 거주하는 독일인이 3백만 명에 달했다.

평화조약은 지속적인 안정을 확립하는 데 실패했고, 정치적 불안과 반감을 조장해서 장차 분란의 여지를 만들었다. 전쟁이 끝나자 중앙 유럽에서는 극단주의자

● 1930년에 수천 명의 실업자가 런던에서 시위행진을 벌였다.

들의 움직임이 거세졌다. 여러 도시에서 공산주의 혁명이 일어났고, 러시아식 혁명이 유럽을 휩쓸지도 모른다는 두려움은 이에 반동하는 독재주의와 초민족주의 사조를 낳았다. 바로 파시즘이었다.

파시즘의 부상

달마티아 지역에서 어떤 영토도 보상받지 못한 데 실망한 이탈리아는 자력으로 그곳을 점령했다. 애초에 프랑스와 영국은 이탈리아가 전쟁에 참여하는 대가로 해당 지역을 넘겨주기로 했지만 지켜지지 않았다. 베니토 무솔리니가 이끈 파시스트당은 공산주의에 대한 대중의 반감과 두려움을 이용해서 1922년 권력을 장악했다. 1920년대 중반에는 파시스트와 유사한 형태의 당이 유럽 전역으로 유행처럼 번져갔다.

대다수 독일인은 베르사유 조약의 체결에 분노를 느꼈고 조약에 서명한 사람을 반역자로 간주했다. 1923년에 독일이 배상금을 지급하지 않자 프랑스가 루르 공업 지역을 점령했고, 해당 지역에는 대규모 파업이 일어났다. 독일 정부는 노동자에게 임금을 지불하기 위해 점점 더 많은 돈을 발행했다. 그에 따른 초(超)인플레이션과 베르사유 조약에 대한 깊은 반감, 공산주의에 대한 두려움은, 국가사회주의를 표방하는 아돌프 히틀러의 나치당과 파시스트당이 등장하는 계기가 되었다.

경제 안정

전쟁이 끝났을 때 유럽의 경제 상황은 매우 열악했다. 하지만 1920년대 후반에 미국으로부터 차관을 들여오면서 상황이 호전되었다. 영국과 프랑스는, 가난에 찌들고 원한에 사무친 독일이 유럽의 안정을 위협하고 있다는 사실을 인식하고 배상금을 탕감해주는 데 합의했다. 1925년에 체결된 로카르노 조약으로 유럽 연합국과 독일 사이의 긴장감이 현저히 완화되었다. 연합군이 라인란트에서 철수했고, 세계 평화를 도모하기 위해 전쟁 직후인 1919년에 결성된 국제연맹은 독일의 가입을 승인했다.

유럽의 대공황

유럽의 짧은 번영과 안정은 1930년대 초에 접어들면서 끝이 났다. 1929년에 월스트리트가 붕괴하자 미국이 차관을 중단했고 유럽은 대공황을 맞게 되었다. 실업과 노숙자 문제가 급증했다. 1932년에는 독일의 실업자 수가 6백만 명에 달했다. 영국에서는 수백만 명이 영양실조로 신음했고, 그들은 사회의 관심을 이끌어내고자 기아 행진을 벌였다.

스페인 내전

극단주의가 다시 한 번 발흥했고 수많은 사람이 입장을 바꿔 공산주의나 파시즘을 지지하면서, 갓 태어난 민주주의가 위협을 받게 되었다. 1930년대 후반에 이르자 중앙 유럽 대부분 지역에서 독재적인 우익 세력이 집권했다. 스페인에서는 이탈리아와 독일에 의해 무장을 갖추고, 가톨릭 교회와 군대로부터 지지를 받은 프란시스코 프랑코 장군과 파시즘 신봉자들이, 소비에트 연방이 지원하는 공화국 정부를 상대로 내란(1936~1939)을 일으켰다. 내전에서 승리한 프랑코는 1975년에 사망할 때까지 무자비한 우익 독재 권력을 휘둘렀다.

나치 독일의 재무장

독일에서는 대중의 불만에 편승한 나치당이 1933년에 집권했다. 나치 정부는 민주주의 법령들을 폐지하고 공업과 직종별 조합, 언론을 장악했다. 한편으로는 대규모 토목공사 프로그램을 실행하여 실직 문제를 해결했다. 히틀러는 유럽에서 독일의 지배적인 지위를 재건하고자 했다. 그는 독일 민족의 우월성을 믿었고, 보다 넓은 '생활권'을 위해서 동쪽으로 영토를 확장하는 것은 독일의 권리라고 생각했다. 그에 따라 히틀러는 베르사유 조약을 무시하고 독일군을 대대적으로 재무장하기 시작했다.

● 1935년 11월 9일 뉘른베르크 집회에서 아돌프 히틀러 앞으로 군대가 행진하고 있다.

전쟁 기운의 고조

국제연맹은 독일의 팽창주의를 막을 능력이 없었다. 영국과 프랑스는 독일이 주장하는 작은 영토에 대한 소유권을 인정해줌으로써 그들을 회유하고자 했다. 덕분에 히틀러는 전쟁을 일으키지 않고도 1936년에 라인란트를 군사 도시로 만들었고, 1938년에 오스트리아와 주데텐란트를 제 3제국(1933-1945 독일 나치 정권의 공식 명칭)으로 흡수할 수 있었다. 하지만 여기에 더해서 히틀러는 폴란드 영토를 요구했고 영국과 프랑스는 이에 강력히 반발했다. 두 나라는 독일이 폴란드를 침략하면 전쟁도 불사하겠다고 위협했다. 히틀러는 1939년 5월에 이탈리아와 강철

조약을 체결하고, 같은 해 8월에 독일의 주적이라고 할 수 있는 소비에트 연방과 불가침 조약을 맺어서 유럽을 놀라게 했다. 영국이 중립을 유지할 것이라고 확신한 히틀러는 1939년 9월 1일 폴란드를 침공했다. 이틀 뒤에 영국과 프랑스가 독일에 전쟁을 선포했다. 2차 세계대전이 시작된 것이다.

연대표	
1919-1920	베르사유 조약과 생제르맹 조약, 뇌이 조약과 트리아농 조약으로 전후 유럽이 안정을 되찾음
1921	영국이 아일랜드 공화국군과 전쟁을 치르고 나서 아일랜드의 전체 32개 주 가운데 23개 주에 독립을 인정하고 이를 계기로 아일랜드 자유국이 수립됨
1924	도스안(案)으로 독일의 전쟁 배상금 탕감
1925	로카르노 조약으로 독일 국경 보장
1926	총파업으로 영국이 마비됨
1929	경제 대공황 시작
1932	독일의 전쟁 배상금 지불 의무가 사실상 면제됨
1936-1939	스페인 내란
1938년 2월	독일의 오스트리아 병합
1938	영국이 독일과 뮌헨 협정을 체결하고 독일의 주데텐란트 점령을 인정
1939	독·소 불가침조약 체결

미국과 캐나다

1900년과 1917년 사이에 '진보 운동'이 미국을 휩쓸었다. 정치 부패를 근절하고, 국민의 기대에 부응하는 정부를 만들며, 빈곤층의 생활 환경을 개선하고, 대기업의 독점을 제한하려는 운동이었다. 진보주의자인 우드로 윌슨 대통령(재임 1912–1918)은 이러한 목표를 달성하기 위해서 관계 법령을 실시하고 미국 헌법 개정을 주도했다.

1차 세계대전

윌슨 행정부는 1차 세계대전이 발발하자 중립적인 태도를 취했다. 하지만 독일이 U–보트를 동원해 미국 상선까지 공격하고 나오자, 1917년 4월에 윌슨은 참전을 결정하고 독일과 대항해 싸우기로 했다. 그에 따라 대략 2백만 명의 미국인 병사가 전쟁에 투입되었다. 윌슨은 1919년 파리 평화 회의를 통해 유럽에 지속적인 안정을 확립하고자 했다. 이를 위해 윌슨이 제시한 14개 조항에는 군대를 축소하고, 영토에 대한 경쟁적인 소유권 분쟁을 안정시킬 항목들이 포함되었다. 평화 유지를 위한 국제연맹 창설을 포함해, 그의 제안 일부가 베르사유 조약에서 채택되었다. 하지만 정작 미국 상원은 미국의 국제연맹 가입을 거부했다.

● 찰스턴을 추는 왈가닥 아가씨는 고단한 전쟁 뒤에 찾아온 광란의 1920년대를 대변하는 무분별한 쾌락주의를 상징한다.

광란의 1920년대

1920년대에 접어들자 이전 10년간의 세상사에 혐오를 느낀 미국의 많은 젊은이들이 전통 문화로부터 등을 돌리고 향락 생활을 탐닉했다. 젊은 층에 만연한 쾌락주의에 제동을 걸고 자 보수 세력들은 여러 가지 금지법을 내놓았다. 그 중에 하나가 1920년에 발효되어 1933년까지 시행된 금주법이었다. 그러나 금주법이 시행되자 젊은 미국인들은 갱단이 운영하는 술집인 '주류 밀매점'을 찾았고, 그곳에서 불법 제조된 술을 마시고 재즈를 들었다. '왈가닥 아가씨'로 불린 젊은 여인들은 짧은 치마를 입고 '단발머리'를 했으며 공개적으로 담배를 피웠다.

광란의 1920년대는 이름처럼 눈부신 경제 번영의 시대이기도 했다. 수많은 사람들이 도시로 몰려들었고, 1920년에는 처음으로 도시 인구가 시골 인구를 능가했다. 물질적인 풍족함은 소비를 부추겼고 라디오나 전화, 냉장고, 세탁기, 자동차 등 현대적인 문명의 이기(利器)가 많은 미국 가정에 보급되었다.

주식 시장의 붕괴

광란의 1920년대는 월스트리트에 있는 뉴욕 주식 시장이 무너지면서 1929년 10월 말 순식간에 극적으로 막을 내렸다. 투기가 한동안 지속되면서 부풀어 오른 주식 가격이, 공황 매도가 봇물처럼 쏟아져 나오면서 한순간에 폭락했다. 그 해 말까지 대략 4백억 달러에 해당하는 주식이 휴지조각이 되었다. 월스트리트 붕괴의 직접적인 피해자는 은행이나 사업가, 개인 투자자 같은 사람들이었다. 미국에서 부를 창출하는 주된 계층이던 그들이 손실을 입자, 곧 경제 전체에 영향을 미

● 1929년 1월 1일의 월스트리트, 그 해 말에 이곳은 금융 혼돈의 장으로 변한다.

쳤다. 은행은 사업가들에 대한 대출을 축소했고 사업가들은 생산을 줄였다.

미국의 대공황

소비자들이 허리띠를 졸라매면서 전반적인 수요가 줄어들자 수백 개의 공장과 상점이 문을 닫았다. 전국적으로 은행이 문을 닫으면서 수천 명이 평생 저축한 돈을 날렸다. 실업률이 급격히 상승해서 1933년에 이르러서는 대략 1천3백만 명에 달하는 미국인이 실직자 신세가 되었다. 많은 사람이 집을 잃었고 극빈자에 대한 구호자금 지급을 반대한 허버트 후버 대통령의 이름을 딴 후버빌이라는 판자촌이 도시 외곽에 들어섰다. 자선단체가 운영하는 무료 식당 앞에는 음식을 얻기 위해 수천 명씩 줄을 섰다. 게다가 75만 명이 넘는 농부들이, 수입이 급격히 감소했을 뿐 아니라 중남부의 건조 평원지대로 알려진 대평원에 1934년부터 1936년까지 가뭄이 발생하면서 농사를 짓거나 가축을 키울 땅을 잃었다.

뉴딜 정책

루스벨트 대통령(재임 1932-1945)은 공황을 타개하기 위해서 정부 주도 프로그램인 뉴딜 정책을 도입했다. 이 정책에는 일자리를 창출하기 위한 토목공사와 집 없는 사람을 위한 저가 주택 공급, 농부에 대한 구호자금 지급, 은행 체계에 대한 개혁이 포함되었다. 뉴딜 정책으로 수백만 명이 도움을 받았지만 경제 회복은 끔찍할 정도로 느렸다. 미국은 2차 세계대전으로 호황을 맞은 무기 산업이 경제에 활력을 제공하면서, 1941년에 이르러서야 공황으로부터 완전히 벗어날 수 있었다.

군사 물자 생산

미국은 일본이 하와이 진주만에 있는 미군 기지를 공격한 1941년 12월에 2차 세계대전에 참전했다. 대략 1천5백만 명의 남성과 338,000명의 여성이 미군으로 복역했다. 전국 곳곳에서 소비재를 만들어 내던 공장들이 생산 라인을 바꿔 비행기나 군함, 각종 무기 그리고 기타 군대 물자를 생산했다. 대다수 남성들이 군대에 있었기 때문에 수많은 여성이 그들의 빈자리를 대신해 공장에서 일을 했다. 1943년에 이르자 미국의 공산품 생산량은 적국의 생산량을 모두 합친 것보다 많아졌다.

유럽의 2차 세계대전

1939~1945

A SHORT HISTORY OF THE WORLD

독일은 단 몇 주 만에 폴란드를 굴복시켰다. 독일은 탱크와 급강하 폭격기를 동시에 활용하여 '전격전'이라는 새로운 전략을 전쟁에 도입했고, 이것은 폴란드를 혼란에 빠뜨리기에 충분했다. 소련군은 동쪽에서 폴란드를 공격했다. 이 공격이 성공하자 독일과 소련은 1939년에 합의된 협정대로 폴란드를 둘로 나누었다. 그 뒤로 소비에트 연방은 계속해서 발트 해 연안 국가들을 점령하기 시작했다. 하지만 1939년에서 1940년에 걸쳐 진행된 '겨울전쟁'에서 핀란드에게 패배했다.

● 런던 중심가의 지붕에서 대공 감시병이 영국 공습을 지켜보고 있다.

전격전의 위력

영국은 스칸디나비아 반도에서 철광석을 조달하는 독일의 보급로를 차단하려고 시도했다. 이에 독일이 선수를 쳐서 1940년 4월에 덴마크와 노르웨이를 공격했다. 노르웨이를 지원하려던 연합군의 노력이 수포로 돌아가고, 독일은 6월에 덴마크와 노르웨이 두 나라에게 승리를 거두었다. 히틀러에게 가장 중요한 목표는 언제나 소비에트 연방의 정복이었다. 하지만 그에 앞서 서쪽에 있는 적들을 무력화시킬 필요가 있었다. 1940년 5월에 히틀러는 벨기에와 룩셈부르크, 네덜란드를 상대로 전격전을 감행했고 18일 만에 그들을 굴복시켰다. 6월 5일에는 프랑스를 침공했다. 프랑스의 방어선이 전격전 앞에 산산이 무너졌고 6월 14일 독일군은 파리를 점령했다. 프랑스가 항복하자 독일은 프랑스 북부를 차지하고, 남쪽은 독일의 괴뢰정권인 비시 프랑스(Vichy France) 정부에게 일임했다.

영국과의 전쟁

히틀러는 프랑스가 함락되었
으니 영국이 화의를 신청할
거라고 믿었다. 하지만 윈스
턴 처칠이 이끄는 영국은 전
쟁을 계속하기로 결정했다.
독일군은 영국 침공을 준비
했고 우선적으로 영국 해협
에 대한 제공권을 장악하고
자 시도했다.

● 얄타 회담에서 만난 처칠
(왼쪽), 루스벨트(가운데), 스
탈린(오른쪽)

　1940년 7월부터 9월까지 진행된 영국 공습에서 영국 공군이 독일 공군에게 승
리를 거두었다. 독일군이 전략을 바꿔 영국의 여러 도시에 폭격을 가했지만 영국
국민들은 꿋꿋하게 이겨냈다.

　1941년 5월 들어서 히틀러는 영국 침공 계획을 포기했다. 대
신 U-보트 함대를 이용해 북아메리카에서 영국으로 들어가는
보급로를 차단하는 작전을 펼쳤다. 처음에는 독일이 매달 수천
톤에 달하는 연합군 화물을 수장시키면서 대서양 전투에서 독일
이 승리하는 듯 보였다. 하지만 1943년 중반에 이르자 연합군이
레이더와 수중 음파 탐지기, 공중 폭격을 복합적으로 활용하여
U-보트의 위협을 막아냈다.

소비에트 연방에 대한 침공

1940년에 이탈리아와 불가리아, 헝가리, 루마니아가 독일 편으
로 참전했다. 이른바 추축국(2차 세계대전 때에 일본, 독일, 이탈리아가

● 2차 세계대전 중 영국 국민들이 용기를 잃지 않
도록 끊임없이 격려하면서 독일의 맹렬한 공격을
막아낸 위대한 지도자 윈스턴 처칠

맺은 삼국 동맹을 지지하여 미국, 영국, 프랑스 등의 연합국과 대립한 여러 나라를 가리키는 말)이라고 알려진 동맹이 결성되었다. 원래 계획대로 소비에트 연방을 침공하기에 앞서, 독일의 남쪽 측면을 안정시키기로 한 추축국 군대가 1941년 4월에 그리스와 유고슬라비아를 공격했고, 단 몇 주 만에 두 나라를 함락시켰다.

6월 22일 히틀러는 마침내 바르바로사 작전을 개시하고 소비에트 연방에 대한 전면적인 침공을 감행했다. 독일의 공격에 스탈린은 깜짝 놀랐다. 추축국 군대가 탱크와 급강하 폭격기로 소련 전선을 여기저기 강타하면서 빠르게 전진했다. 제한된 자원 때문에 히틀러는 단기전으로 승부를 봐야했다. 따라서 모스크바를 먼저 점령해야 한다는 충고를 무시하고, 전선을 3곳으로 나누어 압박했으며 그로 인해 병력이 지나치게 분산되었다. 가을부터 스탈린이 새로운 병력을 투입하자 독일군의 전진 속도가 서서히 느려지기 시작했다. 12월이 되자 독일군은 레닌그라드를 포위하고 모스크바 외곽에 도달했지만 혹독한 추위로 더 이상 꼼짝하지 못했다.

1942년에 들어서자 독일은 새롭게 공격을 재개해서 크림 반도를 점령하고 카프카스 산맥으로 진격했다. 하지만 소비에트 연방이 보유한 대군과 광대한 자원

연대표	
1939년 9월	독일과 소비에트 연방이 폴란드를 침공
1940년 6월	이탈리아가 영국과 프랑스를 상대로 전쟁을 선포
1941년 6월	독일이 소비에트 연방을 침공
1941년 12월	독일이 미국을 상대로 전쟁을 선포
1942년 8월	미국이 독일에 의해 점령된 유럽 지역에 폭격을 시작
1942년 9월-1943년 1월	독일의 패배로 스탈린그라드에 대한 포위가 풀림
1942년 11월	독일이 프랑스 남부를 점령
1943년 11월	소련군이 키예프를 탈환
1944년 4월	붉은 군대가 크림 반도를 탈환
1944년 7월	붉은 군대가 독일 점령군에 대한 폴란드의 반란을 촉발시켜 바르샤바에 입성
1945년 3월	연합군이 라인 강을 건넘
1945년 5월	독일의 항복

의 지원을 받는 스탈린 군대에게 더 이상의 결정타는 불가능했다. 1943년 1월 스탈린그라드에서 당한 패배로 독일군은 사기가 꺾였고, 동쪽으로 향한 진격을 중지했다.

북아프리카와 이탈리아

추축국은 아프리카에 있는 연합군을 공격해서 영국이 중동으로부터 들여오는 석유 보급로를 차단하고 수에즈 운하를 장악하려고 했다. 1942년 5월 롬멜 장군이 지휘하는 독일군이 수에즈 운하에 320킬로미터까지 접근했지만, 그 해 10월에 엘 알라메인 전투에서 몽고메리 장군이 이끄는 영국군에게 패배했다. 추축국 군대는 1943년 5월 북아프리카에서 전면 퇴각했다. 1943년 10월 미군(미국은 1941년 12월에 전쟁에 가담했다)을 포함한 연합군이 시칠리아를 공격했다. 무솔리니는 권좌에서 밀려나 수감되었다가 나중에서야 독일 특공대에 의해 구출되었다. 그 해 9월 이탈리아가 항복을 선언했다.

서부 전선

D-데이로 알려진 1944년 6월 5일에 연합군이 영국에서 출발해 프랑스 북부에 대대적인 상륙 작전을 개시했다. 독일군이 사납게 저항했지만, 7월에 연합군은 적진 한가운데 거점을 확보하는 데 성공했고, 3갈래로 나뉘어 독일 국경을 향해 빠르게 진격하기 시작했다. 8월에 파리가 해방되었다. 12월

● 야전 사령관인 버나드 몽고메리는 제 8군을 이끌어 북아프리카에서 독일군을 상대로 승리했다.

에는 히틀러가 벨기에 아르덴 숲과 룩셈부르크에서 필사적인 최후의 공격을 시도했다. 하지만 미군은 이 공격을 2주 만에 저지했다.

● 나치 깃발을 든 독일군의 퍼레이드

연합군의 승리

스탈린그라드에서 승리한 소련군은 독일군을 천천히 밀어내기 시작했다. 1943년 7월 쿠르스크에서 벌어진 전투는 비록 독일의 패배로 끝나기는 했지만 역사상 가장 대규모 탱크 전 가운데 하나였다. 소비에트 연방이 1944년 1월 추축국 군대를 공격해 레닌그라드에 대한 포위를 풀었다. 이후로 스탈린 군대는 모든 전선에서 승리를 거두었다. 7월에는 루마니아와 불가리아도 점령했다. 1945년 1월에는 폴란드를 점령했고, 2월에는 헝가리를 무너뜨렸다.

한편 연합군은 3월에 라인란트를 점령하고 독일에 대한 최후의 일격을 준비하고 있었다. 히틀러는 독일군에게 끝까지 싸우도록 명령했지만 날이 갈수록 수많은 독일군이 항복했다. 히틀러는 4월 30일 소련군이 수도인 베를린을 포위하자 자살했다. 1945년 5월 7일 독일 임시정부가 무조건적인 항복을 선언했다.

홀로코스트

A SHORT HISTORY OF THE WORLD

1941년에서 1945년 사이에 나치는 유럽에서 유대인을 조직적으로 말살시키고자 했으며, 이 만행은 후에 홀로코스트라고 불렸다. 유대인은 유럽 각지에 있는 모든 독일 점령지에서 폴란드에 있는 죽음의 수용소로 이송되었다. 그곳에서 독가스실로 보내져 처형되었으며, 시체는 전문화된 시설에서 대량으로 화장되었다. 2차 세계대전이 끝날 무렵까지 약 6백만 명에 달하는 유대인이 목숨을 잃었다. 이로 인해 대부분의 동유럽 국가에서 유대 문화가 영원히 말살되었다.

반유대주의 또는 유대인에 대한 증오는 예전부터 유럽 곳곳에 존재했고 유대인은 박해의 잦은 희생양이 되어왔다. 아돌프 히틀러는 독일의 1차 세계대전 패배와 1930년대 불황을 유대인 탓으로 돌렸다. 나치가 정권을 잡으면서 반유대주의는 국가적인 정책이 되었다. 나치는 독일 내 모든 공직 생활에서 유대인을 배제하고자 일련의 법령을 제정했다. 그에 따라 유대인은 행정이나 교육, 대학, 의료, 언론 분야에서 일하는 것이 금지되었다. 1935년에 뉘른베르크 법령이 발효되면서 시민권도 박탈되었고, 유대인이 비유대인과 결혼하는 것도 금지되었다. '크리스탈나흐트' 또는 '깨진 유리의 밤'으로 알려진 1938년 11월 9일 밤, 나치는 유대인 상점과 사업체, 사원에 대한 조직적인 공격을 개시했다. 이 공격으로 수십 명의 유대인이 목숨을 잃었고, 수천 명이 체포되어 강제 수용소로 보내졌다.

● 아우슈비츠 집단 수용소 정문에는 '노동으로 자유를 얻는다'라는 나치의 거짓 문구가 걸려있다

● 1945년 봄에 헝가리에서 열차로 실려 온 수감자들이 폴란드 아우슈비츠 수용소에 도착하고 있다

나치의 '최종적 해결'

1939년 이후에 독일이 유럽 점령지를 넓혀가면서 수백만 명에 달하는 유대인이 추가로 나치의 지배 아래 놓이게 되었다. 많은 유대인이 '게토'라고 불린 황량한 지역에 격리되었다. 1941년 중반부터 나치의 대 유대인 정책에 변화가 생겼다. 유대인을 감옥에 수감하거나 게토에 격리시키는 대신 죽이기 시작했다. 나치는 이 정책을 '유대인 문제에 대한 최종적 해결'이라고 불렀다. 독일군이 소비에트 연방으로 진격하면, 특별 조직인 나치 친위대가 그 뒤를 따랐다. 새로운 마을을 점령할 때마다 나치 친위대는 유대인 거주자를 잡아들여 마을 외곽으로 끌고 가서 총살시켰다. 나치 지도자들은 곧 보다 효율적이고 손쉬운 대량 학살 방법을 찾기 시작했다. 그들은 체포한 유대인을 잘 봉합된 유개 운반차에 가두고 매장할 장소로 이동하는 동안 자동차 배기가스로 질식시켰다. 1942년 봄까지 백만 명이 넘는 유대인이 목숨을 잃었다.

죽음의 수용소

1942년 1월 나치 고위 장교들이 베를린 외곽에 위치한 반제에 모여 유대인 말살을 더 조직적으로 수행하기 위해 방법을 궁리했다. 그 결과 독일이 점령한 폴란드의 베우제츠, 소비부르, 마이다네크, 헤움노, 아우슈비츠, 트레블링카에 죽음의 수용소가 들어섰다. 나치는 여기에 샤워실로 위장한 가스실을 만들었다. 각각의 수용소는 하루에 15,000명에서 25,000명까지 처리할 수 있었다.

유럽 점령지 곳곳에 있던 유대인이 화물열차에 실려 게토에서 수용소로 보내졌다. 수용소에 도착하면 나치 친위대 군위관이 그들을 검사해서 건장한 사람을 추려냈다. 추려내고 남은 약 80퍼센트에 달하는 사람들은 발가벗겨진 채 곧장 가스실로 보내졌다. 수감자가 죽으면 경비병들이 입안에 금니가 있는지 확인한 다음, 시체들을 소각장으로 보내 화장시켰다. 한편 추려진 건장한 사람들은 머리를 박박 깎이고 소지품을 몰수당했다. 그때부터 그들은 팔에 낙인이 찍힌 번호로 불렸고, 쇠약해져서 일을 할 수 없을 때까지 강제 노동을 했으며, 더 이상 일을 못할 지경이 되면 죽음을 당하거나 죽도록 방치되었다.

전쟁이 막바지에 달해 연합군이 유럽에서 승리를 거듭하자 나치는 그들이 저지른 만행을 감추기 위해 서둘러 대다수 수용소를 폐쇄했다. 영양실조에 걸린 엄청나게 많은 수감자들이 독일 내에 있는 수용소로 이동하기 위해 수백 킬로미터를 걸어야했다. 이 '죽음의 행진' 으로 또 다시 수천 명이 목숨을 잃었다.

생존과 저항

유대인은 나치에게 붙잡히지 않으려고, 또는 대항해 싸우려고 다양한 방법을 동원했다. 어떤 사람은 프랑스와 폴란드, 소비에트 연방에서 저항운동에 가담했다. 어떤 사람은 피신을 선택했지만 그조차 나치가 유럽에서 점점 더 많은 지역을 장악하면서 갈수록 어려워졌다. 수많은 유대인이 지하로 숨어들었고 많은 비유대인이 목숨을 걸고 유대인 가족들에게 피난처를 제공했다. 독일인 사업가인 오스카 쉰들러나 스웨덴 외교관 라울 발렌베리 같은 사람은 나치 장교에게 뇌물을 먹이거나 속임수를 써서 수천 명의 유대인 목숨을 구했다. 벨로루시에서는 비엘스키 오트리아드 같은 유대인 게릴라들이 게토에서 많은 유대인을 구하기도 했다.

폴란드에 있던 투친(Tuczyn)과 마르킨코니스(marcinkonis) 같은 몇몇 게토에서는 반란이 일어나기도 했다. 가장 주목할 만한 폭동이 1943년 4월에서 5월까지 바르샤바에 있는 게토에서 발생했다. 1943년에는 트레블링카와 소비부르에 있는 죽음의 수용소에서도 폭동이 일어났다. 1944년에는 아우슈비츠 수용소에서 수감자들이 폭동을 일으키고 소각장에 불을 질렀다. 이러한 폭동이나 반란은 대부분 자신이 곧 죽을 운명이라는 사실을 직감한 사람들의 절박한 행동이었다. 가담자 중 일부는 탈출에 성공하기도 했지만 대다수는 죽음을 당했다.

다른 희생자

죽음의 수용소 이외에도 나치는 독일과 점령지에 수백 개의 강제 수용소를 운영했다. 이들 수용소는 한결같이 혹독한 환경이었고 수십만 명에 달하는 수용자들이 굶주림이나 질병, 과로로 목숨을 잃었다. 일부 수용소에서는 나치 군의관들이 수감자를 상대로 끔찍한 의학 실험을 자행했고 많은 사람이 죽었다. 홀로코스트의 희생자는 유대인만이 아니었다. 나치는 집시나 슬라브족(특히 폴란드인과 소련인 전쟁 포로), 공산당원, 동성애자 등 근본적으로 열등하거나 정치적으로 위험하다고 생각하는 사람들을 가차 없이 죽이거나 체포했다.

연대표	
1935년	뉘른베르크 법령으로 유대인의 독일 시민권이 박탈됨
1938년	크리스탈나흐트(깨진 유리의 밤)
1939년 11월	나치가 점령한 유럽 지역에 있는 모든 유대인에게 노란색 다윗의 별을 패찰하게 함
1940년 9월	수감자에 대한 가스 실험 시작
1941년 1월	반제 회의에서 유대인에 대한 대량 학살 계획 확정
1941년 5월	아우슈비츠에서 대규모 독가스 사용 시작
1944년 7월	소련군이 수용소로 들어오기 전에 폴란드 저항 단체가 마즈다네드 수용소 점령
1945년 1월	소련군이 아우슈비츠에 도착

군국주의 일본의 팽창

1914~1941

전쟁 이후에 일본은 외교 문제와 관련해서 세계적인 시류에 발맞추어 눈에 띄게 평화적인 노선을 취했다. 1920년에 국제 연맹에 가입했으며, 1928년에는 전체 회원국이 14개국에 불과한 다분히 이상적인 켈로그-브리앙 협정에도 서명했다. 이 협정은 국가 간에 분쟁이 있을 때 전쟁을 그 해결 수단으로 삼는 것을 반대했다.

경제 상황의 악화

일본의 전시 특수는 1920년에 끝이 났다. 1920년대 들어서는 경제가 계속된 경기 침체를 앓았고, 1923년 발생한 관동 대지진으로 더욱 악화되었다. 관동 대지

● 1923년 9월 1일 관동 대지진이 발생해 요코하마 전역과 도쿄 대부분 지역이 파괴되었다.

진으로 토쿄와 요코하마가 폐허로 변했고 14만 명에 달하는 사람이 목숨을 잃었다. 1929년 후반에 세계적인 대공황이 닥치자 가뜩이나 비틀거리던 일본의 경제 상황이 더 한층 악화되었다. 공장에서 노동자들이 해고되면서 파업이 줄을 이었다. 농부는 농사를 짓는 비용이 올라 고통을 겪었다. 당 지도자나 기존의 정치 편제에 대해 국민 여론이 등을 돌렸다. 민주주의 정부는 물론이고 서구 문화가 문제의 원인이라고 보는 사람이 점점 늘어났고, 많은 사람이 전통적인 일본 방식으로 회귀하기를 갈망했다.

보수적이고 민족주의 관점을 가진 사람들은 일단의 극우 테러 조직을 결성하고 무력에 의한 탈출구를 모색했다. 1932년 이들 테러 조직 가운데 하나가 군 조직의 도움을 받아 이누가이 츠요시 수상을 암살했다. 그와 함께 일본과 민주주의와의 짧은 밀월 관계도 막을 내렸다. 여러 주요 다수당이 모여서 투표를 통해 당을 해체하고 '대정익찬회(大政翼贊會)'라는 단일당을 만들기로 합의했다. 군인과 정부 관료가 장악한 대정익찬회는 정당 정치 위에 군림하면서 1945년까지 일본을 통치했다.

● 이누가이 츠요시 수상, 1932년 5월 15일 암살되었다.

연대표	
1918-1922	볼셰비키에 대항한 연합군 원정대의 일원으로 일본군이 시베리아를 침공
1919	베르사유 조약에서 일본이 전시에 획득한 지역에 대한 지배권을 인정받음
1932	일본이 만주에 만주국이라는 괴뢰 정부를 수립
1933	일본이 국제연맹에서 탈퇴
1937	중일 전쟁 발발
1938	일본군과 소련군이 만주국과 소련 국경에서 격돌(노몬한 전투)
1940	일본이 인도네시아 전체를 장악

만주 침략

일본이 만주를 침략한 데는 몇 가지 이유가 있었다. 일본은 당시 미개척지로 남아 있는 만주의 광대한 지역과 풍부한 천연자원이 개발을 위한 적기라고 생각했다. 하지만 그보다 더욱 시급한 문제는 중국 민족주의 세력이 일본이 만주에서 보유한 기득권을 위협하고 있다는 사실이었다. 중국 민족주의 세력은 중국에서 외국 기업을 몰아내려고 했다. 1931년 9월에 일본은 외세 침략이라는 그럴싸한 핑계로 만주에 위기 의식을 획책했다. 그런 다음 일본 군대가 만주로 들어와 정권을 장악했다. 만주의 이름이 만주국으로 바뀌고, 푸이 황제가 이끄는 괴뢰 정부가 들어섰다. 일본군은 러허성을 점령해 완충 지대로 만들고 베이징을 위협했다. 국제 연맹이 일본의 침략을 비난하고 나섰지만 후속 조치까지 뒤따르지는 않았다. 1933년 5월 중국은 정전 협정에 합의하고 일본의 만주 지배를 인정했다.

중국과의 전쟁

베이징 외곽에 위치한 마르코 폴로 다리 근처에서 중국 군대와 일본 군대가 충돌하면서 1937년 7월 7일 중일 전쟁이 일어났다. 그 해 말에 일본군은 베이징과 상하이, 수도인 난징을 점령하면서 중국의 북부 지역 대부분을 장악했다. 국제 사회는 일본이 민간 도시를 항공기로 폭격하고, '난징 대학살'로 알려진 대로 수도에서 대학살을 자행한 것에 대해 비난을 가했다. 중

● 일본의 히로히토 천황. 일본 항복 이후 더글러스 맥아더에 의해 책임을 모면하고, 인간 선언을 하였다.

국 정부는 일본의 협상 제안을 거부하고 내륙에 위치한 쓰촨 지방까지 후퇴했다. 1938년 말까지 일본은 한커우를 지나 양쯔 강 하류 유역을 따라 전진했고, 중국 남부에 위치한 여러 항구도시를 점령했다. 중국은 게릴라 전술과 초토화 작전, 사보타주를 통해 효율적으로 일본의 진격을 막아냈다.

2차 세계대전

1940년에 프랑스와 북해 연안의 저지대가 독일에게 넘어가자, 일본은 동남아시아에 있는 유럽 식민지로 세력을 확장할 수 있는 기회가 왔다고 생각했다. 일본군이 사용하는 군수품은 전적으로 석유와 고무에 의존했는데 해당 지역에는 바로 그런 자원이 풍부했다. 1940년 7월에 일본 정부는 일본의 주도 아래 동아시아와 동남아시아 국가들의 정치 경제적 동맹을 표방하는 '대동아공영권' 결성을 선포했다. 같은 해 9월에 일본은 독일, 이탈리아와 3국 조약을 체결하고, 나치와 동맹을 맺은 프랑스 비시 정부로부터 프랑스령 인도차이나 북부에 대한 점령을 승인받았다.

이러한 행보에도 불구하고 일본은 석유나 철강, 중장비 같은 핵심 품목과 관련해서는 미국에 전적으로 의존하고 있었다. 그리고 일본의 팽창주의에 놀란 미국 정부가 이들 품목에 대한 수출을 제한하기 시작했다. 미국의 석유가 없이는 장기적으로 전쟁 물자 동원이 불가능하다고 생각한 일본 지도자들은 1941년 4월 미국에게 협상을 제안했다. 하지만 일본 군대가 그 해 7월에 인도차이나 남부를 점령하자, 미국은 석유 수출을 전면 금지시켰다. 이 문제를 외교적으로 해결하지 못한 책임을 지고 고노에 총리가 사퇴했고, 호전적인 도조 히데키 장군이 그 뒤를 이었다. 새로운 총리는 곧바로 미국과의 전쟁을 준비하기 시작했다.

태평양에서의 2차 세계대전

1941~1945

A SHORT HISTORY OF THE WORLD

태평양 전쟁(1941–1945)은 거의 일본과 미국의 전쟁이었다. 동아시아와 남동아시아에서 일본의 팽창주의가 발단이 되었고, 서쪽으로는 버마와 동쪽으로는 하와이, 남쪽으로는 뉴기니, 북쪽으로는 만주까지 이어지는 넓은 지역에 걸쳐서 진행되었다. 획기적인 항공모함이 실전에 배치되고 미국이 원자폭탄을 사용하는 등 혁신된 기술이 선보였다. 이 전쟁은 동아시아와 동남아시아에서 유럽 세력이 쇠퇴하고 민족주의가 발흥하는 데 커다란 영향을 끼쳤다.

일본의 잇따른 승리

도조 히데키 총리는 아시아에서 제국을 건설하려는 일본의 야망을 성취하는 데 유일한 걸림돌은 미국이라고 생각했다. 이에 1941년 12월 7일 하와이 진주만에 정박 중인 미국 태평양 함대에 공습을 명령했다. 이 기습으로 약 3,000명의 해병이 전사하고 수많은 군함과 비행기가 파괴되거나 무력화되었다. 이튿날 미국과 캐나다, 영국이 일본에 전쟁을 선포했다. 진주만 공격은 해당 지역에서 패권을 차지하려는 일본의 조직적이고 연속된 공격 가운데 하나에 불과했다. 12월 8일 태국을 무너뜨린 일본 군대는 말레이 반도와 버마로 진격했다. 크리스마스에는 영국령인 홍콩을 점령했다. 1942년 2월까지 일본은 싱가포르를 마지막으로 말레이 제도를 완전히 정복했다. 3월 초에는 네덜란드령 동인도가 무너졌다. 5월이

● 1941년부터 1944년까지 일본 총리를 지낸 도조 히데키 장군은 1948년 전범으로 처형되었다

되자 필리핀을 정복하고 버마에서 영국군을 몰아냈다. 일본이 순식간에 거둔 일련의 승리에 연합군은 충격을 받았다. 불과 몇 달 뒤에 일본은 동남아시아를 완전히 정복하고 오스트레일리아와 인도를 타격할 수 있는 거리까지 도달했다.

전세의 변화

● 과달카날에서 전투를 치른 미국군은 그들의 탱크가 정글 지역에서는 전략적인 움직임을 보이기 어렵다는 사실을 깨닫는다.

1942년 4월에 미국이 도쿄와 다른 지역에 공습을 가하자 일본은 더 이상 공습을 가하지 못하도록 방어선을 확대하기로 결정했다. 5월에 뉴기니 포트모르즈비에 있는 오스트레일리아 기지를 점령하고자 일본 함대가 파견되었다. 하지만 미국 전함이 그들을 가로막았다. 뒤이은 산호해 전투로 포트모르즈비에 대한 공격은 불발로 그쳤고, 오스트레일리아에 대한 일본의 직접적인 위협이 사라졌다. 이에 일본은 하와이 침략을 결정했다. 그 첫 단계로 미드웨이 군도를 점령할 계획을 세웠다. 그로부터 불과 얼마 전에 일본 해군이 사용하는 암호를 해독한 미국 함대는 철저히 준비를 갖췄고, 미드웨이 전투(1942년 6월)에서 일본 해군에게 최초로 결정적인 패배를 안겨 주었다.

1942년 8월 연합군은 남태평양 군도에서 계속된 공세를 이어갔고, 해당 지역에서 일본이 확장하는 데 제동을 걸었다. 정글의 척박한 환경 속에서 전투는 치열하게 진행되었다. 일본군은 항복을 불명예스럽게 생각했기 때문에 좀처럼 생포되는 경우가 드물었다. 뉴기니에서 연합군은 점차 일본군을 서쪽으로 산맥 너머까지 밀어냈다. 1944년 중반까지 전투는 계속되었다. 연합군이 1942년 8월부터 솔로몬 제도에 있는 과달카날을 공격하고 해군이 주변 지역을 봉쇄하자, 마침내 1943년 2월 일본군이 철수했다. 일본군은 나머지 솔로몬 제도에서도 1943년에 전부 철수했다. 하지만 섬마다 일본군 소수가 남아서 끈질기게 저항했으며, 이들을 모두 제압하기까지 대규모 병력이 투입되어야 했다.

개구리 뛰기 전략

연합군은 곧 굳이 저항이 거센 일본군 기지를 점령할 필요가 없다는 사실을 깨달았다. 일본군 본거지를 피해 상대적으로 취약한 섬을 공략해 시간과 인명 손실을 최소화하면서 태평양을 가로질러 얼마든지 전진할 수 있었다. 이 '개구리 뛰기' 전략을 바탕으로, 연합군은 태평양 중부를 가로질러 섬을 하나씩 점령해 갔다. 일단 점령된 섬은 다음 목표를 위한 거점이 되었다. 길버트 제도에 있는 타라와(1943년 11월)를 점령한 다음, 마셜 제도에 있는 두 개의 섬(1944년 2월)을 점령했다. 미국과 마리아나 제도를 놓고 전투(1944년 6월)를 벌이던 일본 해군은, 필리핀 해에서 벌어진 더욱 중요한 전투로 방향을 돌려야 했다. 마침내 미국 공군은 일본에 폭격을 가할 수 있는 거리에 위치한 마리아나 제도를 기지로 확보하게 되었다.

● 1945년 8월 6일 히로시마에 원자 폭탄이 투하되어 도시는 폐허로 변하고 수많은 사람이 목숨을 잃었다

연합군의 승리

1944년 10월 연합군은 필리핀을 탈환하기 위해 대대적인 병력을 동원했다. 역사상 가장 큰 해상 전투인 레이테 만 전투에서 일본은 처음으로 '가미카제' 자살 특공대를 투입했다. 하지만 결과는 일본의 참담한 패배였다. 1945년 초에 미국 폭격기들이 도쿄를 포함해 일본의 여러 도시를 소이탄으로 불태우고 수많은 사상자를 냈다. 패전이 불을 보듯 뻔했지만 일본군은 싸움을 계속하기로 결정했고, 연합

군은 전에 없이 많은 군대와 물자를 투입해야만 했다. 잔혹하고 피비린내 나는 전투를 두 번이나 더 치르고 나서야 연합군은 이오지마(1945년 2월–3월)와 오키나와(1945년 4월–6월)를 점령할 수 있었다.

일본 본토로 진입하는 과정에서 수십만 명의 연합군 사상자가 추가로 발생할 것이 분명한 상황이었다. 이를 피하고자 미국 정부는 새롭게 발명된 수단을 이용해 일본 정부에 항복을 강요하기로 결정했다. 1945년 8월 6일 히로시마에 원자 폭탄이 투하되었고 대략 10만 명이 목숨을 잃었다. 3일 후에는 나가사키에도 원폭이 투하되었고 4만 명이 목숨을 잃었다. 8월 8일에 소비에트 연방이 일본에게 전쟁을 선포하고 만주 지역으로 공격해 들어갔다. 이러한 일련의 압박으로 일본 천황 히로히토가 행정부를 설득하기에 나섰고, 마침내 8월 14일 일본이 항복했다.

연대표	
1941년 12월	일본이 진주만과 필리핀, 홍콩, 말레이 반도, 버마를 공격
1942년 2월	싱가포르에 주둔하던 영국군이 일본에게 항복
1942년 3월	네덜란드령 동인도가 일본에게 항복
1942년 5월	영국군이 버마에서 철수
1942년 6월	미국이 미드웨이 전투에서 일본 해군을 물리침
1943년 2월	6개월간의 군사 작전을 펼친 끝에 미국이 과달카날을 차지
1943년 11월	미군이 태평양 중부에 있는 타라와를 점령
1944년 10월	일본 해군이 레이테 만 전투에서 참패
1945년 8월	히로시마와 나가사키에 원자폭탄 투하
1945년 9월 2일	일본이 공식 항복 문서에 서명

중화민국

1911~1949

공화국으로서 중국은 대부분 기간 동안 서로 다른 세력들이 정권을 잡기 위해 경쟁을 벌이면서 혼란과 분열로 점철되었다. 공화국 초기에 중국은 현대적인 민주주의 국가로 발전할 수 있는 징후들을 보여주었다. 청조의 몰락을 획책한 혁명가들이 국민당이라고 불리는 정당을 만들었고, 새로운 대총통 위안스카이가 헌법을 제정했다. 하지만 위안스카이는 곧 의회를 해산하고 국민당을 추방하면서 개인 권력을 확대하려는 움직임을 보였다.

1차 세계대전

유럽이 1차 세계대전에 집중하는 사이, 일본은 중국에서 세력을 확대했다. 1915년에 대총통 위안스카이는 다른 지역과 함께 산둥 반도에 있던 독일 영토를 일본에게 양도했다. 1916년 위안스카이가 사망하자 중앙 권력이 와해되었다. 명목상으로는 뒤이은 새로운 대총통이 베이징에서 계속해 정권을 쥐었지만, 이후 10년간 실세는 독군(督軍, 각 성의 지방관)들에게 넘어갔다. 1917년 북부 독군들이 장악하고 있던 베이징 정부는 연합군 편으로 1차 세계대전에 참전했다. 이를 통해서 그들은 평화적인 회담으로 주도권을 장악하고 일본의 팽창주의에 제동을 걸고자 했다. 하지만 베르사유 조약(1919년 5월)에서 산둥 반도에 대한 일본의 지배가 승인되었고, 그로 인해 중국 정부와 일본에 대항하는 대대적인 학생 시위가 벌어졌다.

● 청조의 군사 지도자 위안스카이는 1916년에 잠시 중국의 황제가 되었다.

민족주의자와 공산주의자

5·4운동으로 알려진 시위로 중국이 잠에서 깨어나게 되었다. 이 시위는 1910년대 초 이래로 지속적으로 형성되고 있던 광범위한 지식 운동의 일부였다. 수많은 중국 젊은이들이 이때부터 서구 문화의 영향을 받았고 중국을 개혁하고자 했다. 5·4운동은 중국의 민족주의 성장에 커다란 기여를 했다. 쑨원이 이끄는 민족주의 국민당은 많은 민족주의 인사들을 영입했고, 광저우에 남부 독군들로부터 지지를 받아 1917년에 또 다른 정부를 출범시켰다.

일부 학생 행동주의자들은 1917년 일어난 러시아 혁명에 자극을 받아 공산주의에 매료되었다. 그리고 1921년 상하이에 중국공산당(CCP)이 결성되었다. 중국에서 국민당이 집권할 가능성이 제일 높다고 믿은 소비에트 연방은, 1923년에 중국공산당을 설득해서 국민당과 손을 잡게 했다. 중국공산당과 국민당의 제휴는 이래저래 불편한 관계였다. 국민당은 대다수 부유한 지주들로부터 지지를 받았고, 중국공산당은 부의 재분배를 주장했기 때문이다.

쑨원이 1925년 사망하자 군 사령관 장제스(장개석)가 국민당을 이끌었다. 1926년에 국민당은 중국공산당의 지원을 받아 북부 독군들에 대한 공격을 개시했다. 하지만 이듬해가 되자 장제스가 별안간 중국공산당에게 등을 돌리고 노동조합 회원들과 공산주의자들을 죽였다. 살아남은 중국공산당원들은 중국 남부에 있는 장시(江西)로 피신했다. 1928년에 장제스 군대는 베이징을 점령하고, 국민당의 통치 아래 중국 대부분 지역을 통일했다.

국민당의 집권

장제스가 이끄는 국민당은 일부 현대적인 개혁을 시도하기도 했다. 하지만 그보다는 전국적인 지배력을 확보하는 데 주력했고 그나마 남는 힘은 독군과 일본, 공산주의자를 견제하는 데 사용했다. 중국 공산당은 1931년까지 장시에서 많은 기지를 건설하고 농민을 주축으로 군대를 조직했다. 하지만 1934년 국민당이 공격해 들어오자, 공산주의자들은 기지를 버리고 북쪽으로 산시 성의 옌안까지 15,445km에 달하는 '대장정'을 시작했다. 대장정을 시작한 10만 명의 공산주의자 중에서 오직 수천 명만이 살아남았다. 이들 가운데서 마오쩌둥(모택동)이 새로운 중국공산당 지도자로 부상했다.

1931년에 일본이 만주를 장악했다. 장제스는 공산주의자를 상대하면서 동시에 일본과 새로운 전쟁을 시작할 준비가 되어 있지 않았다. 따라서 해당 지역이 점령되도록 방치하고 여기에 더해서, 중국 북부에서 세력 확장을 꾀하는 일본의 요구를 받아들였다. 장제스가 일본과 벌인 타협에 분개한 학생들이 저항 운동을 벌였고 군대 내에서도 반대 움직임이 일었다. 1936년 만주 군대에 납치된 장제스는 마지못해 공산당과 협력해 일본에 대항하기로 합의했다.

일본과의 전쟁

1937년에 일본은 대대적으로 중국을 공격해서 베이징과 상하이, 난징을 점령했다. 1938년까지 일본이 중국 북동부 대부분 지역을 장악했고 국민당은 내륙으로 쓰촨 성의 충칭까지 후퇴해야 했다. 미국이 1941년 12월부터 2차 세계대전에 참전하면서 중국에 원조와 조언을 제공했고, 장제스는 현대적인 군대를 갖추게 되었다. 하지만 장제스는 일본과의 전투를 대부분 미국에게 떠넘겼다. 대신 전

● 마오쩌둥이 이끄는 공산당의 인민해방군이 1949년 6월 베이징으로 입성하고 있다.

후에 중국공산당과 벌일 마지막 대결을 준비하는 데 집중했다. 한편 중국공산당은 주로 일본이 점령한 북부와 동부 지역에서 농부들을 끌어 모아, 당원과 '홍군'

을 확보하는 데 주력했다. 1945년에 이르러 그들의 숫자는 백만 명이 넘었고, 그들은 소비에트 연방으로부터 지원을 받아 무장을 갖췄다.

내전의 종료

일본이 항복하자 곧바로 국민당과 중국공산당 사이에 내전이 일어났다. 이번에는 국민당이 약세를 보였다. 격심한 인플레이션과 식량 부족, 관료의 부패로 대중이 등을 돌리고, 군인들 사기가 떨어졌기 때문이다. 미국이 무기를 원조했지만, 국민당은 잘 정비된 중국공산당을 상대로 한 번도 군사적 우위를 점하지 못했다. 게다가 중국공산당은 농부들로부터 절대적인 지지를 받고 있었다. 1948년이 되자 기세는 완전히 공산주의자에게 넘어갔다. 1949년 1월 공산당의 인민해방군(PLA)이 베이징을 점령했고, 10월에는 마오쩌둥이 중국 인민공화국의 설립을 선포했다. 같은 해 12월, 장제스와 추종자들은 타이완 섬으로 도주했다.

연대표	
1912	중화민국 선포
1917	쑨원이 광저우에 근거지를 확립
1921	상하이에 중국공산당 창설
1925	쑨원 사망
1926-1928	국민당이 독군 세력을 진압하고자 북부 원정을 실시
1930-1931	중국공산당이 3번에 걸친 국민당의 공격을 막아냄
1931	일본이 만주를 점령
1934-1935	중국공산당이 옌안으로 대장정을 시작
1937-1945	중일 전쟁
1949-1950	장제스가 타이완으로 도주하여 중화민국 정부를 세움

인도의 독립

A SHORT HISTORY OF THE WORLD

20세기 초에 이르자 인도에서는, 국가 운영에 대한 자국민의 더 많은 발언권을 요구하는 목소리가 높아지고 있었다. 1920년대 동안 모한다스 마하트마 간디가 이끈 국민회의당은 인도에서 가장 큰 민족주의 조직이었고, 대중 운동을 추진함에 있어서 확고한 명분이 있었다. 바로 영국으로부터 완전한 독립을 얻어내는 것이었다.

벵골의 분할

인도 국민회의당은, 1905년에 인도의 총독인 조지 커즌이 벵골 지방을 힌두와 이슬람 구역으로 분할하자 영국 상품에 대한 불매 운동을 전개하면서 저항 운동을 벌였다. 반면 극단주의자들은 폭탄 테러와 영국인 관료에 대한 암살을 시도했다. 진작부터 힌두교도가 장악한 국회에 적대적이던 이슬람교도들은, 1906년에 별도의 독립적인 전인도 이슬람 연맹(후에 이슬람 동맹당이 됨)을 세우고자 했다. 하지만 기대와는 달리 국민 여론은 그들에게 우호적이지 않았다. 그럼에도 이 연맹은 인도의 정치 문제에 대해 이슬람교도에게도 독립적인 발언권을 줘야 한다고 로비를 벌였다. 영국은 인도 민족주의자들을 회유하기 위해서 1909년에 몰리-민토 개혁을 추진했다. 당시 인도 총독 이었던 민토(1905~1910)는 동료 존 몰리와 함께 '몰리-민토 개혁법'을 발기했다. 이 법령으로 인도인의 정부 진출이 크게 늘어나고 지방입법의회의 대표자를 인도 국민이 직접 선출하게 되었다. 그러나 힌두교도와 이슬람교도들을 각기 다른 선구구로 분류했기 대문에 인도 민족주의자들은 이를 인도 민중들의 분열을 조장해서 영국이 통치하기 쉽게 하기 위한 것으로 받아들였다. 벵골은 1911년에 재통일 되었다.

시민 불복종

제국의 자치령으로서 인도는 1차 세계대전 동안 영국에게 인력과 전쟁 물자를 제공하는 주요 원천이었다. 대략 75만 명에 달하는 인도 남성들이 전쟁에 참전했고 36,000명 이상이 전사했다. 인도의 지원과 희생에 대한 보답으로 영국은 추가적인 개혁을 약속했다. 하지만 이러한 개혁에도 불구하고 민족주의 저항은 계속되었다.

1916년 인도 국회에서 새로운 실세로 급부상하고 있던 모한다스 간디는, 이슬람 동맹당 지도자 무하마드 알리 진나와 독립 운동을 위해 연합하기로 합의했다. 1919년에 영국은 저항 운동을 탄압하기 위해 롤래트 법을 시행하여, 인도 시민들의 자유를 제한하고 정부의 비상 지휘권을 강화했다. 간디는 롤래트 법에 반대해 총파업과 가두 시위를 포함한 일련의 비폭력 저항을 전개했다. 그러던 중 암리차르에서 벌어진 저항 운동에서 영국군이 평화 시위를 벌이던 군중에게 총격을 가해 거의 400명이 목숨을 잃는 사건이 발생했다. 이 암리차르 대학살로 대중은 거세게 분노했고, 민족주의 운동에 전면적인 지지를 보내기 시작했다.

1919년 후반에 시행된 몬터규-챔스퍼드 개혁으로 인도인이 지배하는 지방 입법 위원회의 권력이 강화되었고, 중앙 입법 위원회에 대한 인도 국민 대표의 발언권이 늘어났다. 하지만 핵심적인 정치 권력은 영국 총독과 사령관들이 계속해서 보유했다. 인도의 민족주의자들은 영국이 보여준 개혁에 만족하지 않았다. 그리고 1920년 국회 지도자가 된 간디는 비폭력 불복종 운동을 전개했다. 인도 국민에게 영국 상품과 정부 공무원 조직을 거부하고 납세를 거부하도록 촉구했다. 많은 인도 국민이 일을 그만두고 벌금과 징역을 감수하며 이 운동에 동참했다. 간디의 운동은 전국적으로 지지를 받았고 대중 운동으로 확대되었다.

새 헌법

1929년에 국회가 완전 독립을 공식적인 목표로 선포했다. 이듬해에 간디는 수천 명의 추종자들을 이끌고 386km를 걸어서 아라비아 해에 도착했다. 그곳에서 그들은 바닷물로 천일염을 만들었다. 소금 행진은 세금, 특히 소금에 매겨지는 세금에 대한 저항 운동이었다. 이 사건으로 간디와 다른 국회 지도자들이 투옥되었지만, 민족주의자들은 이때부터 힘을 얻었다.

간디가 회담을 위해 런던으로 소환되었다. 이 회담에 따른 결과로 신인도 통치법(1935년)이 제정되었고, 식민지 정부에서 인도인 대표의 발언권을 강화하는 새로운 헌법이 통과되었다. 하지만 결정적으로 총독과 사령관들에게 거부권과 재정 관리권이 보장되었고 민족주의자들은 이에 분개했다.

인도가 독립하면 힌두교도가 장악한 국회의 지배를 받아야 한다는 생각에 많은 이슬람교도가 두려워했다. 1940년에 이슬람 동맹당의 무하마드 알리 진나는 파키스탄을 별도의 주권 국가로 인정해 줄 것을 요구했다. 이 파키스탄은 대다수 이슬람교도가 거주하는 인도 북서부의 펀자브와 동부의 벵골을 주축으로 하고 있었다. 하지만 국회는 인도를 분할하려는 진나의 계획에 반대했다.

● 인도 독립에 대한 협상을 마치고 다우닝 가 10번지를 떠나는 마하트마 간디

2차 세계대전

1939년에 영국은 인도인 지도자들과 사전 협의 없이 인도에 독일과의 전시 체제를 선포했다. 이에 반발해서 지방의 국회 행정부 관료들이 사임했다. 1942년에 간디는 '인도를 떠나라는 운동'을 전개했다. 영국이 인도에서 철수하지 않으면 인도에서 전국적인 불복종 운동을 벌이겠다고 압박했다. 간디와 다른 국회 지도자들이 투옥되었고 그로 인해 폭력적인 저항 운동이 촉발되었다. 반면, 진나가 이끄는 이슬람 동맹당은 영국에게 협조하면서 그들로부터 파키스탄 건립에 대한 지지를 얻어내고자 했다.

독립과 분할

1946년에 영국은 늦어도 1948년 1월까지 인도의 독립을 인정하기로 하는 계획을 발표했다. 향후 인도 통치 제도에 대한 집중적인 협상이 시작되었다. 그러자 1946년 8월 16일에 이슬람 동맹당이 파키스탄 수립을 요구하며 전국에서 시위를 벌였다. 힌두교도와 이슬람교도의 무력 충돌이 인도 전역으로 확산되었다. 폭력 사태가 계속되자 마침내 영국과 인도인 지도자들은 분할이 유일한 해결책이라는 사실을 받아들였다.

1947년 8월 14일~15일에 파키스

● 인도 국민회의가 영국 정권의 즉각적인 해산을 요구한 1942년 8월, 간디와 자와할랄 네루

탄과 인도가 각각 독립했다. 분할은 유혈 사태와 대
량 학살을 불러왔다. 7백만 명이 넘는 힌두교도와
시크교도 피난민이 파키스탄을 탈출해 인도로 넘어
갔다. 그리고 비슷한 숫자의 이슬람교도가 인도에
서 파키스탄으로 넘어갔다. 와중에 50만 명에서 1
백만 명에 달하는 사람들이 목숨을 잃었다. 분할을
반대하면서 계속되는 폭력사태를 막고자 최선을 다
했던 간디는 힌두교 극단주의자에 의해 1948년 1
월 30일 암살되었다. 이후 간디의 동조자인 자와할
랄 네루가 최초로 인도 수상이 되었다.

● 인도 수상 네루가 1954년
자신의 생일을 축하하는 자
리에서 평화의 상징인 비둘
기를 풀어주고 있다.

연대표	
1905	벵골이 분할되면서 저항 운동을 촉발
1906	전인도 이슬람 연맹(후에 이슬람 동맹당이 됨)이 설립됨
1909	몰리-민토 개혁이 도입됨
1919	롤레트 법으로 인도 시민의 자유와 재판받을 권리가 제한됨
1920–1922	간디의 비폭력 불복종 운동이 전개됨
1929	국회가 독립 선언문을 선포
1935	신인도 통치법으로 새로운 인도 헌법이 제정됨
1937	보통 선거에 따라 국회가 인도의 많은 지방에 정부를 설립
1940	무하마드 알리 진나가 파키스탄의 독립을 요구
1942	간디가 '(영국에게) 인도를 떠나라는 운동' 을 개시
1946	영국 정부가 인도의 독립을 인정하는 계획을 발표
1947	파키스탄과 인도가 독립

동서 냉전 시대

1945~1989

1945년 초까지 소련군은 대부분의 동유럽에서 나치를 몰아냈다. 이 지역에 세력권을 확립해서 미래의 침략자를 대비해 완충 지대를 만들고자 한 스탈린은, 군대를 철수하지 않고 해당 지역에 친소련 공산주의 정부를 설립했다. 이러한 팽창주의는 일찍이 합의된 사항에 위배되었고 소련의 전시 연합국이던 영국과 미국을 분노케 했다. 이들 두 나라와 소비에트 연방의 관계가 급속히 악화되었다. 이렇게 냉전 시대가 시작되었고, 향후 45년간 소비에트 연방과 미국 사이에 그리고 이 두 나라를 주축으로 하는 각각의 동맹국 사이에 냉전 상태가 지속되었다.

전후 긴장

● 쿠바 산크리스토발에 있는 중거리 탄도 미사일 2번 발사 시설을 1962년 11월 미 공군이 촬영한 항공사진

1947년에 미국 대통령 트루먼은 '대륙 정책'을 발표하고, 공산주의 확장에 저항하는 나라들을 돕기 위해 재정과 군사적 지원을 제공했다. 미국과 캐나다, 서유럽 국가들은 1949년에 북대서양조약기구(NATO)를 설립해 유럽에서 소련의 추가적인 팽창을 막고자 했다. 그리고 이에 대응해서 1955년에 바르샤바 조약기구라고 불리는 공산주의 국가들의 동맹이 결성되었다. 1949년 4월에 소비에트 연방이 원자 폭탄을 실험하면서 핵무기 경쟁이 시작되었다. 미국은 더 이상 유일한 핵무기 보유국이 아니었다.

소련이 독일 베를린 내부에 점령지를 구축하면서 냉전 시대 최초의 대규모 충돌이 일어났다. 전후 처리 과정에서 서구 연합국은 베를린 서쪽을 점령했고 소련군이 동쪽을 점령했다. 1948년 6월에 소련군이 서베를린을 봉쇄하고 연합국에게 베를린을 포기하도록 종용했다. 연합국은 베를린 공수 작전으로 대응해 비행기로 서베를린 시민들에게 음식과 연료를 공수했다. 1949년 5월 소련의 포위가 해제되었다.

1950년대 – 공포의 균형

1950년대 초에 서방은 공산주의와 최초의 '본격적인 전쟁'을 벌였다. 1950년 6월 공산주의 국가인 북한이 남한을 침공했다. 2차 세계대전 이후에 세계 평화를 증진시키기 위해 조직된 기구인 국제 연합(UN)은, 남한을 돕기 위해 미국을 주축으로 하는 군대를 파견하기로 결의했다. 공산군은 결국 물러갔고 1953년 6월 휴전 협정이 맺어졌다.

1953년 3월에 스탈린이 사망하자 동서 관계가 약간 부드러워졌다. 새로운 소련 지도자 흐루시초프는 서방과의 '평화 공존'을 주장했다. 그가 이끈 '비(非)스탈린화 정책'은 결국 많은 동유럽 국가에게 소련의 지배에서 벗어나려는 움직임을 부추기는 결과를 초래했다. 1956년 폴란드에서 파업과 폭동이 발생하자 흐루시

연대표	
1946년 2월	윈스턴 처칠이 유럽을 가르는 철의 장막이 쳐졌다고 선언
1948–1949	베를린이 봉쇄됨
1949	나토가 설립되고 소련이 최초로 원폭 실험
1950–1953	한국전쟁이 일어남
1955	바르샤바 조약 체결
1956	소련군이 헝가리 혁명을 짓밟음
1961	베를린 장벽이 세워짐
1962년 10월	쿠바 미사일 위기 발생
1968	바르샤바 조약 군대가 '프라하의 봄'을 짓밟음
1979	소비에트 연방이 아프가니스탄을 침공
1989년 11월	베를린 장벽이 해체됨
1989년 12월	공식적으로 냉전 종식이 선포됨

초프는 그곳에서 일련의 자유 개혁을 추진하는 데 합의했다. 하지만 이후 헝가리에서도 유사한 반란이 일어나자 소련군은 그들을 무자비하게 짓밟았다.

1950년대 전체 기간에 걸쳐서 핵무기 경쟁이 계속되었다. 미국이 1952년에 최초로 수소 폭탄을 실험하자, 1955년에 소련 역시 수소 폭탄을 개발했다. 그로부터 2년 뒤에 소련은 대륙 간 탄도 미사일을 개발했다. 그로써 미국 도시에 대한 핵공격이 사실상 가능해졌다. 1958년에 이르러서 두 진영은 '공포의 균형'을 이루게 되었다.

1960년대 – 미국 · 소련의 긴장

냉전 시대의 긴장 완화는, 1960년 5월 소련이 미국 U-2 정찰기를 격추시키고 두 초강대국 간에 적대감이 급증하면서 끝이 났다. 한편 미국은 피델 카스트로 쿠바 정부와 소비에트 연방의 우호 관계가 갈수록 두터워지는 것을 우려했다. 1962년 10월 미국이 쿠바에 들어선 소련의 미사일 기지를 발견했다. 존 F. 케네디 대통령은 미사일 기지 철수를 요구하면서 쿠바 섬에 대한 해상 봉쇄를 감행했다. 쿠바 미사일 위기로 두 초강대국은 거의 전면전 직전까지 갔다. 1주일 동안 회담을 진행한 끝에 흐루시초프는 미국이 터키의 미사일 기지를 폐쇄하는 조건으로 쿠바에서 미사일 기지를 철수하기로 합의했다.

동유럽은 두 진영 사이에 긴장을 유발하는 중요한 지역이었다. 점점 더 많은 동독 사람이 베를린을 경유해 자유를 찾아서 서방으로 넘어가자, 동독의 공산주의자들은 1961년에 추가적인 이탈을 막기 위해 도시를 가르는 장벽을 세우기로 결정했다. 베를린 장벽은 공산주의 억압의 상징이 되었다. 1968년에 체코슬로바키아 정부가 민주주의 제도를 도입하자, 바르샤바 조약에 의거해 결성된 군대가 체코슬로바키아를 침공해서 서구식 자유를 꿈꾸던 그 지역 국민들의 희망을 짓밟아 버렸다.

1960년대 전체 기간 동안 미국은 더 깊이 베트남 전쟁에 휩쓸렸다. 미국은 남

베트남을 지원하고, 중국과 소련은 북 베
트남을 지원했다.

● 로널드 레이건과 미하일
고르바초프의 우호적인 관계
가 냉전을 끝내는 데 도움이
되었다.

1970년대와 1980년대

1970년대에 냉전은 재차 '데탕트'라고
알려진 긴장 완화 기간으로 돌입했다. 미
국과 소련의 지도자는, 막대한 비용이 들
고 안정을 해치는 핵무기 경쟁을 중단하는 무기 제한 협상을 체결했다. 하지만
1979년 소련이 아프가니스탄을 침공하면서 긴장 완화의 시대는 실질적인 막을
내렸다. 1980년대 초 미국은 대량으로 핵무기를 생산하는 데 주력했다.

소련의 정책은 1980년대 중반에 미하일 고르바초프가 권력을 계승하면서 극적
인 변화를 맞이했다. 고르바초프는 경제적으로 쇠퇴하고 있는 소련이 미국과 더
이상 무기 경쟁을 벌일 수 없다고 생각하고, 미국 대통령 로널드 레이건과 합의를
통해 핵무기를 대폭 축소하기로 했다. 더 많은 자유를 인정하고 소련 사회를 개방
하고자 하는 고르바초프의 정책은 곧 동유럽 전체에 영향을 미쳤다.

1989년 후반 들어서 국경 통제가 느슨해졌고 동유럽과 서유럽 사이에 자유로
운 왕래가 가능해졌다. 베를린에서는 동독이 저주스런 벽을 허물기 시작했다. 동
유럽 전역에서 공산주의 정부가 급속히 무너졌다. 그 해 12월에 고르바초프와 미
국 대통령 조지 부시가 공식적으로 냉전의 종식을 선언했다.

미국과 캐나다

2차 세계대전 이후에 미국은 유례없는 경제 성장과 대대적인 인구 증가를 경험했다. 호경기와 기술 발전은 미국인들의 삶에 변화를 가져왔다. 새롭게 건설된 도시 근교로 수백만 명이 이주했으며 텔레비전을 시청하고 자동 식기 세척기를 사용했다. 자동차를 소유한 사람이 급격히 늘어났고 그에 따라 도로망도 확대되었다. 그리고 이들 자가 운전자들이 이용할 수 있도록 도심 외곽에는 쇼핑몰과 모텔, 패스트푸드 레스토랑, 주유소 등이 들어섰다. 하지만 모두가 호경기의 덕을 보지는 못했다. 대다수의 아프리카계 미국인을 포함한 수백만 명은 여전히 빈곤한 삶을 이어갔다.

● 1991년 1차 걸프 전쟁에서 F-14A 톰캣 전투기가 순찰 임무 수행 중에 연료를 급유하고 있다.

매카시즘(극단적 반공 운동)

세계 여러 지역에서 공산주의가 번져나가자 1950년대에 미국에서는 불안이 증폭되었다. 상원의원 조지프 매카시는 공산주의자가 미국 정부는 물론이고 영화 산업과 그 외에도 미국의 여러 분야에 잠입해 있다는 거의 터무니없는 주장을 펼치면서 이 불안감을 이용했다. 1950년에서 1954년 사이에 매카시와 그 동료들은 수없이 많은 강연회를 열었다. 그리고 그 강연회에서 공산주의자로 의심되는 사람들을 자백하도록 부추기고, 다른 관련자의 이름을 대도록 강요했다. 대다수 사람들은 매카시의 캠페인을 마녀사냥으로 간주했다.

시민권 운동

1865년에 노예 제도가 폐지된 이후에도 아프리카계 미국인은 직장에서 일을 하거나 집을 구할 때, 학교에서 공부하거나 대중교통을 이용할 때, 그 밖에도 많은 경우에 계속해서 인종 차별을 겪었다. 2차 세계대전이 끝나고 흑인의 시민권을 확대하려는 움직임이 가속화되었다. 이 운동은 1954년에 대법원에서 학교 내 인종 차별이 위법이라고 판결하면서 의미 있는 승리를 거두었다. 1960년대 초부터는 카리스마 넘치는 침례교 목사 마틴 루터 킹이 이 운동을 지휘했으며, 1963년 '워싱턴 행진'을 포함해 수많은 시위를 벌였다. 이 운동의 취지에 공감한 린든 존슨 대통령은 1965년부터 1968년까지 일련의 법령을 통과시켜 미국에서 인종에 따른 차별을 없앴다.

● 마틴 루터 킹 목사는 1960년대 초반에 시민의 권리를 찾기 위한 운동을 지휘했고, 그가 암살되자 미국 전역의 여러 도시에서 폭동이 일어났다.

베트남 전쟁

존슨 대통령은 또한 공산당인 베트콩과 싸우는 월남군을 지원하면서, 베트남전에서 미국의 군사 개입을 확대한 주역이었다. 대부분의 미국인이 처음에는 이 전쟁을 지지했다. 하지만 텔레비전에서 방송되는 끔찍한 장면과 꾸준히 증가하는 미군 전사자로 인해 국민들 태도가 돌변했다. 1960년대 후반이 되자 미국은 베트남전에 개입할 권리가 없다는 목소리가 커졌다. 미국 전역에서 학생을 주축으로 하는 시위대가 반전 시위를 벌였다. 존슨의 뒤를 이어 리처드 닉슨이 대통령이 되면서, 미국은 1973년에 마침내 베트남전에서 손을 뗐다.

워터게이트 사건

닉슨 대통령은 잔여 임기에 결정적인 영향을 미친 중대한 정치 스캔들에 휘말렸다. 1972년에 그의 재선 위원회 소속 참모들이 워싱턴 DC에 있는 민주당 정치본부 건물에 불법 침입했다. 그리고 닉슨이 다른 불법적인 행위를 비롯해 이 불법 침입을 은폐하려고 한 증거가 드러났다. 닉슨은 탄핵을 피하기 위해 1974년 대통령직을 사임했고, 임기를 채우지 못하고 사임한 최초의 대통령이 되었다.

뉴라이트 운동

1970년대 후반에 미국은 경기 침체와, 특히 이란에서 14개월간 지속된 미국인 인질 사건을 비롯해 일련의 외교 정책에서 실패를 겪었다. 많은 미국인이, 소수 집단과 여성의 권리를 확대하고 낙태를 합법화하는 것처럼 1960년대 이후로 정부가 추진해온 진보적인 정책에 불만을 느꼈다. 그로 인해 보수적인 복음주의 기독교인을 포함한 다양한 우익 단체들이 연합해서 신우파(뉴라이트) 운동 기구를 조직했다. 신우파의 지지를 등에 업은 로널드 레이건이 1980년에 대통령으로 당선되었다. 레이건은 세금을 낮추고 정부 기능을 축소했으며, 기업가의 이익을 확대해 기업을 활성화시켰고 미국의 군사력을 확대했다.

● 프랑스 대통령 샤를 드골이 1967년 7월 24일 몬트리올 연설에서 퀘벡 지방의 독립을 지지하고 있다.

캐나다

미국과 마찬가지로 캐나다 역시 전후에 경제적인 호황을 누렸다. 연속적으로 집권한 자유주의 정부가 전반적인 사회복지를 비롯해 빈민과 병약자, 노인들에 대한 원조를 확충했다. 1934년에 식민지로 전락했던 뉴펀들랜드가 1949년에 캐나다로 다시 귀속되었다. 1960년대에 퀘벡 민족주의자들이 퀘벡 지역을 독립시키려는 운동을 시작했다. 1982년에 피에르 트뤼도(1968-1979, 1980-1984) 총리는, 원래 영국이 만든 캐나다 헌법에 대한 개정권을 캐나다로 '이양' 하기 위한 교섭을 벌였다. 하지만 이것은 특별 지위를 요구하는 퀘벡에 의해 거부되었다. 1987년에 퀘벡은 특별 지위를 인정받지만 그로 인해 다른 지방의 반감을 샀다. 퀘벡 시민들은 1994년 국민 투표를 통해서 퀘벡을 캐나다에 존속시키기로 결정했다. 1999년에 캐나다는 새로운 영토인 누나부트를 얻게 되었다. 누나부트는 노스웨스트테리토리스로부터 분리되어 캐나다의 준주가 되었으며, 이 지역의 다수 인종인 이누이트족은 보다 많은 자치권을 갖게 되었다.

냉전 이후의 미국

1991년 소비에트 연방이 해체되자 미국은 가장 강력한 군사력과 경제력을 지닌 최대 강국이 되었다. 그리고 1991년 1차 걸프 전쟁에서 이라크의 팽창주의를 막아내고, 1992년~1995년과 1999년에 발칸 반도에서 민족 갈등으로 빚어진 세르비아의 침공을 저지하기 위해 영향력을 행사했다.

9 · 11 테러

2001년 9월 11일에 미국은 역사상 최악의 테러 공격(298쪽 참조)을 당했다. 납치된 3대의 비행기가 계획적으로 뉴욕에 있는 세계 무역 센터와 워싱턴 DC 근처에 있는 펜타곤 빌딩을 들이받았다. 이 테러로 인해 대략 3,000명이 목숨을 잃었다. 이 공격으로 미국의 외교 정책에 변화가 생겼다. 조지 W. 부시가 '테러와의 전쟁'을 선포했다. 곧바로 미국은 국제 연합군을 이끌고 정부 차원에서 해당 테러분자를 숨겨준 아프가니스탄을 공격했다. 미국 국회는 애국자 법을 통과시켜 경찰력을 대대적으로 확대했다. 하지만 이러한 조치는 미국인의 시민권을 제한했기 때문에 비판의 목소리도 많았다. 미국은 테러와의 전쟁을 정당화하고자 연합군과 함께 2003년에 이라크를 침공했고, 많은 미국인이 이에 반대했다. 이라크 침공이 가져온 끔찍한 상황과 혼란으로 그리고 저항 세력과의 계속된 전투로, 많은 미군 전사자가 발생하면서 미군의 현지 주둔에 반대하는 여론이 거세졌다.

소비에트 연방과 전후 러시아

1945~2007

A SHORT HISTORY OF THE WORLD

2차 세계대전으로 대략 2천7백만 명의 소련 군인과 시민이 목숨을 잃었다. 소비에트 연방은 나치의 집중적인 공격을 받고 수많은 도시가 황폐화 되었다. 이에 스탈린은 동유럽과 일본이 과거에 점령했던 만주 지역에 군대를 파견해, 향후 있을지 모르는 침략에 대비해서 소련의 방비를 강화하고자 했다. 소련군은 만주에서 금방 철수했지만 동유럽에는 소련식 위성국가들이 만들어졌다. 냉전이 시작되면서 서유럽과의 모든 접촉이 강제로 금지되었다. 소련 경제는 새로운 5개년 계획을 바탕으로 급속히 재건되었고, 소비재 산업보다는 중공업을 확대하는 데 집중했다. 스탈린이 1953년에 사망하자 집단 지도 체제가 그 뒤를 이었다.

흐루시초프

오랜 권력 투쟁 끝에 니키타 흐루시초프가 소비에트 연방의 새로운 지도자로 등장했다. 1956년에 흐루시초프는 공개적으로 스탈린을 비난했고, 이전 독재자의 초상화와 동상을 제거하면서 비(非)스탈린화로 알려진 프로그램을 추진했다. 임의로 시민을 체포하는 행위를 금지하고 언론에 물렸던 재갈을 풀어주었다. 그렇지만 이런 조치들을 절대로 법제화하지는 않았다. 파괴적인 전쟁을 치르지 않고도 공산주의 체제가 결국은 승리할 거라는 믿음을 바탕으로, '평화 공존' 정책을 펴

● 농부와 철강 노동자의 역할을 찬양하는 1968년경 소련에서 만들어진 포스터

서 서방 세계와 관계를 개선했다. 흐루시초프는 적극
적인 우주 계획에 착수했고 1957년에 최초의 인공위
성인 스푸트니크 1호가 소련에서 발사되었다. 곧이어
1961년에는 최초의 우주비행사 유리 가가린을 쏘아
올렸다. 하지만 난폭하고 변덕스러운 지휘 스타일과
잇단 정책 실패로 흐루시초프에게 비판이 쏟아졌다.
여기에는 중국과의 영구적인 결별과 쿠바에서 있었던
미사일 위기, 농업 생산량이 감소하면서 소련이 서방
세계로부터 곡식을 수입하게 된 것도 큰 몫을 차지했

● 첨예한 이념 대립에서 벗
어나 서방과의 평화적 공존
을 모색했던 레오니트 브레
즈네프

다. 1964년에 그는 레오니트 브레즈네프와 알렉세이 코시긴이 가담한 3자 연합
에 의해 축출되었다.

브레즈네프

브레즈네프는 코시긴의 희생 위에 차츰차츰 세력을 쌓아갔고, 1970년대 중반에

● 아프가니스탄에서 철수하는
소비에트 군대(1988년)

마침내 1인자로 부상했다. 분열되고 혼란스러운 흐루시초프의 시대가 막을 내리자, 브레즈네프는 급진적인 변화를 지양하고 신중하게 사회 전반적인 안정을 지속적으로 유지하는 방안을 모색했다. 그러나 그 결과는 조직과 정책, 사고방식의 정체로 나타났다.

소련 경제가 계속해서 쇠퇴하자 브레즈네프는 서방과 교류(데탕트)를 강화했다. 주된 이유는 서방 세계로부터 식량과 과학 기술을 들여오기 위해서였다. 하지만 물품과 함께 자연스럽게 따라 들어온 서방 세계의 사고방식은 소련 정부의 인권 침해에 저항하도록 지식 계급을 부추겼다. 따라서 많은 사람들이 무모한 행동을 벌여 투옥되기도 했다. 1979년 후반에 소비에트 연방은 비틀거리는 공산당 정부를 지원하기 위해 아프가니스탄으로 군대를 파견했고 그로 인해 세계적인 지탄을 받았다.

고르바초프

● 개혁과 개방을 추진했던
미하일 고르바초프

브레즈네프가 1982년 사망하자 두 명의 연로한 보수 인물, 유리 안드로포프와 콘스탄틴 체르넨코가 차례로 소비에트 연방을 이끌었고, 1985년에 상대적으로 젊고 개혁적인 지도자 미하일 고르바초프가 권력을 이어받았다. 고르바초프는 '페레스트로이카'(개혁)를 추진하고 경제 성장을 촉진하기 위해 사기업을 합법화했다. 하지만 이 정책은 정부가 주도하는 경제를 대체하지 못했고, 오히려 방해만 하는 꼴이 되었으며, 그로 인해 공급 부족과 인플레이션, 파업 등을 조장하면서 경제 문제를 더욱 악화시켰다. 고르바초프의 가장 극적인 개혁은 '글라스노스트'(개방)였다. 이 개혁으로 언론과 예술에서 표현의 자유가 허락되었다.

소련 공산당이 자신의 정책을 반대하고 나서자, 고르바초프는 1990년에 비(非)공산주의 정당의 설립을 허가해서 소련 공산당이 가진 권력을 축소시켰다. 하지만 애초에 고르바초프가 시작한 이 개혁은 점점 그가 통제할 수 있는 범위를 벗어났다. 소비에트 연방에 속한 일부 공화국이 분리 운동을 벌이며 독립을 요구했다. 고르바초프는 그들에게 약간의 자치권만 인정하려 했지만 소비에트 연방이 해체되는 것을 막을 수 없었다. 1991년 12월에 15개 연방 공화국 지도자들이 모여 새로운 느슨한 국가연합체인 '독립국가연합'(CIS)을 수립하는 데 동의했다.

옐친

러시아는 독립국가연합에서 단연 가장 크고 강력한 국가를 유지했다. 보리스 옐친 대통령의 집권 하에 자유 시장 개혁이 추진되면서 물가 통제가 사라졌고 사기업이 늘어났다. 물가가 폭등하고 일부 소수의 부유한 계층(독점 재벌)이 대규모 러시아 기업들을 장악하면서, 많은 러시아인이 가난에 허덕였다. 옐친은 국가 회의에서 점점 더 많은 반대에 부딪혔다. 경제 혼란과 늘어나는 조직 범죄로 인해 많은 사람들이 소비에트 시절로 돌아가기를 갈망했다. 그 결과 1995년 국회 선거에서 공산당이 다수당이 되었다. 여기에 더해서 이미 1994년에 러시아는 남서부 지역에 위치한 체첸에서 분리를 요구하는 군대에 맞서 잔혹한 전쟁에 휘말려 있었다. 1999년 러시아가 체첸에 대한 전면적인 공격을 가하자 국제적인 비난이 일었다. 그 해 12월에 옐친이 사임하고 수상이던 블라디미르 푸틴이 대통령 자리를 계승했다.

● 1991년 러시아 역사상 최초의 민선 대통령으로 선출되어 격동기의 러시아를 이끌었던 보리스 옐친

● 1999년에 옐친이 퇴임하자 푸틴은 러시아 연방의 임시 대통령이 되었다가 2000년 선거를 통해 정식 대통령이 되었다.

푸틴

푸틴은 2000년 3월에 대중의 지지를 얻고 대통령이 되었다. 그가 집권하면서 러시아 경제는 급격히 성장했고 범죄율이 떨어졌으며 체첸에 대한 지배권도 되찾았다. 이러한 공로를 인정받아 푸틴이 2004년에 재당선되었다. 일각에서는 그가 인기를 유지하기 위해 언론을 단단히 틀어쥐고 있으며, 2003년 들어서는 더 한층 독재적인 정부로 변했다고 주장했다. 푸틴은 러시아의 강력한 독점 재벌들과 마찰을 일으켰다. 그는 유코스 오일 회장인 미하일 호도로코프스키를 탈세 혐의로 투옥시켰는데, 미하일 회장이 정치적 위협을 가했기 때문이라는 이야기도 있었다. 러시아에서는 헌법상 1회에 한해서만 대통령직을 연임할 수 있기 때문에, 푸틴은 2008년에 드미트리 메드베데프에게 대통령직을 물려주고 총리직을 맡았다.

연대표	
1953	스탈린 사망
1956	흐루시초프가 20차 소련 공산당대회에서 '비밀 연설'을 통해 스탈린을 비난
1964	흐루시초프 면직
1977	브레즈네프가 서기장이 됨
1979	소비에트 연방이 아프가니스탄을 침공
1982	브레즈네프 사망
1985	고르바초프가 소련의 지도자가 됨
1986	체르노빌 원자력 발전소 폭발
1989	소비에트 연방이 아프가니스탄에서 철수 완료
1991	보수 세력의 쿠데타 시도가 있고 나서 고르바초프가 퇴임. 소비에트 연방 해체
1994-2006	러시아와 체첸이 전쟁을 벌임
2000	푸틴이 러시아 대통령으로 당선됨
2004	베슬란 학교 인질 사태로 학생 186명을 포함해 334명의 시민이 사망

유럽

A SHORT HISTORY OF THE WORLD

약 4천만 명에 달하는 유럽인이 2차 세계대전으로 사망했고 수없이 많은 사람들이 도탄에 빠졌다. 오랜 세월 세계사를 좌지우지한 유럽의 지배력이 이제 사라지고, 미국과 소비에트 연방이 그 자리를 대신했다. 소련의 지원을 받는 독재자들이 동유럽에서 권력을 장악하자, 가난한 서유럽 국가는 미국에게 경제 원조와 군사 보호를 요청했다. 이에 따라 1949년에 군사 동맹인 북대서양조약기구(NATO)가 설립되었고, 소련이 서유럽 국가를 공격하는 경우 미국이 전쟁에 개입하는 것이 명문화 되었다.

미국 정부는, 유럽에서 소비에트 연방의 추가적인 확장을 막는 최선책은 서유럽을 경제적으로 부강하게 만드는 것이라고 생각했다. 이를 위해서 1948년에 유럽 부흥계획 또는 마셜 플랜이라고 불린 대대적인 원조 계획이 마련되었다. 1950년대 초에 이르자 서유럽 경제가 전쟁 이전보다 더욱 활성화 되었다.

● 유럽 연합 국기에 있는 12개의 황금별로 이루어진 원은 회원국 국민들의 조화와 단결을 상징한다.

동유럽과 소련의 갈등

1948년이 되자 유럽은 완전히 독립된 대륙이 되었다. 소비에트 연방이 공산주의 체제를 유지하는 동유럽에게 민주주의를 표방하는 서유럽과 어떠한 교류나 여행, 무역도 금지했기 때문이다. 동유럽 국가는 마셜 플랜에 따른 원조를 받을 수 없었다. 대신 소비에트 연방은 동유럽권에서 무역과 경제 협력을 증진시키기 위해 코메콘이라고 불리는 경제 기구를 설립했다.

동유럽 국가들은 종종 소비에트 연방 정부에 저항하기도 했다. 요시프 티토(재임 1945-1980) 대통령이 이끄는 유고슬라비아는 1948년에 공산주의 체제는 유지하되 소비에트 연방으로부터 독립을 선언했다. 1953년에는 동독에서 반란이 일어났고 1956년에는 헝가리 국민들이 보다 많은 자유를 요구하고 나섰지만, 소련의 군사력 앞에 모두 무릎을 꿇었다. 1968년에는 체코 정부가 자유 개혁을 시도했지만, 재차 소비에트 연방과 그 동맹국들이 이 시도를 무참히 짓밟았다.

서유럽의 경제적 통합

2차 세계대전으로 인해 황폐해진 많은 서유럽 국가의 지도자들은 향후에 평화를 확립하려면 국가 간에 대규모 경제 협력이 필요하다는 확신을 갖게 되었다. 또한 무역 블록이 유럽의 경제적 독립을 가져다주고, 유럽이 성공적으로 미국이나 코메콘과 경쟁할 수 있도록 도와줄 거라고 믿었다. 1951년에 북해 연안의 저지대 지역과 프랑스, 서독, 이탈리아에서 석탄과 철강 산업을 통합시키기 위한 유럽 석탄 철강 공동체가 결성되었다. 1957년에 동일한 6개국이 유럽 경제 공동체(EEC)를 결성해서 공산품과 서비스, 근로자, 금융 분야에서 단일 시장을 형성했다. 일부에서는 이것을 이들 나라 간에 밀접한 정치적 동맹이 시작된 것으로 간주했다.

유럽 경제 공동체는 점차적으로 회원국을 늘려갔다. 영국과 덴마크, 아일랜드가 1973년에 합류했고 이어서 그리스(1981년), 포르투갈과 스페인(1986년)이 합류했다. 1992년에 유럽 경제 공동체가 유럽 연합(EU)으로 이름을 바꾸었다. 그리고 회원국의 협력 범위가 국방, 법과 질서, 입국 절차를 포함한 다른 영역에까지 확대되었다. 유럽 중앙 은행이 설립되었고 1999년에 몇몇 EU 국가들이 단일 통화인 유로를 채택했다. 하지만 전에 없이 밀접한 정치적 동맹을 유지하려는 개념은 지금까지도 찬반이 분분하다. 점점 늘어나는 EU의 정치 권력이 국가 주권을 위협할 수도 있다고 생각하는 유럽인들이 많기 때문이다.

냉전 이후의 유럽

1989년 후반에 고르바초프는 동유럽에 대한 소련의 지배를 단념했다. 동유럽과 서유럽 사이의 국경이 다시 열렸다. 베를린 장벽이 무너지고 공산주의 독재자들이 무너졌으며, 그들이 무너진 곳에서는 자유 선거가 행해졌다. 동유럽 국가들은 서유럽의 자유 시장뿐 아니라 권리와 자유까지 공유할 수 있었다. 1990년에 동독과 서독이 통일되었다. 체코슬로바키아는 평화적인 방식으로 민족 구성에 맞게 체코 공화국과 슬로바키아로 나뉘었다.

● 1989년에 동독 정부가 서독 방문을 허가한다고 발표하자 한 젊은이가 베를린 장벽 위에서 환호하고 있다.

　유고슬로비아 역시 분리되었지만 오랜 기간 잔혹한 내전을 치른 후에야 가능했다. 공산주의 아래에서 억압되었던 서로 다른 민족 간 대립에 불이 붙었던 것이다. 유고슬라비아의 6개 연방 공화국 가운데 보스니아와 크로아티아를 포함한 4 나라가 독립을 선언했다. 남은 연방 공화국 중 하나인 세르비아가 보스니아와 크로아티아 지역을 장악하기 위해 전쟁을 벌였다. 보스니아와 크로아티아에 세르비아인이 거주하고 있었기 때문이다. 세르비아 군대는 '인종 청소' 라고 알려진 정책을 통해 그들이 지배하고자 하는 영토에서 이민족을 몰아냈다. 세르비아에 대한 나토의 압력으로 1995년 보스니아와 크로아티아에 마침내 평화가 찾아왔다. 하지만 1998년에 코소보에 있는 세르비아인 거주 지역에서 갈등이 재발했다. 세르비아 군대가 재차 대대적인 인종 청소를 벌였고 나토의 공중 폭격으로 겨우 중단되었다.

유럽의 팽창

공산주의와 코메콘이 붕괴하자 많은 동유럽 국가들이 EU에 가입하기를 원했다. 2007년까지 EU 회원국은 27개 나라로 늘어났고 세계에서 가장 큰 단일 시장을 형성했다. 소련의 위협이 사라지자 일부 유럽인들이 미국의 압도적인 군사력에 대해 우려를 나타내기 시작했다. 이러한 걱정은 2003년 미국이 주도한 이라크 침공으로 더욱 심화되었다. 당시 미국은 많은 유럽 국가들의 반대를 무릅쓰고 작전을 감행했다. 이를 계기로 나토를 독립적인 유럽 군사력으로 대체하자는 목소리가 커졌다. 1990년대 이후로 개발도상국으로부터 꾸준히 유입되면서 늘어나고 있는 이민자 또한 유럽의 또 다른 문제가 되었다. 이 문제에 대해서 일부 유럽인은 대대적이고 무절제한 이민 정책이 궁극적으로 유럽의 가치와 전통, 문화를 위협할 수 있다고 우려했다.

연대표	
1948	마셜 플랜으로 서유럽에 대한 원조가 이루어짐
1949	나토 창설
1955	연합군이 서독과 오스트리아에서 물러남
1957	로마 조약으로 유럽 경제 공동체 설립
1966	프랑스가 나토에서 탈퇴
1968	파리에서 학생 시위가 일어남. 사회적 불안이 서독과 영국에도 전파
1974	터키가 키프로스 북부를 침공
1977	스페인은 1975년 프랑코가 사망하자 전후 최초로 선거를 실시
1989-1990	동유럽에서 공산주의 정권의 몰락
1992	마스트리히트 조약으로 EU 단일 시장이 만들어짐
1992-1995	보스니아 전쟁
1998-1999	코소보 전쟁
2003	영국 군대가 미국이 주도하는 이라크 침공에 가담
	프랑스와 독일이 적극적으로 침공에 반대
2007	북아일랜드에서 영국 통일주의자들과 아일랜드 민족주의자들이 권력 분담 협정을 맺음

중화인민공화국

A SHORT HISTORY OF THE WORLD

1949~2007

마오쩌둥이 이끄는 중국공산당은 집권 후 처음 몇 년 동안 중국을 장악하는 데 전념했다. 중국 서부에 있는 티베트와 신장 지구 같이 과거에 잃어버린 영토에 대한 소유권을 주장했다. 중국군은 남한과 UN군을 상대로 전쟁(1950-1953)을 벌인 북한의 공산 정권을 지원하고, 인도차이나에서 프랑스를 상대로 투쟁을 벌인 공산주의 반군(1946-1954)을 원조했다. 중국공산당은 자국 내에서 국민당 잔여 세력이나 외국 사업체, 선교 단체 등 정권 유지에 위협이 될 수 있는 기득권 세력은 모두 공격을 가거나 추방했다. 공산당 정부는 개인 소유의 농장을 몰수해서 농부들에게 재분배했다. 수천 명의 지주들이 앙심을 품은 폭도들에 의해 목숨을 잃었다. 최초 5개년 계획(1953-1958)을 통해서 대기업은 국영 기업으로 바뀌고 농부들이 소유하던 사유지는 강제로 대규모 협동농장에 귀속되었다. 농장의 수확량은 아주 조금씩 늘어났지만 중공업은 급속한 성장을 이어갔다.

1956년에 마오쩌둥(모택동)은 혁명에 대한 열의가 단순한 권위주의로 변질되었다고 우려를 표시하고, 중국인 지식층에게 '백송이 꽃을 피워라'라는 표어 아래 당에 비판을 가하도록 부추겼다. 이 정책은 정치적인 덫이 분명했다. 이듬해에 마오쩌둥은 반(反)우익 운동을 시작했고, 이 운동으로 대략 50만 명에 달하는 지식인들이 직업을 잃거나 투옥되었는데, 대부분은 그들이 중국 공산당에 가했던 비판 때문이었다.

재앙으로 끝난 대약진 운동

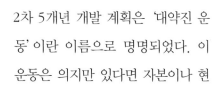

2차 5개년 개발 계획은 '대약진 운동'이란 이름으로 명명되었다. 이 운동은 의지만 있다면 자본이나 현

● 이 사진은 '우리의 위대한 마오쩌둥 주석님 만세!'라는 표어와 함께 1967년에 제작된 포스터에 실린 사진이다.

대적 기술이 부족한 것은 얼마든지 극복할 수 있다는 마오쩌둥의 믿음을 바탕으로 계획되었다. 계획대로만 된다면 중국이 농업과 산업 분야에서 동시에 급속한 발전을 이룰 터였다. 마오쩌둥은 15년 안에 중국의 공업 생산량이 영국을 능가할 거라고 예측했다. 마을 뒤뜰에 있는 화덕에서도 강철이 생산되었고, 노동자들은 더 오랜 시간 노동에 동원되었으며, 협동농장은 효율성을 높이기 위해 거대한 생활 공동체로 탈바꿈했다. 그러나 대약진 운동은 계획도 허술하고 진행도 미숙했던, 한마디로 재앙이었다. 1959년부터 1962년 사이에 공업 생산량이 반감되었다. 노동자들을 먹여 살리기 위해 농촌에서 곡물이 강제로 징발되면서 기근이 발생했고 그로 인해 2천만 명 이상이 목숨을 잃었다. 1962년이 되자 중국 정부는 하는 수 없이 대약진 운동을 포기해야만 했다.

소련과의 절교

소비에트 연방은 중화인민공화국이 설립된 이래로 계속 중국의 우방이자 지원자였다. 하지만 1960년대 초에 이르면서 이 관계에 먹구름이 덮였다. 1956년에 중국은 소련이 내세운 서방과의 '평화 공존' 정책을 공산주의 이념에 대한 배신이라고 비난했다. 1960년에는 소비에트 연방이 중국에 대한 원조를 중단했다. 소비에트 연방이 1963년에 미국과 핵실험 금지 조약에 서명하자 중국은 소비에트 연방과 국교 단절을 선언했다.

문화대혁명의 비극

대약진 운동이 끔찍한 실패로 끝나자 마오쩌둥은 지도자 자리에서 물러났지만 계속해서 중국공산당 위원장의 지위를 유지했다. 류사오치와 덩샤오핑(등소평)이 중국의 새로운 지도자가 되었다. 두 사람은 모두 중국 경제를 재건하기 위해서 온건하고 실용적인 정책을 추구했다. 1966년에 마오쩌둥이 '프롤레타리아 문화 대혁명'을 일으켜서 재집권을 노렸다. 이 혁명은 혁명에 대한 열정을 되찾고 공산당에 침투한 '자유주의 부르주아' 요소를 정화해야 한다고 주장한 운동이었다.

● 천안문 광장에서 벌어진 학생 저항 운동은 인민 해방군이 군중을 향해 발포하고 시위대가 설치한 장애물을 제거하기 위해 탱크를 투입하면서 유혈사태로 끝났다.

마오쩌둥의 주장에 중국 각지에 있는 학생들이 자체적으로 홍위병이라고 불린 군대를 조직하고, 지식 계급과 대학 교수, 교사, 언론인, 관료, 공장 관리자, 당국자 등을 공격하기 시작했다. 기본적으로 혁명에 대한 열정이 부족하다고 생각되는 모든 기득권층이 공격의 대상이 되었다. 대학이 문을 닫았고 홍위병 군대에 노동자와 농부들이 가세하면서 폭력적인 시위가 급증했다. 고위 당국자들이 강제로 축출되었고 많은 사람이 투옥되거나 고문당했다. 1968년에 이르자 홍위병 내에 존재하던 파벌끼리 싸움을 벌이기 시작했고, 곳곳이 무법천지가 되었다. 군대가 투입되고 나서야 마침내 홍위병이 해체되었다. 그리고 1970년에 이르러 비로소 정부와 국가가 정상적인 기능을 회복할 수 있었다.

개방과 현대화

1970년대 초에 인민 공화국은 미국과 일본을 포함해 많은 선진국과 외교를 시작했고 UN에도 가입했다. 한편 1976년에 마오쩌둥이 사망하자 당 내의 급진파와 온건파 사이에 권력 다툼이 일어났다. 덩샤오핑이 이끄는 온건파가 승리를 거두면서 1978년부터 경제를 현대화하려는 일련의 조치가 시작되었다. 중국은 서방 세계와 문화적 상업적 교류를 확대했고 산업 발전을 위해서 외국으로부터 기술을 도입했다. 제한된 형태의 사기업이 등장했고 농업 공동체가 해체되었다. 이러한 일련의 개혁은 눈부신 경제 성장에 시동을 걸었고, 이 성장은 21세기에 들어서도 약화되지 않고 계속되었다.

하지만 소비에트 연방과 달리 중국공산당은 국가적으로 정치 이념에 대한 통제를 완화하지는 않았다. 1980년대 후반에 들어서자 전국의 학생들이 민주주의와 정부의 부패 근절을 요구하기 시작했다. 1989년에는 베이징 천안문 광장에서 민주주의를 요구하는 대대적인 시위가 일어났지만, 결국 무자비하게 진압되었다.

1990년대와 2000년대에 중국은 공산품 수출이 증가하면서 경이적인 경제 성장을 지속했고, 이 추세대로 2025년까지 간다면 아마도 세계에서 가장 큰 경제 대국이 될 전망이다.

연대표	
1956	'백송이 꽃을 피우기' 운동이 추진됨
1958-1962	대약진 운동이 진행됨
1966-1970	문화대혁명이 중국에 광범위한 대변동을 가져옴
1971	중국이 UN에 가입
1972	리처드 닉슨 대통령이 중국을 방문함으로써 정규 외교 관계를 위한 토대 마련
1976	마오쩌둥 사망
1989	중국군이 티베트에서 중국의 지배에 반대하는 폭동을 진압
1989	중국군이 천안문 광장에서 민주주의를 요구하는 시위대에게 발포
1997	임차 기간이 만료되어 영국이 홍콩을 중국에게 반환
1999	마카오가 포르투갈에서 중국으로 반환됨
2001	중국이 세계 무역 기구에 가입하고 우주 계획을 추진

한국과 일본

A SHORT HISTORY OF THE WORLD

1945년 9월에 일본이 2차 세계대전에서 항복하고, 미국 점령군이 일본을 장악했다. 미국 점령군은 일본에 근본적인 개혁을 단행해 군국주의 문화를 제거하고, 평화를 지향하는 민주주의 국가로 개조했다. 초기에 미국 행정부는 일본에서 공산당이 등장할 정도로 사회적 다원성을 장려했지만, 냉전이 시작되면서 우선 순위에 변화가 생겼다. 일본이 극동지방에서 미국의 강력한 우방 역할을 할 필요가 있었다. 경제 재건을 위해서 막대한 노력이 투입되었고 공산주의 운동이 제지를 당했다. 1952년이 되어서야 일본은 완전한 주권을 회복했다.

한국 전쟁

일본은 1945년 전쟁에 패망하면서 35년간 지속해온 한국 점령을 중단해야 했다. 미국과 소련은 북위 38도를 기준으로 한반도를 분할해 소련이 북한을, 미국이 남한을 점령했다. 북에서는 소련이 공산주의 지도자인 김일성의 집권을 지원했다. 한편 미국은 남한에서 민족주의자인 이승만을 지지했다.

1950년 6월 북한군은 남한을 침공해서 한반도를 공산주의 체제 아래 통일하고자 했다. 미국이 이끄는 UN군이 반격을 가했다. 남한을 위기에서 구하려는 목표는 곧 달성되었지만, 승리에 도취된 미군은 남한의 이승만 정권 아래 한반도를 통일하고자 했다. 그해 10월 남한의 승리가 목전에 있던 순간에 중국이 북한 편에서 전쟁에 가담해 미군을 퇴각시켰다. 1951년 가을에 전쟁은 교착 상태에 빠졌다. 1953년 7월에 휴전이 선언되었고 이전처럼 38도선 근처에 휴전선이 생겼다.

● 2차 세계대전 중에 남서태평양 전역 사령관이었고, 전후의 일본을 통치했으며, 6·25전쟁 초기의 9개월 동안 UN군 총사령관이었던 더글라스 맥아더 장군

● 북한 군사들이 2007년 4월 군대 열병식에서 김일성 초상화를 들고 행진하고 있다.

전후 관계

전후 수십 년 동안 남한과 북한은 적대 관계를 유지했고 국경 근처에서 잦은 충돌을 빚었다. 1991년에 두 나라는 마침내 서로를 국가로 인정하는 데 합의했고 무역 거래도 개시했다. 2000년에 양국 정상은 회담을 갖고, 국경 너머로의 여행과 고용 제한을 해제하며 더 밀접하게 협력하기로 합의했다.

연대표	
1945–1952	미국의 일본 점령
1948	남한 정부와 북한 정권이 수립
1950–1953	한국 전쟁
1958	북한이 집단 농장을 도입함
1968	일본이 세계 2대 경제 대국이 됨
1987	남한이 민주주의 헌법을 채택
1990	일본의 경제 거품이 빠지고 15년간 불경기를 맞음
1994	김일성 사망

북한

한국 전쟁이 끝나고 김일성은 소련을 모델로 해서 공산당 독재 정권을 수립했다. 김일성 정부는 교외에 대규모 집단 농장을 건설했다. 경제 발전은 중공업과 군사력에 집중되었고, 소비재 산업이 퇴화하면서 삶의 질이 악화되었다. 1994년에 김일성이 사망하고 아들 김정일이 승계했다. 1990년대 중반에는 심각한 식량난을 겪으면서 수십만 명이 목숨을 잃었다. 또한 이전에 합의된 협약을 무시하고 핵무기를 개발했으며 2002년에 공식적으로 핵무기 개발을 발표했다. 5년 뒤에 국제적인 압력이 거세지자, 북한은 해외 원조를 받는 대신 핵무기 계획을 폐지하기로 합의했다.

남한

한반도의 분단과 전쟁은 남한을 쇠약하게 만들었다. 이승만 정권이 1960년에 무너지고 박정희가 이끄는 군사 정권이 들어섰다. 경제가 급속히 회복되기 시작했지만 박정희 정권의 독재는 갈수록 심해졌다. 1979년에 박정희 대통령이 암살되자 새로운 정부는 독재체제를 완화했다. 1987년에 민주주의 헌법이 채택되어 모든 국민에게 서구식 참정권이 보장되었다.

● 남한에서는 박정희 장군이 1961년 5월 16일 군사 쿠데타를 일으켜 정권을 장악했다.

일본의 기적적인 경제 성장

● 도쿄의 시부야 지역은 쇼핑으로 인기가 높으며 패션과 쇼 분야에서 다양한 유행을 선도하는 곳이다.

대부분의 일본인은 전후 개혁을 열성적으로 지지했고 나라를 재건하기 위해 열심히 일했다. 1955년에 이르자 주요 기간산업이 전쟁 이전 수준까지 생산량을 회복했다. 그 다음부터는 일본 경제가 눈부신 속도로 발전하기 시작했다. 1955년부터 1973년 사이에 일본의 GDP(국내 총생산)는 평균적으로 매년 9퍼센트씩 성장했다. 당시 전 세계 어느 나라보다 빠른 속도였다. 1968년이 되자 일본은 세계에서 2번째 경제 대국이 되었다. 일본이 '기적적인 경제 성장'을 이룬 데에는 많은 이유가 있었다. 안정적이고 경제 지향적인 정부도 그 중에 하나였다. 보수 세력인 자유민주당, 줄여서 LDP가 1955년부터 1993년까지 집권했다. 또한 쟁의는 지양하면서 성실하고 고도로 숙련된 노동력의 발전을 강조하는 정책도 한 몫을 했다. 특히 자동차나 가정용 기계장치, 가전제품 같은 소비재에 대한 일본인의 끝없는 욕구도 중요한 역할을 했다.

급격한 성장은 대대적인 도시화와 그에 비례한 농촌 인력의 감소 같은 커다란 사회적 부작용을 수반했다. 특히 2000년대 들어서 농촌 인력은 겨우 5퍼센트 대를 유지했다. 일본의 지리적인 크기를 고려했을 때 이러한 변화는 도시에 인구 과밀화를 초래했다. 이 문제는 또한 환경오염과 지나치게 확장된 대중교통, 쓰레기 배출 같은 또 다른 문제를 불러왔다. 그럼에도 두텁고 부유한 중산층이 등장했고, 일본은 대부분의 다른 산업 국가들보다 여유 있는 삶을 누렸다.

경제 발전의 둔화

1970년대 초반에, 수출에 직접적인 타격을 준 엔화의 상승으로 오랫동안 지속된 호황이 끝났다. 경제 개혁을 통해 성장이 재개되었지만 이전에 비해서 속도가 둔화되었다. 1980년대 후반에는 수많은 사람들이 주식과 배당금으로 돈을 벌려고 하면서 일본에 광적인 투기 열풍이 불었다. 일본 기업은 해외로 눈을 돌려 동남아시아와 미국에 앞다퉈 투자했다. 1990년에 이러한 거품이 빠지면서 일본에 긴 불황을 예고했다.

● 세계 최초로 원자폭탄이 투하된 히로시마에서 세계의 평화를 기원하는 의미에서 조성된 히로시마 평화기념공원

　이 시기 일본은 동시에 정치적인 시련과도 직면해야 했다. 1980년대와 1990년대 초에 집권당인 자유민주당이 비리로 기소되어 권력에서 밀려났다. 일본은 오랜 정치적 안정 이후에 단명으로 그친 연합 정부들이 차례로 들어섰지만, 어떤 정부도 경제 문제를 해결하지 못하면서 격심한 파벌 싸움에 휩싸였다. 2005년에 일련의 개혁이 실시되고 마침내 일본 경제가 지속적인 회복세로 돌아서기 시작했다.

동남아시아

1914년까지는 태국이 동남아시아에서 서양의 지배를 받지 않는 유일한 국가였다. 하지만 동남아시아 전역에서 식민지 정권은 더 이상 안전하지 않았다. 이미 많은 나라에서 민족주의 운동이 시작된 것이다. 이후 수십 년 동안 2가지 중대한 사건이 전개되면서 서양이 지배하는 자치령의 운명이 바뀔 터였다. 첫째는 1941년부터 1945년까지 일본군의 동남아시아 점령이었고, 둘째는 자결권 획득을 위한 원주민들의 투쟁이었다.

● 1957년 9월 말레이시아 독립 행사에 참가한 말라야 연방의 왕자와 글로스터 공작의 아들 윌리엄 왕자

비(非)식민지화

1차 세계대전으로 식민지 보유국은 심각한 타격을 받았고, 더 이상 해외 식민지를 강력하게 지배할 여력이 없었다. 이를 계기로 식민지 국민들이 자국의 독립을 요구하는 운동을 벌이게 되었다. 영국은, 공개적으로는 여전히 제국에 대한 권리를 주장하면서도 비공개적으로는 아시아 자치령에 정권을 반환할 방법을 모색하기 시작했다.

1920년대 초에 버마인들은 이웃한 인도에서 일어난 민족주의 운동에 용기를 얻었다. 인도에서는 민족주의자들이 영국에게 주권 반환을 요구했고 제한적이긴 하지만 자치권을 인정받았다. 원래부터 식민지 건설에 큰 관심이 없던 미국은 필리핀에서 실질적인 비식민지화를 진행했고, 1935년에 향후 10년 안에 필리핀을 완전히 독립시키기로 약속했다. 1946년에 필리핀의 독립이 공식적으로 인정되었다. 다른 서구 열강은 그다지 식민지를 포기할 의사가 없었다. 1920년대와 1930년대에 프랑스령 인도차이나와 네덜란드령 동인도에서 민족주의와 공산주의 반란이 일어났지만, 식민지 정부에 의해 무자비하게 진압되었다.

1939년에 이들 지역을 일본이 점령하기 시작했다. 이들 지역이 순식간에 일본에게 넘어가면서, 서양 군대가 지니고 있던 우월성에 대한 신화가 산산이 부서졌다. 그리고 이것은 해당 지역에 일고 있던 민족주의 열풍에 기름을 붓는 계기가 되었다. 일본인 점령자들은 원주민에게 독립을 약속하면서 자결권에 대한 욕구를 이용했다. 1945년 일본이 항복하자, 식민지 열강들은 재차 해당 지역에 식민지 정권을 세우려고 했지만 강력한 저항에 직면했다.

영국은 평화적인 협상을 통해서 1948년 버마의 독립을 인정했다. 말라야 연방에서 철수하는 데는 좀 더 시간이 걸렸는데, 영국과 코먼웰스 군대가 공산당 게릴라와 지구전을 벌여야 했기 때문이다. 식민지 정권이 공산주의에 반대하는 민족주의자 세력에 권력을 넘겨준 1957년이 되어서야, 말라야 연방의 독립이 이루어

연대표	
1926-1927	네덜란드령 동인도에서 공산주의 반란이 일어남
1929	시암 왕국이 태국으로 국명을 변경
1941-1945	일본이 동남아시아를 점령
1946	필리핀의 독립이 인정됨
1948	버마의 독립
1956	네덜란드가 인도네시아에서 마지막으로 보유하고 있던 점령지를 잃음
1965	말라야와 북 보르네오, 사바와 사라와크, 싱가포르 등을 포함하는 말레이시아 연방이 수립됨
1976	인도네시아가 포르투갈령 동티모르를 합병
1986	필리핀에서 민주주의 운동가인 코라손 아키노가 독재자 페르디난드 마르코스로부터 정권을 넘겨받음
1988	군사 정부(SLORC, 국가법질서 회복위원회)가 버마에서 집권
2002	동티모르의 독립
2004	인도양에서 쓰나미가 남아시아와 동남아시아 연안 대부분 지역을 덮쳐서 대략 283,000명이 사망

졌다. 말라야 연방은 마침내 1960년에 공산주의자들을 척결할 수 있었다.

2차 세계대전이 끝나자 네덜란드령 동인도의 민족주의 지도자들은 인도네시아 공화국으로 이름을 바꾸고 일방적인 독립을 선포했다. 네덜란드는 예전 식민지를 다시 장악하기 위해 전쟁을 벌였지만 1949년 UN의 압력으로 철수했다. 이 지역에서 가장 길고 가장 끔찍한 전쟁은 프랑스령 인도차이나에서 발생했다.(276~279쪽 참조)

● 버마의 야당 지도자인 아웅 산 수치가 1989년 7월 7일 랑군에서 지지자들에게 연설을 하고 있다

경제 성장 붐

1960년대 중반부터 이후 30년간 대부분의 동남아시아가 괄목할 만한 경제 성장을 이루었다. 동아시아와 유럽, 미국의 다국적 기업들이 해당 지역에서 풍부하고 값싼 노동력을 이용하고자 했다. 그 결과 과거에는 농산물과 광물 수출로 유명했던 태국이나 말레이시아, 싱가포르, 인도네시아 같은 나라에 거대한 산업 거점이 들어섰고, 전자 제품이나 옷, 신발 등을 포함한 공산품 수출이 시작되었다. 인도

Tips of History

버마

캄보디아나 버마, 베트남, 라오스 같은 나라들은 식민지 독립 이후에 경제를 개혁하는 과정이 없었다. 버마의 경우에는 1948년에 독립한 순간부터 문제가 끊이질 않았다. 새롭게 설립된 정부는 공산주의자와 민족 분리 단체들이 일으킨 반란에 직면했다. 뒤이어 발생한 전쟁은 산발적으로 지속되다가, 네윈 장군이 이끄는 혁명당이 권력을 잡고 버마에서 민주주의를 종식시키는 1962년에 끝났다. 네윈 정권은 중앙계획경제를 실시하고 언론의 자유와 외국인의 투자를 금지하면서 사회주의 개혁을 추진했다. 1988년에 전국적으로 민주주의를 요구하는 시위가 일어났고 네윈이 물러났다. 뒤이어 설립된 정부를 전복시킨 군부는, 대신 국가법질서 회복위원회(SLORC)를 세웠다. SLORC는 저항 운동을 진압하고 민주주의 지도자인 아웅 산 수치를 체포했다. 1989년에는 나라 이름을 미얀마로 바꿨다. 그들은 일단 헌법이 통과되고 군부의 지도적인 역할이 승인되면 국민 투표를 실시하겠다고 약속했지만 결코 지키지 않았다. 아웅 산 수치는 1995년에 가택 연금에서 풀려났다가 2000년에 다시 체포되었다. 1997년에 SPDC(국가평화발전위원회)로 이름을 바꾼 국가법질서 회복위원회가 2007년까지 계속 집권했다.

네시아의 경우에는 대규모 원유와 천연가스 덕분에 조선이나 철강, 석유화학 같은 중공업 육성을 위한 재원을 마련할 수 있었다. 이 지역에서의 경제 성장은 급속한 도시화와 교외 지역의 인구 감소를 가져왔다. 수많은 사람들이 대도시에 있는 변두리 빈민가로 모여들었다.

경제 붐은 1997년에 갑작스럽게 끝이 났다. 이미 여러 해 전부터 정부는 지나치게 많은 차관을 들이면서 엄청난 적자를 보고 있었기 때문이다. 게다가 은행은 무분별한 운영으로 부실 채권이 늘어났고 지속적으로 막대한 손실을 입었다. 1997년 7월에는 인도네시아의 주요 통화에 대한 대대적인 투기가 행해졌고, 그로 인해 통화 가치가 하락했다. 주식 시장이 붕괴하고 은행과 기업이 문을 닫았다. 여기에 경기 침체까지 맞물리기 시작하면서 실업률이 치솟았다. 인도네시아의 경제 위기는 폭동으로 이어졌고, 30년간 집권해오던 수하르토 정권이 무너지기에 이르렀다.

인도차이나 전쟁

1954~1979

A SHORT HISTORY OF THE WORLD

프랑스령 인도차이나는, 1893년에 프랑스의 지배 아래 하나로 통일된 캄보디아와 라오스, 베트남으로 구성되었다. 이 지역은 1939년부터 1945년까지 일본에 점령당했다. 일본이 2차 세계대전에서 패망하자, 베트남에서는 호치민이 이끄는 민족주의와 공산주의 연합 단체인 베트민이 베트남 북부를 점령했다. 베트민은 하노이를 수도로 삼아 독립적인 베트남 민주 공화국(DRV)을 설립했다. 이 지역을 재차 장악하고자 결심한 프랑스가 베트남 남부를 점령했다. 1946년에 프랑스와 DRV 사이에서 1차 인도차이나 전쟁이 발발했다.

1차 인도차이나 전쟁

전쟁이 벌어진 최초 3년 동안은 무장이 보다 잘 갖춰진 프랑스 군대가 게릴라 전술을 사용하는 베트민에게 약간 우세를 유지했다. 지역민의 지원을 얻기 위해, 프랑스 군은 1949년에 남부에다 이전 대통령 바오 다이가 이끄는 독립적인 베트남 정부를 수립했다. 아시아에서 공산주의의 확산을 막고자했던 미국 정부가 프랑스를 지원했다. 반면 중국의 새로운 공산주의 정부가 베트민을 지원했다.

1954년에 베트민이 디엔비엔푸에 있는 프랑스 군 기지를 점령했다. 그러자 전쟁에 지친 프랑스가 베트남에서 철수하기로 합의했다. 제네바에서 열린 평화회의에서, 이듬해인 1956년에 선거를 실시한 다음 베트남을 통일시키기로 합의되었다. 하지만 남베트남의 새로운 지도자인 고 딘 디엠은 공산주의 체제인 북쪽에서 자유로운 투표가 불가능하다고 주장하면서 선거를 거부했다. 미국이 디엠의 주장을 지지하고 나섰다. 미국은 가장 현실적인 대안으로 공산주의 정권 아래 베트남을 통일시키기 보다는 차라리 남쪽에 독립적으로 비(非)공산주의 정부를 수립하는 쪽을 택했다.

● 호치민의 지휘 아래 공산주의를 표방하는 북베트남이 남베트남을 합병하는 데 성공했다.

2차 인도차이나 전쟁의 시작

사이공을 거점으로 하는 디엠 정부는 대중적인 지지를 받지 못했다. 특히 교외에 거주하는 사람들을 비롯한 많은 국민들이 그들을 미국의 괴뢰 정권으로 규정하고 반대했다. 지방에서 베트콩이라고 불리는 조직적인 저항 운동이 일어났고 DRV가 그들을 지원했다. 1959년에 베트콩과 남베트남 군대(ARVN)가 전면전을 벌였다. 미국 정부는 디엠 정권을 유지하기 위해 군사 고문과 자금을 지원했다. 하지만 디엠 정권은 점점 더 쇠약해졌고, 특히 디엠이 1963년에 군사 쿠데타로 암살당하고 나자 상황은 더욱 악화되었다.

미국의 전쟁 개입

1964년에 미국의 린든 존슨 행정부는 직접적인 전쟁 개입을 피하기 위해 미국 전함에서 통킹 만을 공격했다. 미국 폭격기가 북베트남을 폭격하기 시작했고 1965년에는 최초의 미국 전투 부대가 남베트남에 실전 배치되어 베트콩 군대를 공격했다. 미국의 화력이 압도적으로 우월했기 때문에 DRV와 베트콩은 전면전을 피하고 매복 기습이나 폭발물 공격을 가하는 등 게릴라 전술을 사용했다. 미 공군의 장기간에 걸친 집중적인 폭격도 북베트남의 사기를 꺾지 못했다. DRV와 베트콩은 많은 전사자가 속출했음에도 불구하고 계속해서 새로운 병력을 보충했

● 1954년 송코이 강 삼각주에서 프랑스 외인부대 병사가 미국 탱크를 앞장서고 있다.

크메르 루주

폴 포트가 이끄는 캄보디아 공산당 조직인 크메르 루주는 1975년에 정권을 잡고 국명을 민주 캄푸치아로 바꾸었다. 크메르 루주에게는 캄보디아를 농부들이 토지를 소유하는 국가로 만들고자 하는 목표가 있었다. 그들은 모든 도시 거주자들을 교외로 끌고 가서 농사를 짓도록 강요했다. 지식인과 상인, 관료, 성직자, 중국이나 베트남 민족은 집단으로 학살되었다. 수백만 명이 강제로 이주했으며 식량을 약탈당하고 고문을 당했다. 크메르 루주가 집권한 4년 동안 약 1백7십만 명에 달하는 캄보디아인이 목숨을 잃었는데, 이것은 전 국민의 5분의 1에 달하는 숫자였다. 크메르 정권은 1979년 베트남 군의 침공으로 몰락했다.

● 크메르 루주 정권이 무너지고 나서 8,895명의 유해가 담긴 대규모 무덤이 킬링필드로 알려진 쯔응아익에서 발견되었다. 현재는 이 장소를 기념관으로 사용하고 있다.

다. 어떤 승리의 기미도 보이지 않은 채 전쟁이 지속되자 미국, 특히 대학생 사이에서 강력한 반전 시위가 시작되었다.

구정(테트) 공세

1968년 초 베트남 설날(구정)을 하루 앞두고 DRV와 베트콩이 대대적인 공격을 개시했다. 남베트남에 있는 군 기지와 도시들에 대한 전면적인 공격이었다. 어쨌든 막아내기는 했지만 이 공격으로 충격을 받은 존슨 행정부가 평화 협상을 시작했다. 하지만 파리에서 열린 회담은 아무런 소득 없이 끝났다. 1969년에 새롭게 들어선 리처드 닉슨 행정부는 미국에서 갈수록 거세지는 반전 시위에 당면해 점차적인 군대의 철수를 명령했다.

마지막 단계

하지만 닉슨은 1970년에, 북베트남에게 군수물자를 지원해온 캄보디아를 침공하도록 지시하면서 또 다른 갈등을 조장했다. 1971년에 미라이에서 미군 부대가 무고한 베트남인에게 대학살을 자행하고, 정글에 있는 베트콩 기지를 파괴하기 위해서 매우 유독한 고엽제인 '에이전트 오렌지'를 살포한 사실이 언론에 보도되자 반전 운동이 극에 달했다.

북베트남은 1972년에 다시 한 번 총공세를 퍼부었고 재차 성공적으로 미군에게 타격을 입혔다. 전쟁에 지친 양측이 추가 회담을 하기로 합의함에 따라 1973년에 휴전이 선언되었고 미국은 군대를 철수하기로 했다. 미군의 철수로 결정적인 우위를 점한 북베트남은 다시 전쟁을 계속했다. 1975년 4월 북베트남 군대가 사이공을 점령하면서 전쟁이 막을 내렸고 사이공은 호치민으로 개명되었다. 1976년에 베트남이 베트남 사회주의 공화국으로 재통일되었다. 남베트남은 전쟁으로 대부분 폐허가 되었다. 새로운 정부는 수천 명의 남베트남 사람을 투옥시켰고 사기업을 폐쇄하였으며, 그로 인해 1975년부터 1990년대 초반까지 대략 백만 명에 가까운 베트남 사람이 해외로 탈출했다.

중앙아시아와 남아시아

중앙아시아와 남아시아에 위치한 국가들은 세계대전과 그 이후에 커다란 변화를 겪었다. 인도와 파키스탄, 스리랑카가 1948년에 독립하여 새로운 길을 가기 시작했다. 방글라데시는 1971년에 독립을 달성했지만 다른 중앙아시아 공화국들은 1991년이 되어서야 해방되었다. 티베트는 여전히 독립을 위해 투쟁중이다.

인도

자와할랄 네루가 총리로 있던 1950년대부터 1960년대 초까지 인도에서는 교육열을 비롯한 농업과 공업 생산량이 가파르게 상승했다. 네루는 여성의 권리를 강화했고 카스트 제도의 유물인 '하리잔'(최하층 천민)에 대한 차별을 금지했다. 하지만 인도에 존재하는 많은 언어와 문화적 다양성 때문에 광범위한 국가적 정체성을 확립하는 데 어려움을 겪었다.

인디라 간디의 집권(1966-1984) 하에서 인도는 강력한 공업국이자 핵무기 보유국이 되었다. 하지만 그녀는 시크교도의 민족주의를 탄압했고 그로 인해 결국 암살당했다. 1990년대는 힌두교 민족주의자와 이슬람교도 사이에 폭력이 난무하던 시대였다. 1998년에 힌두교 민족주의자들로 구성된 인도인민당이 정권을 잡았다. 1990년대와 2000년대에는 낮은 세금과 잘 교육받은 고도로 숙련된 전문직 세대의 등장으로 인도의 경제가 급속히 성장했고 세계적인 경제 강국으로 성장했다.

1960년대 중반에 인도는 논쟁 지역이던 카슈미르를 놓고 파키스탄과 싸움을 벌였다. 이 지역에 대한 갈등은 1980년대 후반

중앙아시아의 공화국

1991년 소비에트 연방이 해체되자, 카프카스 산맥에 위치하고 이란, 중국과 국경을 접하고 있는 8개의 새로운 국가가 독립을 선포했다. 아르메니아, 아제르바이잔, 그루지아, 카자흐스탄, 키르기스스탄, 타지키스탄, 투르크메니스탄, 우즈베키스탄이었다. 아르메니아와 그루지아는 민주주의 헌법을 채택하고 서구식 의회 민주주의를 추진한 반면, 다른 대부분의 나라에서는 정도의 차이가 있지만 부패하고 억압적인 독재 정권이 권력을 장악했다.

에 재차 불이 붙었고, 2002년에도 같은 이유로 거의 전쟁 직전
까지 갔다.

파키스탄

독립국 파키스탄은 동쪽과 서쪽, 두 지역으로 구성
되었다. 종교적으로는 두 지역이 하나의 나라였지
만 문화와 언어 차이뿐 아니라 거리상으로도
1,600킬로미터나 떨어져 있었다. 서파키스탄의
정치적 경제적 우세에 갈수록 반감을 품던 동
파키스탄이 1971년에 폭동을 일으켰다. 동파
키스탄은 저항 운동이 탄력을 받기 시작하
자, 1971년 3월 방글라데시라는 이름으로 독립을 선포하고 나섰다. 인도가 이들
동파키스탄 반란군을 지원했다. 뒤이은 끔찍한 전쟁으로 백만 명이 넘는 인명 피
해가 발생했고 결국 파키스탄이 손을 들었다.

● 파키스탄 인민당의 당수
인 베나지르 부토는 두 번이
나 파키스탄 총리를 지냈지
만 2007년 재선 운동 중에 암
살되었다.

　1950년대와 1960년대에 걸쳐 계속 군사 독재 정권의 지배를 받던 파키스탄은,
1970년대 초반에 처음으로 선거를 실시했다. 줄피카르 알리 부토는 최초의 파키
스탄 총리가 되었지만 계엄령을 선포한 지아 울 하크 장군에 의해 물러났다. 1988
년에 지아 장군이 사망하자 민주주의 체제가 재건되었고 두 개의 당이 번갈아서
집권했다. 이 중에 하나가 부토가 이끌었던 파키스탄 인민당이었고, 이 당시는 부
토의 딸인 베나지르가 이끌고 있었다. 1999년에 페르베즈 무샤라프 장군이 쿠데
타를 일으켜서 정권을 장악하고 의회를 해산시켰다. 국민들의 압력으로 무샤라프
정권이 2008년에 선거를 실시하는 데 동의했다. 베나지르 부토는 재선 운동을 벌
이던 중에 암살을 당했다.

방글라데시

전 세계에서 가장 빈국 중 하나인 방글라데시는 독립 전쟁 이후에 재건을 위해서 막대한 비용을 들여야 했다. 나약한 민주주의 정부는 1970년대 전체와 1980년대 초까지 여러 차례에 걸쳐 군사 독재의 방해를 받았다. 1986년 이후로는 민주적으로 설립된 정부가 들어섰지만 부정 선거에 대한 비난이 끊이질 않았다. 사이클론(뱅골 만과 아라비아 해에서 발생하는 열대성 저기압으로 성질은 태풍과 같으며 때때로 해일을 일으킴)으로 인한 파괴적인 홍수가 빈번하게 발생했고 그에 따라 광범위한 지역에서 인명과 재산 피해가 속출했다.

스리랑카

스리랑카는 인도와 함께 1948년에 독립했다. 국민 중 대다수인 스리랑카인을 대표하는 정부가 1983년 이래로 소수 민족인 타밀인과 격심한 전투를 벌이고 있다. 가장 강력한 타밀인 단체인 타밀 타이거즈는 섬 북쪽에 독립 국가를 설립하고자 시도했지만, 2002년 평화 회담을 계기로 이 목표를 단념했다. 같은 해에 휴전이 선포되었지만 이후로도 수차례에 걸쳐 싸움이 일어났고 갈등은 여전히 지속되고 있다.

● 달라이 라마는 15세에 티베트의 지도자가 되었고 1959년부터 망명 생활을 하고 있다.

티베트

독실한 불교 국가인 티베트는 1950년에 중화인민공화국에 의해 점령되었다. 중국의 무자비한 지배와 종교적 박해가 1959년 반란을 초래했다. 반란은 실패했고 티베트의 지도자인 달라이 라마는 인도로 망명했으며 권력 서열 2위였던 판첸 라마가 그의 지위를 승계했다. 중국은 군정

을 실시했고 강제로 토지를 재분배했으며 식량을 몰수해
군량미로 사용했다. 중국인들이 고위 공무원직을 장악했
다. 1980년대에 중국이 유화 정책을 펴면서 일부 성지와
사원을 개방했으며 농부들에게 보다 많은 자유를 제공했
다. 하지만 해당 지역에 대규모 한족이 정착하면서 티베트
의 전통 문화에 대한 위협이 계속되었다.

● 탈레반 정권은 1995년에
아프가니스탄의 대부분 지역
을 장악했다.

아프가니스탄

냉전 시대 동안 아프가니스탄은 중립을 유지하고자 했다.
하지만 1973년 공산주의 쿠데타가 일어나 소련의 세력권
으로 완전히 흡수되었다. 1978년에 들어서 공산주의자들
은 이슬람 전사인 '무자헤딘'이 일으킨 대규모 반란에 직면했다. 소비에트 연방
이 군대를 파견해 공산주의 정권을 유지하고자 했으나, 무자헤딘의 게릴라 전술
에 극심한 피해를 입고 1988년부터 1989년까지 아프가니스탄에서 단계적으로
철수했다. 아프가니스탄 공산주의 정권은 1992년에 결국 무너졌다. 뒤이어 다양
한 무자헤딘 당파 간에 권력 투쟁이 벌어졌다. 1995년에 이슬람 단체인 탈레반이
거의 아프가니스탄 전역에서 권력을 잡았다. 그들은 엄격한 이슬람 정권을 세웠
고 이슬람 테러 조직인 알카에다에게 은신처를 제공했다. 알카에다가 9 · 11 테
러를 일으키자 미군이 이끄는 다국적군이 아프가니스탄을 침공해서 탈레반 정부
를 무너뜨렸다. 하미드 카르자이가 이끄는 임시 정부가 2002년에 수립되었고
2004년에서 2005년에 국민의 신임을 얻어 대통령이 되었다. 하지만 2007년 현
재까지 탈레반 정권은 아프가니스탄 남쪽 대부분을 장악하면서 정권을 잡기 위해
싸움을 계속하고 있다

오스트레일리아와 뉴질랜드

A SHORT HISTORY OF THE WORLD

20세기 동안 오스트레일리아는 독특한 그들만의 문화를 바탕으로 국가적 주체성을 형성했을 뿐 아니라 진정한 전 국민의 정부를 발전시켰다. 오스트레일리아와 뉴질랜드는 둘 다 세계대전에서 중요한 역할을 수행했고 엄청 난 손실을 입었다. 그리고 전쟁이 끝난 후에는 두 나라 모두 커다란 사회적, 경제적 변화를 겪었다.

● 오스트레일리아 군대가 1915년 10월 5일 터키 갈리 폴리 반도의 가바테페에 상륙 하고 있다.

1차 세계대전

오스트레일리아는 1901년 영국의 자치령으로 6개의 식민지 연방에서 시작해 헌 법상 단일 국가로 발전했다. 하지만 평범한 오스트레일리아 국민들에게 진정한 국가적 주체성을 만들어준 것은 1차 세계대전이었다. 갈리폴리 전투에서 오스트레일리아와 뉴질랜드는 8,000명 이상의 병사를 잃었다. 전술적으로는 패배한 전투였지만 앤잭 군단(ANZAC, 오스트레일리아와 뉴질랜드 군단)에 대한 영웅담은 전설의 일부가 되었다.

양 대전 사이의 기간

오스트레일리아의 경제는 1920년대에 붐이 일었다. 전후 소비재 소비의 급증과 기술 발전에 더해서, 스탠리 브루스 총리의 지휘 아래 민족주의 성향이 짙은 내각이 보호무역 정책을 실행한 덕분이었다. 약 30만 명에 달하는, 주로 영국 이민자들이 이 기간 중에 오스트레일리아로 이주해 들어왔다. 그리고 1929년에 세계적으로 불황이 닥쳤다. 1932년까지 전체 남성 인력의 3분의 1이 직업을 잃었다. 하지만 보호무역 정책을 시행하고 밀과 양모에 대한 정부의 보조에 힘입어, 1936년에 들어서 경기가 회복되기 시작했다. 이 기간 동안에 오스트레일리아 원주민은 보호구역, 특히 북부에 있는 보호구역에서 밀려나 도시에 정착하기 시작했다. 원주민의 권리를 주장하는 운동 기구가 최초로 설립되기도 했다.

2차 세계대전

1931년 웨스트민스터 법으로 오스트레일리아와 다른 대영 제국의 자치령은 입법권을 가진 독립국으로 인정되었다. 하지만 오스트레일리아의 외교 문제에 있어서는 영국이 지속적인 영향력을 행사했고, 그에 따라 오스트레일리아는 연합군으로 2차 세계대전에 참전했다. 그렇지만 영국이 독일과 전쟁을 치르느라 정신이 없자, 오스트레일리아는 자국의 안전 문제를 미국에 의존하게 되었다. 일본 폭격기가 수차례 다윈을 공습하고 잠수함이 시드니 항구까지 들어왔다. 이에 일본이 오스트레일리아를 침공할지도 모른다는 공포감이 눈덩이처럼 불어났다. 하지만 미국은 일본을 상대로 해상에서 효율적인 방어 작전을 수행했다. 전쟁 중에 수천 명에 달하는 오스트레일리아와 뉴질랜드 군인들이 일본 전쟁 포로 수용소의 가혹한 환경에서 고통을 겪었다.

전후의 오스트레일리아

1949년부터 1972년까지 보수 자유당이 오스트레일리아를 지배했다. 여전히 영

● 일단의 마오리족 여성들이 시드니 극장에서 전통 노래와 춤을 공연하기 위해, 1925년 6월 9일 뉴질랜드에서 시드니에 도착했다.

뉴질랜드

뉴질랜드는 1차 세계대전에서 연합군으로 10만 명의 군인을 파견했는데 6만 명이라는 높은 전사율을 기록했다. 특히 당시 뉴질랜드의 전체 인구가 백만 명을 겨우 넘었다는 점을 감안하면 정말 엄청난 숫자였다. 대공황이 한창이던 1935년에 노동당이 집권했다. 그들은 사회보장제도와 무료 의료서비스, 무료 교육을 위한 국가적인 시스템을 마련하면서, 야심찬 사회주의 개혁을 추진했다. 2차 세계대전이 일어나자 뉴질랜드는 다시 한 번 연합군 진영을 열정적으로 지원했다. 뉴질랜드는 무려 20만 명에 달하는 군인을 징집했고 이들 대부분은 영국군에 배속되었다. 1941년 이후로 뉴질랜드의 전쟁 노력은 일본군과 싸우는 미군에게 식량과 장비를 제공하는 데 집중되었다. 전쟁이 끝나자 미국은 영국이 유럽 경제 공동체(EEC)에 가입하는 1973년까지 영국과 경제적으로 긴밀한 관계를 유지하기는 했지만, 점차적으로 뉴질랜드와 주요 경제적, 군사적 제휴를 강화해 나갔다. 1949년에서 1984년까지 보수적인 국민당이 뉴질랜드의 정책 결정을 좌우했다. 정부의 엄격한 규제에도 불구하고 경제가 1950년대부터 1970년대까지 꾸준히 성장했다. 같은 기간 마오리족의 인구 또한 폭발적으로 늘어나서 45,000명이던 인구가 5십만 명을 넘어섰다. 많은 사람이 도시로 이주해 살았고 마오리족의 권리를 보호하기 위한 기구도 만들어졌다. 뉴질랜드는 핵무기를 강력히 반대했고 그 때문에 1987년에 미국과의 군사 동맹을 해지했다.

국과 밀접한 관계를 유지했지만 한편으로는 미국과 긴밀한 방어 협정을 맺기도 했다. 정부의 시장 경제 정책과 제조업 분야에 대한 해외 투자 덕분에 경제가 성장했다. 도시화가 심화되어 외곽으로 도시가 확장되기 시작했다. 유럽 남부와 중동으로부터 들어온 대규모 이민자들이 오스트레일리아 사회에 변화를 주기 시작했다. 인종별 공동체가 도시 내 외곽 지역에 그들만의 거주지를 형성했다.

1970년대 초는 오스트레일리아에서 적극적인 정치 행동주의의 시대였다. 여성 해방과 오스트레일리아 원주민의 권리, 베트남 전쟁의 종식을 요구하는 목소리가 커졌다. 변화에 대한 욕구가 전국을 휩쓸었고 그로 인해 노동당이 집권하기에 이르렀다. 곧이어 오스트레일리아 군대가 베트남에서 철수했고 사회주의 개혁이 추진되었다. 노동당 정부는 겨우 2년간 지속되었지만 뒤를 이은 자유당이 계속해서 진보적인 계획을 실행해 나갔다. 1983년에는 다시 노동당의 밥 호크(1983–1993)가 정권을 잡았고 뒤이어 역시 노동당인 폴 키팅(1993–1996)이 집권했다. 이 기간 동안 오스트레일리아 원주민의 토지 소유권 문제가 부각되었고, 1993년에 이르러 그들에게 토지 소유권을 주장할 수 있는 법적 근거가 마련되었다.

1990년대가 되자 오스트레일리아를 공화국으로 바꾸려는 움직임이 거세졌다. 영국의 군주를 없애고 투표로 선출된 대통령을 국가의 원수로 삼자는 운동이었다. 이 운동은 1999년 국민 투표에서 공화당이 매우 근소한 차이로 패하면서 최고조에 이르렀다. 존 하워드가 이끄는 자유당이 1996년에 다시 정권을 잡았다. 하워드는 조지 W. 부시 미국 대통령의 '테러와의 전쟁'을 강력하게 지지했고, 미군이 주도한 군사 작전을 돕기 위해서 아프가니스탄과 이라크에 군대를 파병했다. 하워드는 2007년에 노동당의 케빈 러드에게 정권을 넘겨줬다.

중동

1923~2007

1차 세계대전으로 오스만 제국이 붕괴하자 승전국인 유럽 연합국은 제국의 영토를 분할했다. 영국은 이집트에 대한 지배를 강화했고 이라크, 팔레스타인(동부에서 독립 토호국인 트랜스요르단이 분리됨), 쿠웨이트, 바레인, 해상 휴전 조약국들(현재의 아랍 에미리트 연합국), 오만, 아덴(현재 예멘의 일부)을 장악했다. 프랑스는 레바논과 시리아를 획득했다. 소아시아는 그리스와 이탈리아, 프랑스가 나누어 가졌다. 케말 아타튀르크가 이끈 터키는 독립 전쟁(1919-1923)을 벌여서 터키 공화국을 수립했다. 1925년까지 이 지역에서 독립을 유지한 나라는 이란, 예멘, 투사이자 정치가인 이븐 사우드가 1932년에 사우디아라비아 왕국을 세우게 되는 아랍 영토들 뿐이었다.

독립 투쟁

이집트(1919)와 이라크(1920), 시리아(1925-1927)에서 식민지 열강에 대한 민족주의 봉기가 일어났다. 영국은 1922년에 이집트에게 부분적인 독립을 인정했다. 하지만 군대와 외교 정책, 지중해와 홍해를 잇는 주요 통로인 수에즈 운하에 대한 통

연대표	
1918	영국이 이라크 지배권을 획득
1932	영국의 이라크 지배가 끝남
1933	이븐 사우드가 미국 기업인 스탠더드 오일 회사에 사우디아라비아의 원유 채굴권을 허가
1946	트랜스요르단이 독립을 획득
1953	이란에서 미국이 지원한 쿠데타로 레쟈 칸 팔레비(미국 동맹)가 이란 왕으로 복귀
1968	사담 후세인이 이라크에서 권력을 잡음
1970	아사드 장군이 시리아에서 집권
1980-1988	이란-이라크 전쟁
1991	다국적 연합군이 이라크를 쿠웨이트에서 퇴각시킴
2003	미국이 주도한 다국적군이 이라크를 침공하고 사담 후세인 정부를 무너뜨림

제권은 그대로 유지했다. 이라크에는 영국군이 그대로 주둔하는 조건으로 1932년 독립이 인정되었고, 레바논은 1943년, 시리아와 트랜스요르단(나중에 요르단이 됨)은 1946년에 각각 독립이 인정되었다. 영국은 1947년에 수에즈 운하를 제외한 이집트의 모든 지역과 이라크에서 군대를 철수했다. 팔레스타인은 1948년 영국의 신탁 통치가 끝나고 이스라엘이 되었다.(292-295쪽 참조)

터키

케말 아타튀르크의 통치 아래 터키는 중동의 여타 나라들과 다른 길을 걸었다. 아타튀르크는 서유럽을 모델로 삼아 터키를 현대적이고 비종교적인 국가로 탈바꿈시키고자 했다. 칼리프의 지위를 폐지하여 이슬람식 재판을 금지했고 서구식 복장과 터키어 사용을 적극 권장했다. 당시까지 터키에서는 아라비아어가 널리 사용되고 있었다. 한편 여성의 권리도 신장되었다. 이때부터 터키는 늘 유럽의 일부가 되고자 했으며 최근에는 EU에도 가입하려 하고 있다. 1952년에 터키는 NATO에 가입했다.

원유

1908년 이란에서 유전이 발견되었고 1938년에는 사우디아라비아에서 유전이 확인되었다. 그 뒤로 다른 페르시아 만 국가에서도 속속 유전이 발견되면서 해당 지역의 경제적 운명이 바뀌었다. 원유는 모든 산업에서 반드시 필요한 자원이었고, 세계에서 가장 크고 접근이 용이한 매장 지역이 중동에 있는 것으로 드러났다. 서구 기업들이 새롭게 발견된 유전의 주도권을 잡기 위해 중동으로 물밀듯 들이닥쳤다. 그리고 유전을 보유한 국가의 지배자들은 순식간에 막대한 부와 강력한 권력이 생겼다. 대부분의 경우에 이들 지배 계층은, 경제 사회적 발전을 도모해서

국민에게 혜택을 돌려주기보다는 자신의 호화스런 생활을 위해 원유로 축적한 부를 탕진했다.

아랍의 민족주의와 사회주의

1950년대에 이르러 중동은 직접적인 식민 지배에서 해방되었다. 하지만 원유 산업이 갈수록 중요해지면서 서구 열강, 특히 미국은 이 지역 정부에 계속해서 정치 경제적 영향력을 행사했다. 그로 인해 많은 아랍인들이 분노했다. 그들은 이것을 새로운 형태의 제국주의로 받아들였다. 이러한 민족주의 흐름을 타고 군부 세력이 이집트(1954), 시리아(1963), 이라크(1968), 리비아(1969) 등지에서 권력을 잡았다. 이들 새로운 지배자는 서구 세력에 반대하는 아랍 민족주의자였다. 그들은 중동 문제에 대한 서구 열강의 간섭을 막고, 아랍 세계의 국가들과 긴밀한 유대를 형성하고자 했다. 심지어 '범(汎)아랍주의자'라고 불린 일부 세력은 아랍 국가들을 하나로 통일하고자 했다. 그에 따라 짧은 기간이었지만 이집트와 시리아가 손을 잡고 통일 아랍 공화국(1958-1961)을 수립하기도 했다.

중동의 신생 정부들은 사회주의 개혁을 채택했으며, 여기에는 서구 열강이 장악한 산업을 국유화하고 외국 정착민이 보유한 토지를 재분배하는 내용도 포함되었다. 그들은 이런 조치가 식민주의 흔적을 제거하고 정치적 독립을 확보할 수 있는 가장 효과적인 방법이라고 생각했다. 따라서 이들 정부가 냉전 시대에 소련 진영에 가담한 것은 어쩌면 당연한 일이었다. 반면 사우디아라비아, 요르단, 이란, 페르시아 만 국가들 같은 보수적인 군주국들은 미국의 충실한 우방으로 남았다.

새로운 군부 지도자들 가운데 가장 유력자는 이집트의 가말 압델 나세르였다. 나세르는 1956년에 수에즈 운하를 국영화했다. 운하의 공동 소유자인 영국이나 프랑스와 아무런 사전 협의 없이 일방적으로 취해진 조치였다. 이에 영국과 프랑스, 이스라엘이 이집트를 침공했지만 미국과 소비에트 연방의 압력으로 철수했

● 가말 압델 나세르는 1954년부터 1970년 사망할 때까지 이집트의 대통령을 지냈다. 그는 범(汎)아랍주의를 주장한 아랍 세계의 영웅이었다.

다. 수에즈 위기에서 거둔 승리로 나세르는 아랍 세계의 영웅이 되었다.

이라크

결과적으로, 아랍 민족주의는 아랍 민족에게 통일과 번영을 가져오겠다는 약속을 지키는 데 실패했다. 게다가 이를 추진했던 정부들은 독재 정치를 강화함으로써 겨우 권력을 유지했다. 사담 후세인 집권 하에 있던 이라크 정권은 1980년에 이웃한 이란을 침공하면서 8년 전쟁을 일으켰고, 이 전쟁으로 백만 명이 넘는 군인과 시민들이 목숨을 잃었다. 전쟁 중에 이라크는 이란 국민은 물론이고 국내의 쿠르드족에게 화학 무기를 사용했다. 1990년에 이라크가 쿠웨이트를 점령했지만 이듬해에 미국이 이끄는 다국적군에게 밀려 퇴각했다.

　서구 세계는 언제나 사담 후세인을 중동에서 정치 안정을 위협하는 요주의 인물로 간주했다. 더구나 첩보 기관의 보고에 따르면 후세인은 대량 살상 무기(WMD)를 개발하고 있었다. 2003년 미국이 주도한 이라크 침공으로 후세인 정권이 몰락했다. 하지만 결국에는 후세인이 대량 살상 무기를 보유하고 있지 않던 것으로 드러났다. 이라크 침공으로 아랍 세계에서는 대대적인 분노가 일어났다. 이 전쟁을 서구 열강의 또 다른 제국주의 사례로 간주하는 시각이 지배적이었다. 전쟁이 끝나고도 여전히 혼란이 지속되는 가운데 미국이 이끄는 다국적군은 이라크인과 알카에다가 주도하는 강력한 저항을 진압하느라 애를 먹었다. 2005년에 민주적인 선거를 통해 새로운 이라크 정부가 들어섰지만 정세는 크게 달라지지 않았다.

● 미군 해병이 바그다드에서 사담 후세인의 동상에 성조기를 덮고 있다.

아랍 민족과 이스라엘의 갈등

1948~2007

A SHORT HISTORY OF THE WORLD

아랍과 이스라엘의 갈등은 지중해 동부 연안에 있는 좁고 긴 지역에 대한 팔레스타인 또는 이스라엘의 통치권 논쟁이다. 유대인이 이 지역에 대한 소유권을 주장하는 근거 중 하나는 성경에 등장하는 이스라엘 왕국과 이스라엘 국민의 오래된 관계 때문이다. 또 다른 이유는 1947년에 UN이 이스라엘에게 해당 지역에 나라를 세워도 좋다고 승인했다는 점이다. 팔레스타인은 자국 국민이 해당 지역에 수백 년 동안 살아왔다는 점을 내세워 소유권을 주장하고 있다. 이 지역은 기독교, 유대교, 이슬람교 등 세 가지 종교의 성지이다. 따라서 이 갈등은 유대교와 이슬람교의 종교적 마찰이기도 하다.

영국의 신탁통치

● 이스라엘이 국가를 세운 것은 팔레스타인 민족에게 엄청난 재앙이었다. 수많은 팔레스타인 민족이 피난민 신세로 전락했기 때문이다.

19세기 후반 유럽과 러시아에서 반유대주의가 만연하자 시온주의자(유대 민족주의 운동)로 알려진 많은 유대인이 팔레스타인에 있는 성지로 피신했다. 그리고 그곳에다 독립적인 유대인 국가를 세우고자 했다. 영국이 신탁 통치(1920~1948)를 하는 동안 유대인 정착민과 아랍인의 충돌은 갈수록 폭력적으로 변했다. 유대인의 팔레스타인 이민은 1930년대 동안, 특히 나치가 독일을 점령하고 나서 급속히 늘어났다. 홀로코스트가 끝나고 유대인이 독립 국가를 세우겠다고 나오자 국제 공동체는 그들의 요구를 그냥 무시할 수가 없었다. 1947년에 영국은 신탁통치를 끝내길 원했고 따라서 UN에 도움을 청했다. 1947년 11월 UN은 팔레스타인을 두 나라로 분할하는 계획을 제시했다. 하나는 유대인, 다른 하나는 아랍인 국가가 될 터였다. 유대인은 계획을 찬성하고 나왔지만 아랍인은 계획에 반대했다.

이스라엘의 건국

두 진영 간에 즉시 전쟁이 발발했다. 전
쟁이 한창 진행 중이던 1948년 5월
15일에 영국이 팔레스타인을
떠나고 유대인 지도자가 독립
국가로서 이스라엘의 수립을 선
포했다. 6개의 이웃한 아랍 국가

● 1993년에 이츠하크 라
빈 이스라엘 총리와 빌 클
린턴 미국 대통령, 야세르
아라파트 팔레스타인 혁명
군 사령관이 가자지구와 웨
스트뱅크의 자치권을 인정
하는 협정서에 서명했다.

가 즉시 이 새로운 나라를 침공했다. 수적인 열세에도 불구하고 잘 조직된 이스라
엘 군대는 아랍 국가들의 공격을 막아냈다. 심지어 UN이 최초 그들에게 배정해
준 국경선을 넘어 진격하기까지 했다. 전쟁이 끝날 즈음에는 이스라엘이 팔레스
타인 영토의 77퍼센트를 점령했다. 반면 상대 아랍 민족에게는 나머지 영토만 남
게 되었다. 이 남은 지역 중에서 트랜스요르단이 요르단 강 서쪽인 웨스트뱅크를
차지했고, 이집트가 남서부에 위치한 가자 지구를 점령했다. UN이 제안한 팔레
스타인 아랍 국가는 끝내 세워지지 않았다. 전쟁 중에 약 726,000명의 팔레스타
인 민족이 이스라엘을 탈출해 웨스트뱅크, 가자 지구, 이웃 아랍 국가에서 피난민
생활을 했다. 이스라엘은 전쟁 후에도 이들을 받아들이길 거부했다.

이스라엘 대 아랍 국가들

아랍 국가들은 결코 이스라엘을 국가로 인정하지 않았고 이후로도 잦은 국경 분
쟁이 이어졌다. 1967년 7월 아랍 국가의 임박한 공격에 불안을 느낀 이스라엘은,
이집트와 요르단(전 트랜스요르단), 시리아에 대해 선제 공격을 개시했다. 단 6일 만
에 이스라엘군은 이집트의 가자 지구와 시나이 반도, 시리아의 골란 고원, 요르단
의 웨스트뱅크를 점령했다. 이 작전으로 이스라엘의 영토가 3배 이상 늘어났다.
75만 명이 넘는 팔레스타인 아랍인이 졸지에 유대인 국가의 지배를 받는 처지가

되었다. 이렇게 되자 팔레스타인인 단체들 연합인 팔레스타인 해방기구(PLO)에 대한 지지가 급증했고, 그들은 이스라엘을 상대로 테러 작전을 펼치기 시작했다.

1973년에 이집트와 시리아가 손을 잡고 이스라엘을 기습 침공했다. 아랍군은 초반에 우세를 보였지만 결국 퇴각했다. 이스라엘은 전쟁에서 승리하기는 했지만, 기습 공격으로 심각한 타격을 입고 혼란을 겪었다. 1978년에 이스라엘은 미국 캠프 데이비드에서 이집트와 평화 조약에 합의하고 시나이 반도에서 물러나기로 했다. 1982년에는 북부에서 공격을 가하는 팔레스타인 해방군을 몰아내고자 레바논을 침공했다. 오랜 소모전 끝에 이스라엘군은 레바논에서 팔레스타인 해방기구를 몰아내는 데 성공했다.

반 이스라엘 저항운동, 인티파다

1980년대에 웨스트뱅크와 가자 지구에서 거주하던 팔레스타인 민족은 계속된 이스라엘의 점령에 갈수록 불만을 느꼈다. 그리고 1987년이 되자 마침내 아랍인 저항 운동, 즉 '인티파다(Intifada)' 라고 알려진 대대적인 봉기를 일으켰다. 점령 지역에 있는 수많은 마을과 도시에서 폭동이 일어났다. 인티파다가 끝나는 1993년까지 대략 1,000명이 넘는 팔레스타인 사람들이 목숨을 잃었다.

평화를 위한 노력

1990년대 초부터 이스라엘은 팔레스타인 해방기구를 포함한 인접 아랍 국가들과 평화 협상을 시작해서 1993년에 오슬로 협정을 체결했다. 협정 조건에 따라 이스라엘은 점령 지역에서 단계적으로 철수하기로 했다. 새롭게 설립되는 팔레스타인 자치기구(PA)에게 통치권을 이양해주기로 했지만, 군사권만은 계속 이스라엘이 유지했다. 하지만 1990년대 후반까지 평화를 위한 노력은 지지부진한 상태에 빠졌다. 팔레스타인 공동체에 속한 하마스와 이슬람 지하드 같은 단체가 이스라엘과의 평화를 거부하고 테러를 감행했기 때문이다. 그로 인해 이스라엘의 태도도 경직되었다. 이스라엘은 점령 지역에 계속해서 유대인 정착지를 늘려갔고 아랍의 여론은 더욱 격화되었다. 1998년과 2000년에 평화적인 해결책을 모색하려는 추가적인 시도가 있었지만 모두 실패했다.

최근의 진전 상황

2000년 9월에 두 번째 인티파다가 발발했다. 이번에는 점령지에서 폭동이 일어났을 뿐 아니라 이스라엘 내에서도 자살 폭탄 테러가 동시에 자행되었다. 이스라엘 특유의 무자비한 대응이 이어졌다. 이스라엘은 팔레스타인 자치기구가 통치하는 웨스트뱅크를 다시 점령하고 그곳에 있는 테러리스트 본거지를 파괴했다. 2003년에 UN은 '중동 평화 로드맵'을 마련하여 두 나라의 갈등을 해결하기 위한 세부적인 청사진을 제안했다. 하지만 협

● 팔레스타인 무장 조직인 하마스는 1987년 1차 인티파다가 시작할 때 생겨났다.

상은 곧 새로운 폭력사태에 직면하면서 난항을 겪었다. 이스라엘은 2005년 가자 지구에서 돌연 퇴각했다. 그리고 하마스가 그 지역을 차지했다.

연대표	
1948년 5월	이스라엘이 건국을 선포
1948-1949	이스라엘과 아랍 국가들의 전쟁
1956	수에즈 위기 발생. 이스라엘, 프랑스, 영국이 이집트에 대해 합동 공격을 가하지만 UN의 압력으로 퇴각
1967	6일 전쟁
1973	욤키푸르 전쟁(10월 6일 유대인 축제일인 욤키푸르에 발발)
1978	이스라엘과 이집트가 캠프 데이비드에서 평화 조약을 체결
1982	이스라엘의 레바논 침략
1987-1992	팔레스타인이 인티파다를 일으킴
1993	오슬로 협약으로 이스라엘이 점령 지역에서 단계적으로 철수하는 데 합의
1994	이스라엘이 요르단과 평화조약 체결
2000-2005	2차 인티파다
2005	이스라엘이 가자 지구에서 물러남
2006	레바논의 시아파 이슬람교도 단체인 헤즈볼라가 이스라엘과 레바논 사이에 짧은 전쟁을 일으킴

이슬람교의 부흥

1979~2007

A SHORT HISTORY OF THE WORLD

LECTURE 23

현대 이슬람교는 이슬람 문화 내에서 만들어진, 그리고 1980년대 초 이후로 전 세계 이슬람교도 사이에서 대대적인 지지를 받는 정치적인 운동이다. 이슬람교를 신봉하는 사람들은 현대에 들어서 이슬람 세계에 만연한 비종교적인 성향에 반대한다. 더불어서 '회교 율법'이 삶의 모든 부분을 지배하던 예전의 순수한 이슬람 문화로 돌아가자고 주장한다. 이슬람교는 서구 문화와 민주주의를 거부한다. 그리고 신과 코란을 제외한 모든 권위를 부정한다. 여성의 권리를 인정하지 않으며 동성애와 음주를 금지한다. 오사마 빈 라덴 같은 일부 이슬람교도는 칼리프의 지위를 복권하고, 이슬람 세계를 통일하고자 한다. 반면 팔레스타인 조직인 하마스의 경우에는 단지 독립적인 국가에서 이슬람 공화국을 건설하는 것을 목표로 삼고 있다. 물론 그들에게 국가란 팔레스타인을 의미할 것이다.

기원과 명분

현대 이슬람교는 이슬람 운동의 창시자인 이란인 학자 자말 알 아프가니(1838-1897)의 가르침에 그 뿌리를 두고 있다. 그는 서구 열강의 제국주의와 맞서기 위해 회교 율법을 다시 도입해야 한다고 생각했다. 1928년 하산 알-반나가 이집트에서 창설한 또 다른 이슬람 단체인 '이슬람 형제단' 역시 자말과 비슷한 생각을 전파했다. 이슬람 형제 단원 가운데 가장 유력한 사상가 중 한 명인 사이드 쿠틉(1906-1966)은, 이슬람의 적을 상대로 성전인 지하드를 실천하는 것이 모든 이슬람교도의 의무라고 주장했다. 1980년대 들어 이슬람교가 크게 부흥한 것은 한편으로 사우디아라비아의 정책 덕분이었다. 사우디아라비아의

● 오사마 빈 라덴이 그의 부관인 아이만 알 자와히리와 2001년 11월 아프가니스탄의 비밀 장소에 앉아 있다.

지도자들은 와하브주의라고 알려진 엄격하고 완고한 형태의 이슬람 문화를 추구했다. 따라서 1970년대 중반부터 이슬람 세계 곳곳에 종교 학교인 '마드라사'와 기타 시설을 짓느라 원유로 벌어들인 수십억 달러를 쏟아 붓기 시작했다. 그리고 이들 학교와 시설을 통해 와하브주의 가르침을 전파하고 급진적이고 서양 세력에 반대하는 이슬람교도를 길러내고자 했다.

1948년 이스라엘이 나라를 세우고 그곳에 살던 팔레스타인 민족을 몰아내자 아랍 세계가 크게 분노했다. 그리고 이것은 1980년대에 이슬람교도를 결집시키는 계기가 되었다. 그들은 이 유대인 국가를 무너뜨리기 위해 단결했다. 1987년부터 1992년까지 점령 지역에서 일어난 팔레스타인 인티파다를 주동한 것은 이슬람 단체인 하마스였다. 그들은 이때부터 팔레스타인 민족의 지지를 얻기 위해서 비종교 단체인 팔레스타인 해방기구와 경쟁을 벌였다.

이란 혁명

엄밀히 말하자면 수니파 운동이었지만 이슬람교는 루홀라 호메이니가 이끈 시아파 혁명 운동을 통해 최초로 세계적 관심을 끌었다. 그리고 이 시아파 혁명으로 1979년 이란에서 이슬람 정권이 수립되었다. 호메이니 정권은 모든 분야에서 무자비할 정도로 엄격하게 회교 율법을 적용했다. 또한 헤즈볼라 운동을 지원해서 레바논을 포함한 다른 나라에서도 이란 혁명과 동일한 혁명이 일어나도록 종용했다.

이란 혁명은 전 세계적으로 수백만 명의 이슬람 투사들을 고무시켰다. 1980년대와 1990년대는 북아프리카에서부터 동남아시아에 이르기까지 많은 이슬람 국가들에게 급진주의와 폭력의 시대였다. 이슬람교도들은 대부분의 나라에서 패권을 잡는 데 실패했다. 하지만 1989년 수단에 이슬람 정권이 들어섰고, 1995년에는 탈레반 정권이 아프가니스탄의 대부분 지역에서 권력을 장악했다.

반미주의

현대 이슬람교를 움직이는 주된 동력원 가운데 하나는 바로 미국에 대한 증오심이다. 가장 큰 이유는 미국이 이스라엘을 지속적으로 지원하고 있기 때문이다.(292-295쪽 참조) 막대한 경제력을 지닌 미국은 번번이 이슬람 정부가 미국의 이득에 맞게 움직이도록 강요한다. 그리고 이것은 많은 사람들에게 새로운 제국주의의 모습으로 비쳐지고 있다. 반미주의가 수많은 젊은 이슬람교도에게 급격한 영향을 미치고 있다. 그들은 영화나 텔레비전, 책, 음식이나 패션을 통해 그들의 사회 구석구석에 스며든 미국 문화가 이슬람 사회를 위협한다고 생각한다. 또한 성별에 따른 역할, 섹스, 음주에 대한 서구의 '퇴폐적인' 관점에 불쾌감을 느낀다. 2003년 미국이 주도한 이라크 침공과, 쿠바 관타나모 만에서 벌어진 이슬람교도 수감자에 대한 고문과 학대 사건은 이슬람의 반미주의를 더욱 부채질했다.

● 세계 무역 센터인 쌍둥이 건물이 2001년 9월 11일 알카에다에 의한 공격으로 불타고 있다.

알카에다

가장 유명한 이슬람 조직은 사우디아라비아 태생의 테러리스트 오사마 빈 라덴이 이끄는 알카에다이다. 빈 라덴은 소비에트 연방과 벌인 아프가니스탄 전쟁을 통해 무자헤딘으로서 이름을 떨쳤다. 또한 이때 이슬람 투사들과 대대적인 망상(網狀) 조직을 만들었고 이 네트워크가 후에 알카에다로 발전했다. 이슬람 국가에서 이슬람 혁명을 선동하는 데 열중하는 국제 테러조직이 탄생한 것이다.

　빈 라덴은 1991년 걸프 전 당시 미군에게 기지를 제공하기로 한 사우디아라비아의 결정에 분노했다. 그는 수단으로 근거지를 옮기고 이슬람 국가를 상대로 정권 전복을 기도하는 동시에 중동과 북아프리카에서 미국 동조 세력을 공격했다.

1995년에는 다시 아프가니스탄으로 이동해서 탈레반 정권과 손을 잡았다. 알카에다는 1996년부터 미국을 상대로 점점 더 대담한 공격을 전개했고 2001년에 9·11 테러를 자행하면서 정점에 달했다. 두 대의 납치된 비행기가 세계 무역 센터 건물을 들이받았고, 그로 인해 2,995명이 사망했으며 부시 미국 대통령은 '테러와의 전쟁'을 선포했다. 미국이 이끄는 다국적군은 탈레반 정권을 무너뜨렸고, 알카에다 기지를 파괴했지만 빈 라덴을 잡지는 못했다.

알카에다는 이슬람 테러 조직들을 고도의 점조직 형태로 개편하여 다국적군의 공격을 버텨냈다. 중심 지도부가 없는 점조직으로 바뀌자 다국적군은 공격에 더욱 애를 먹었다. 알카에다 산하의 단체들은 발리(2002년), 마드리드(2004년), 런던(2005년), 요르단(2005년), 알제리(2007년) 등지에서 주요 테러 공격을 자행했다. 또한 2003년부터 이라크에서 폭동을 주도했다.(빈 라덴은 2011년 5월 파키스탄의 수도 이슬라마바드 외곽에서 미군의 기습공격을 받고 사망했다.)

연대표	
1928	이집트에서 이슬람 형제단 결성
1938	이슬람 형제단이 테러 활동을 시작
1960-1966	사이드 쿠틉이 순수한 이슬람 국가의 건설에 관한 영향력 있는 글을 씀
1979	이란 혁명으로 루홀라 호메이니의 이슬람 정권이 들어섬
1982	이슬람교도들이 사다트 이집트 대통령을 암살
1983	레바논 베이루트에서 헤즈볼라의 자살 폭탄 테러로 미군과 프랑스군 299명이 사망
1987	팔레스타인 이슬람 조직인 하마스의 결성
1989	수단에 하산 알-투라비와 오마르 하산 알바시르가 이끄는 이슬람 정권이 들어섬
1989	호메이니가 '파트와'(공식 견해)를 발표하고 이슬람교를 모독한 〈악마의 시〉(Satanic Verses)의 저자 살만 루시디를 죽이라고 주장
1995-2001	아프가니스탄에서 탈레반 정권이 집권
1997	오사마 빈 라덴이 파트와를 발표하고 미국인은 죽어야 한다고 주장
2001	알카에다가 주도한 공격으로 여객기가 뉴욕에서 건물과 충돌해 2,995명이 사망

아프리카

1차 세계대전 동안 영국과 프랑스, 벨기에 군대가 아프리카에 있는 독일령 식민지들을 침공했다. 전쟁이 끝나고 아프리카의 남서 지역과 동부, 서부 지역에 있던 독일령 식민지가 이웃한 식민국에게 넘어갔다. 양(兩) 대전 사이에 아프리카 대륙 곳곳에서 급속한 경제 발전이 이루어졌다. 식민 정부들은 농업과 광업의 중심지인 내륙을 연안에 위치한 항구도시와 연결하기 위해 수백 킬로미터에 달하는 도로와 철로를 건설했다. 교통 기반시설의 발달과 그에 따른 산업 성장으로 마을과 도시가 대대적으로 확장되었다. 파시스트 정부가 집권하던 이탈리아는 1936년에 에티오피아를 정복했다. 하지만 영국의 도움으로 에티오피아 국민은 1941년에 이탈리아 군대를 몰아냈다. 추축국 군대가 연합국 영토를 장악하고 해당 지역에서 유전을 확보하려고 시도하면서, 1차 세계대전과 마찬가지로 2차 세계대전에도 북아프리카에서 대대적인 전투가 벌어졌다. 이 전투에서 1943년 5월 연합군이 승리를 거두었다.

식민지의 독립

20세기 초부터 일부 아프리카 식민지에서 식민 통치에 반대하는 조직적인 저항 운동이 시작되었다. 하지만 이 저항 운동은 2차 세계대전 전까지는 세간의 이목을 끌지 못했다. 전쟁이 끝나고 도회적인 새로운 아프리카인 지식층이 독립 운동을 이끌면서 대중적인 운동으로 발전했다.

비교적 평화로운 방식으로 독립한 나라도 있었지만 치열한 투쟁을 거쳐 독립한 나라도 있었다. 이탈리아의 식민지였던 리비아가 1951년 아프리카 식민지 중에서 최초로 독립했다. 뒤이어 1956년에 모로코와 수단, 튀니지가 독립했다. 골드 코스트는 1957년 가나로 독립했고 1965년까지 사하라 사막 이남의 대부분 식민지가 독립했다.

● 넬슨 만델라는 한 때 인종차별정책에 의해 테러리스트라는 죄목으로 투옥되기도 했지만 오늘날 전 세계적으로 추앙받는 인물이다.

독립 전쟁

일반적으로 백인 공동체가 식민지에서 기득권을 방어하려는 경우에 갈등이 발생했다. 프랑스 식민지 개척자들은 알제리 영토를 포기할 의사가 전혀 없었다. 결국 알제리 민족주의자들과 8년간 전쟁을 치르면서 대략 백만 명에 달하는 목숨을 희생시킨 다음에야 독립을 인정했다. 케냐를 지배하던 영국인들은 1950년대에 민족주의를 바탕으로 하는 마우마우 독립 운동에 직면했고, 이 운동은 1963년 케냐의 독립으로 이어졌다. 로디지아에서는 1965년에 백인 소수 집단이 일방적으로 영국으로부터 독립 선언을 했다. 로디지아는 15년에 걸친 게릴라전을 벌여 마침내 해방되었고 이름을 짐바브웨로 바꾸었다. 나미비아는 1990년에 남아프리카 공화국으로부터 독립했다.

남아프리카 공화국에서는 백인 소수 집단이 집권한 정부가 1948년에 인종 차별정책인 아파르트헤이트를 실시하고, 이에 반대하는 아프리카 민족회의(ANC)의

연대표	
1949	케냐에서 마우마우 운동이 일어남
1954	골드 코스트의 민족 해방 운동이 시작됨
1958	프랑스령 식민지에서 독립 문제를 결정하기 위해 국민투표를 실시
1961	포르투갈령 식민지에서 해방 전쟁 시작
1962	알제리가 프랑스의 지배로부터 독립
1963	케냐가 영국으로부터 독립
1965	로디지아의 백인 소수 집단이 일방적인 독립(UDI)을 선언
1967-1970	비아프란 전쟁
1974	에티오피아에서 마르크스주의자들이 하일레 셀라시에 황제를 축출
1975	앙골라에서 독립에 이어 내전이 발생
1984-1985	에티오피아에 대대적인 기근이 발생
1992	알제리에서 정부와 이슬람원리주의자 사이에 내전이 발생
1994	르완다의 집단 학살
2003	수단 공화국 서부 지역에서 다르푸르 전쟁이 발발

저항 운동을 무자비하게 탄압했다. 1962년에는 인종 차별 정책에 반대한 운동가이자 무력 투쟁을 주장한 ANC의 지도자인 넬슨 만델라가 수감되었다. 1980년대까지 지속적인 국내 저항 운동과 더불어 국제적인 비판 여론에 시달리던 남아프리카 공화국 정부는 마침내 1994년, 아파르트헤이트를 폐지하고 다민족 민주주의를 충족시키기 위한 협상을 벌였다. 이 이후로는 ANC가 남아프리카 공화국에서 여당 자리를 고수했다.

● 1952년 11월 케냐에서 군인들이 마우마우 반란군으로 의심되는 사람들을 감시하고 있다.

콩고에서는 1960년 벨기에가 서둘러 독립을 추진하는 바람에 나약한 정부가 들어섰다. 그 결과 내전이 일어났고 1965년에 모부투 세세 세코의 잔혹한 군사 정권이 정권을 잡았다. 포르투갈령 식민지였던 기니비사우와 앙골라, 모잠비크는 피비린내 나는 오랜 게릴라전을 벌인 끝에 1975년 독립을 쟁취했다.

독립 이후

독립이 가져온 행복은 너무나 빨리 사라졌다. 새로 독립한 나라들은 국민에게 안전이나 번영을 제공하지 못했다. 식민지 시대에 만들어진 국경은 민족별로 형성된 현실적인 영역과 거의 또는 전혀 관련이 없었고, 따라서 다른 민족 간에 잦은 무력 충돌이 발생했다. 1994년 르완다에서는 민족 갈등 때문에 다수 집단인 후투족이 소수 집단인 투치족을 상대로 대학살을 자행했다.

새롭게 선출된 정부는 대체로 이런 문제에 전혀 대비가 되어 있지 않았다. 그리고 민주주의가 깊이 뿌리를 내린 상태도 아니었다. 따라서 많은 국가에서 군사 쿠데타가 일어나 정권이 전복되었다. 그 중에서도 중앙아프리카 공화국의 장베델

보카사와 우간다의 이디 아민 정부가 잔인하고 부패한 정권으로 악명을 떨쳤다. 냉전 시대에 접어들자 종종 아프리카 국가들이 적대 세력 간 전쟁터가 되기도 했다. 일부 아프리카 국가의 독재자들이 공산 진영이나 자유 진영으로부터 도움을 받아 권력을 유지하고자 했기 때문이다. 모잠비크와 앙골라에서는 남아프리카 공화국과 미국의 지원을 받은 반란군이 정부를 상대로 전쟁을 벌였다. 1974년에는 친소련 성향의 공산당 정권이 에티오피아를 장악했다.

● 우간다 대통령 이디·아민 정권(1971-1979)은 수십만의 국민을 학살하고 히틀러를 미화하며 유대인을 추방했다.

1990년대에 냉전이 끝나면서 독재 정권들이 붕괴했고, 니제르와 말리, 말라위, 잠비아를 포함한 많은 나라에서 다당제를 기본으로 하는 민주주의 정부가 부활했다. 하지만 여전히 대다수 지역에서 정치적 불안정이 지속되었다. 1990년대 후반부터 2000년대 초까지 나이지리아, 콩고, 알제리, 라이베리아, 시에라리온, 수단 등지에서 민족 갈등이나 종교적 마찰로 인한 내전이 이어졌다.

아프리카는 1970년대에 경제적인 어려움을 겪었다. 유가는 상승하고, 자국에서 생산하는 커피와 코코아 값이 하락했기 때문이다. 국채가 늘어나면서 대다수 아프리카 국가들이 경기 침체와 극심한 빈곤에 시달렸다. 짐바브웨의 로버트 무가베 대통령은 무지막지한 토지 개혁을 강행했고, 그 결과 내부적인 대변혁과 인구 이동, 경제 붕괴가 일어났다. 질병 또한 계속해서 심각한 위협을 가했다. 2007년을 기준으로, 후천성 면역 결핍증, 즉 에이즈에 감염된 전 세계 인구의 60퍼센트가 아프리카인이었다.

라틴아메리카

1910~2007

A SHORT HISTORY OF THE WORLD

라틴아메리카에서는 20세기부터 21세기 초반까지 경제화와 도시화가 진행되었고 중산층이 증가했다. 하지만 절대 다수가 현대화로 인한 혜택을 누리지 못했고, 많은 시외 거주자들의 상황은 오히려 더욱 악화되었다. 민주화를 향한 시도가 계속되었지만 잦은 군사 독재로 방해를 받았다. 이 시기에 멕시코와 볼리비아, 쿠바, 니카라과는 혁명을 통해서 정치적인 대변혁을 맞이했다.

멕시코 혁명

20세기 초에 진행된 경제 성장과 급격한 도시화는 라틴아메리카 곳곳에서 사회적인 긴장감을 조장했다. 노동자는 임금 인상과 근로 환경 개선을 요구했고, 농부들은 그들의 땅을 앗아간 대농장주와 철도 회사에 분노했다. 이러한 긴장감은 1910년 멕시코에서 혁명이 일어나는 계기가 되었다. 이 혁명으로 자유주의 사상가이자 지주인 프란시스코 마데로가, 현대화를 지향하고 친미 성향이 강한 포르피리오 디아스 정권을 전복시켰다. 새로운 정부는 외국 기업에 대한 자국 산업의 의존도를 축소하고, 토지 개혁을 실시해서 농부들에게 토지를 재분배했다.

● 세 번에 걸쳐 아르헨티나의 대통령에 당선된 후안 페론과 가난한 사람들에게 성녀로 추앙 받은 부인 에바

● 아르헨티나 출신으로 쿠
바 혁명의 주역 체 게바라

대중 영합주의

1930년대에 세계적인 경기 침체의 영향으로 라틴
아메리카에도 대대적인 실업과 빈곤 문제가 발생
했다. 이를 틈타고 1940년대에 일부 국가에서 대
중의 인기에 영합하려는 이른바 포퓰리스트라고
알려진 정치 지도자들이 등장했다. 그들은 노동자
에게 높은 임금과 근로 환경 개선, 외국 기업의 착
취 근절을 공약했다. 다른 한편으로는 기업가들의
환심을 사기 위해서 노동조합을 철저히 관리하고
공산주의 단체를 억압했으며 자국 산업을 육성했
다. 당시의 지도자로는 아르헨티나의 후안 페론, 페루의 빅토르 하야 데 라 테르,
브라질의 제툴리우 바르가스, 콜롬비아의 호르게 가이탄 등이 있다. 선거를 통해
당선된 포퓰리스트는 일단 정권을 쥐고 나면 점점 독재적인 성향을 보이는 경우
가 빈번했다. 하지만 그들은 노동자들의 지지를 이끌어내는 데 탁월한 수완을 발
휘했다. 그리고 때로는 적당히 음모를 꾸며서 보수적인 기득권층에게 위협을 가
하기도 했다. 가이탄은 1948년에 암살되었고, 바르가스는 1954년에 강제 퇴임을
당했으며, 페론 정권은 1955년 군사 쿠데타에 의해 전복되었다.

미국의 영향력

냉전 기간 중에 미국은 라틴아메리카 정치에 영향력을 행사하고자 여러 가지 방
법을 동원했다. 반공산주의 단체나 정부를 지원하는 한편, 공산주의 정권을 무력
화시키기 위한 공작을 펼쳤다. 1952년에는 압력을 행사해 볼리비아의 민중 혁명
을 방해했다. 1954년에는 과테말라에서 야코브 구스만 대통령이 미국 농산물 회
사의 토지를 국유화하려고 하자, CIA가 나서서 구스만 정부에 대한 전복 기도를

지원했다. 또한 1980년부터 1988년까지는 엘살바도르에서 우익 게릴라들을 무장시키고, 자금을 지원해서 쿠바 피그스 만 침공을 지원하기도 했다. 이 공격으로 피델 카스트로의 친소련 좌익 정부를 축출하는 데는 실패했다.

속출하는 군사 정권

1959년 쿠바 혁명이 성공하자 라틴아메리카 지역에 있는 다른 혁명 운동과 사회주의 운동이 활기를 띠기 시작했다. 쿠바 혁명이 성공하기 전까지는 군대 지휘관이나 지주들이 혁명을 망설였다. 하지만 1960년대와 1970년대에 이르자 군사 쿠데타의 물결이 라틴아메리카를 집어삼켰다.

1964년 브라질에서 발생한 쿠데타는 브라질에서 향후 20년간의 군사 지배를 알리는 전조가 되었고, 칠레에서는 미국으로부터 지원을 받은 아우구스토 피노체트 장군이 선거를 통해 수립된 정부를 1973년에 전복시켰다. 군부 지도자들은 공

● 피델 카스트로는 무력 혁명이 끝난 1959년부터 2008년까지 쿠바를 통치했다.

산주의자는 물론이고, 정치적 반대 세력은 누구를 막론하고 무자비하게 탄압했다. 군사 정권은 1970년대에 외채 위기를 초래했고, 과도한 국방비 지출로 사회복지 프로그램을 위한 자금까지 탕진했다.

1970년대 후반부터 1980년대까지 라틴아메리카의 군사 정권들이 무장 반란에 의해 무너졌다. 아르헨티나(1983년), 브라질(1985년), 칠레(1990년) 같은 나라에서는 평화적으로 민간정부가 들어섰다. 1990년에 이르자 쿠바는 라틴아메리카에서 민주주의 정부가 들어서지 않은 유일한 나라가 되었다.

신자유주의

1960년대와 1970년대에는 여러 정부에서 국가가 주도하는 경제 성장 방식을 시도했지만 결국 실패로 끝났다. 따라서 1990년대에 들어서자 대부분의 라틴아메리카 정부가 신자유주의 경제 정책을 채택했다. 이 정책으로 산업 전반에 민영화가 추진되면서 자유 시장 활동이 강조되었다. 더 나아가서 사회주의식 경제 제도가 줄어들고 해외 무역이 장려되었다. 1933년에 멕시코가 미국과 캐나다의 무역 연합인 NAFTA에 가입했고, 그와 동시에 많은 미국 기업이 인건비가 저렴한 멕시코로 이전했다. 수많은 멕시코 사람들이 더 나은 일자리를 찾아 미국으로 이주했다. 1995년에 아르헨티나와 브라질, 파라과이, 우루과이는 모두 동등한 자격으로 무역 연합인 '메르코수르(MERCOSUR)'를 결성했다.

신자유주의로 사회 전반에 걸친 효율성은 높아졌지만 실직 문제가 생겼고 극빈자들의 불만이 점점 늘어났다. 여러 개혁 조치에도 불구하고 라틴아메리카의 경제는 북아메리카나 유럽과 경쟁할 만한 산업 발전을 이루지 못했고 여전히 원자재 수출에 주로 의존했다.

최근의 발전

2000년대에 들어서자 빈부의 격차가 이전보다 더욱 심해졌고 점점 늘어가는 도시와 지방의 빈민은 사회적인 부담으로 작용했다. 콜롬비아와 볼리비아 같은 나라에서는 대규모 불법 마약 거래가 조직 범죄로 발전했다. 1990년대 후반과 2000년대 초에는 브라질의 룰라 다 실바, 베네수엘라의 우고 차베스, 칠레의 미첼 바첼렛 같은 좌익이나 개혁주의 성향의 정부가 정권을 잡았다. 이들 정부는 한결같이 빈민을 위한 사회복지제도를 개선하고 외국인 투자에 대한 의존도를 줄이고자 노력했다.

연대표	
1910	멕시코 혁명으로 자유주의자이자 지주인 프란시스코 마데오가 포르피리오 디아스 정권을 전복시킴
1917	새로운 멕시코 헌법으로 토지 개혁 방침이 구체화됨
1921	과테말라, 온두라스, 엘살바도르가 중앙아메리카 공화국을 수립
1932-1935	파라과이와 볼리비아의 차코 전쟁
1940-1942	아마조니아 지역을 두고 에콰도르와 페루 사이에 전쟁 발발
1946	후안 페론이 아르헨티나의 대통령으로 취임
1954-1989	친미 성향의 알프레도 스트로에스네르가 파라과이를 통치
1959	쿠바 혁명
1973	칠레의 사회주의 대통령 아옌데가 미국이 지원한 공격으로 사망
1976-1982	아르헨티나에서 군대와 게릴라군이 '더러운 전쟁'을 벌임
1982	아르헨티나가 영국의 식민지인 포클랜드 제도를 침공하지만 전쟁에서 영국에게 패배
1990	파트리시오 아일윈이 칠레에 민주주의를 부활시킴
2002	아르헨티나의 외채 상환 불이행으로 페소화가 급락하고 인플레이션이 심화됨

환경의 위협

인간의 활동은 항상 자연 환경에 영향을 끼쳐왔다. 하지만 1800년대 초부터 시작된 산업화와 도시화, 환경 오염에 의한 영향은 유례가 없을 정도이다. 대기나 수질 오염, 사막화, 삼림 파괴, 식물과 동물의 멸종은 가시적인 변화에 속한다. 최근까지 비교적 크게 부각되고 있지는 않지만 잠재적으로 어떤 환경 변화보다 더욱 심각한 문제가 지구 온난화이다.

● 2005년 7월에 인도 마하슈트라 주에서 몬순으로 인한 집중 호우로 743명이 목숨을 잃었고 긴급 구호를 위한 노력이 동원되어야 했다.

2000년대에 들어서자 빈부의 격차가 이전보다 더욱 심해졌고 점점 늘어나는 도시와 지방의 빈민은 사회적인 부담으로 작용했다. 콜롬비아와 볼리비아 같은 나라에서는 대규모 불법 마약 거래가 조직 범죄로 발전했다. 1990년대 후반과 2000년대 초에는 브라질의 룰라 다 실바, 베네수엘라의 우고 차베스, 칠레의 미첼 바첼렛 같은 좌익이나 개혁주의 성향의 정부가 정권을 잡았다. 이들 정부는 한결같이 빈민을 위한 사회복지제도를 개선하고 외국인 투자에 대한 의존도를 줄이고자 노력했다.

산업화

산업화는 인류에게 일자리와 통신 수단의 발전과 더불어 일반적으로 개선된 삶의 질을 제공하면서 많은 혜택을 가져왔다. 하지만 그에 따른 희생도 있었다. 산업

동력을 공급하는 에너지 생산과, 자동차 같은 공업 산물의 소비, 산업 폐기물과 생활 쓰레기로 인해서 물과 공기 오염이 갈수록 심각해지고 있다. 유황과 질소가 방출되면서 지구에 산성비가 내리고 그로 인해 나무와 자연식물군, 농작물, 어류 자원이 해를 입는다. 늘어나는 도시 인구에 생산량을 맞추고자 집약적인 농업이 행해지면서 농촌 환경이 바뀌었고 야생 식물과 동물이 위기를 맞게 되었다.

인구 증가

지구촌의 인구는 매년 대략 7천7백만 명씩 증가한다. 인구 과밀화는 더 한층 심각한 환경 오염과 생태계 파괴, 천연자원의 고갈을 초래한다. 근래에 들어서 선진국의 인구 증가는 개발도상국과 비교했을 때 둔화되는 추세를 보인다. 하지만 선진국 1인당 자원 소비율이 훨씬 높은 점을 감안하면 개발도상국에 비해서 환경에 미치는 영향이 훨씬 큰 편이다.

연대표	
1970	최초의 '지구의 날'을 맞아 미국에 수백만 명이 모임
1971	그린피스 설립
1972	UNEP(국제연합 환경 계획 기구)의 창설
1975	멸종 위기에 처한 야생 동식물종의 국제 거래에 관한 협약(CITIES)의 발효
1982	국제포경위원회가 상업을 목적으로 하는 모든 고래잡이를 금지
1987	오존층 파괴물질에 관한 몬트리올 의정서 발표됨
1989	유해 폐기물의 국가 간 이동 및 그 처리에 관한 바젤 협약이 발표됨
1992	브라질 리우데자네이루에서 국제연합 환경개발회의(정상회담) 개최
1997	교토의정서 채택
1999	세계 인구가 60억 돌파
2002	지속가능한 개발에 대한 세계정상회의가 남아프리카 요하네스버그에서 개최됨

지구 온난화

모든 사람이 동의하지는 않겠지만 21세기 초에 인류가 직면한 가장 심각한 환경 문제는 지구 온난화이다. 많은 과학자들이 현재 추세 대로라면 지표면의 평균 온도가 지속적으로 상승해서 지구의 동식물뿐 아니라 인간 사회가 대재앙에 직면하게 될 것이라고 예측하고 있다. 과학자들은 이미 극지방의 빙하 두께가 평균 40퍼센트 가량 줄었다고 주장한다. 만약 극지방의 빙하가 계속해서 녹는다면 해수면이 상승하고 그로 인해 많은 낮은 섬과 해안 도시들이 물에 잠길 것이다.

지구 온난화는 대기에 있는 이산화탄소가 가스층을 형성해서 '온실 효과'로 알려진 일련의 과정을 통해 태양 광선에서 나오는 열을 가두는 현상이다. 대부분의 기후학자들은 인간이 지구 온난화의 주범이라고 믿는다. 산업 혁명 이후로 인간은 막대한 양의 석탄과 석유, 또는 그 유사 물질인 화석 연료를 태워왔고, 그 때문에 대기의 이산화탄소 함유량이 엄청나게 증가했다.

국제적인 협력

1960년대 후반 이후로 환경을 보호하고 보존하려는 국가적, 국제적 차원의 노력이 행해졌다. 1972년 스웨덴에서 환경 문제와 관련한 최초의 대규모 국제회의가 개최되었고 그 결과 국제연합 환경계획기구(UNEP)가 창설되었다. 환경을 파괴하지 않고 삶의 질을 높이는 '지속 가능한 발전'을 장려하는 것이 국제연합 환경계획기구의 주된 역할이었다.

스웨덴 회의를 시작으로 수많은 국제적 합의가 이어졌다. 1975년에 멸종 위기에 처한 야생 동식물종의 국제 거래에 관한 협약이 체결되었고, 1982년에는 상업을 목적으로 하는 고래잡이가 전면 금지되었다. 가장 의미 있는 조약 중 하나는 1987년 발표된 오존층 파괴물질에 관한 몬트리올 의정서였다. 오존층이란 태양의 유해한 자외선으로부터 지구를 보호해주는 대기 상층부에 있는 얇은 막을 의

환경운동

1970년대 들어서 '그린' 운동은 정치 지도자들에게 압력을 가해 환경 보호법을 시행하게 할 정도로 영향력 있는 운동으로 발전했다. '그린피스'와 '지구의 벗(Friends of the Earth)' 같은 환경 단체가 변화를 종용하면서 때로는 환경 파괴에 대한 관심을 끌기 위해 비폭력적인 대립을 벌이기도 했다. 많은 나라에서 소위 녹색당이 결성되었다. 독일에서는 녹색당이 1998년에 사민당과 연정을 통해서 연방정부의 집권 여당이 되기도 했다. 2000년대에 이르러서는 환경 보존 운동이 주된 쟁점이 되었다. 그에 따라 서구의 많은 주요 정당들이 저마다 강력한 환경 정책을 마련하게 되었다.

● 그린피스 회원들이 홍콩에 있는 차이나 라이트 앤 파워 회사의 카오룽 지사 밖에서 시위를 벌이고 있다.

미한다.

1992년 브라질 리우데자네이루에서 열린 '세계 정상회담'에는 역사상 가장 많은 세계 지도자들이 모였고, 이 회의에서 2가지 중요한 협정이 체결되었다. 세계 각국이 자발적으로 이산화탄소의 배출을 줄이자는 것이 하나였고, 다른 하나는 의무적으로 멸종 위기에 처한 동식물과 그 서식지를 보호하자는 것이었다. 1997년에 이르자 세계 정상회담에서 정한 자발적인 배출 감소 목표가 충분치 않다는 의견이 설득력을 갖게 되었다.

일본 교토에서 새로운 회의가 개최되었고, 2008년에서 2012년까지 1990년에 정한 이산화탄소 배출 기준에서 5퍼센트씩 더 낮추기로 합의했다. 미국은 이 협약을 거부한 많은 나라들 중 하나였다. 하지만 2005년에 이 협약은 비준에 필요한 55개국의 승인을 받았고 법적인 효력을 갖게 되었다. 그럼에도 많은 과학자들은 교토 회의에서 정한 배출 요건이 지구 온난화를 해결하기에는 너무나 미약한 수준이라고 믿는다. 설사 지켜진다고 하더라도 말이다. 일각에서는 이산화탄소의 배출을 최소한 60퍼센트 이상 줄여야만 지구 기후를 안정시킬 수 있다고 주장한다.

과학, 기술, 의학의 발전

20세기와 21세기 초는 과학과 기술, 의학에 있어서 굉장한 성과를 이룬 시대였다. 수많은 과학자들이 이전보다 더욱 전문화된 분야에서 일했고 정부와 기업들은 연구에 막대한 비용을 투자했다. 발명가가 단독으로 일하던 시대는 옛말이 되었다. 여러 과학자들이 팀을 이루어 많은 의미 있는 발견을 해냈다.

유전학

1910년에 미국인 생물학자 토마스 헌트 모건은, 유전자가 유전 형질의 단위이며 단백질과 디옥시리보 핵산(DNA)를 포함한 염색체라고 불리는 세포 조직 안에 들어있다는 사실을 입증했다. 1953년에 제임스 왓슨과 프란시스 크릭이 DNA의 구조를 밝혀냄으로써 유전학자들은 유전 형질의 작용에서 일어나는 화학 공정을 관찰할 수 있었다. 인간에게 필요한 인슐린을 생산하는 것처럼 유기체의 DNA에 변이를 일으키는 유전 공학은 중요한 의학적 도구가 되었다. 2000년에 과학자들은 인간의 유전체(게놈, 유전자 정보를 지닌 염색체의 완전한 한 세트)를 밝혀냈다.

의학

20세기 초에 생화학자들은 오늘날 비타민으로 알려진 필수 아미노산의 결핍이 어떻게 특정 질병을 일으키는지 알아냈다. 1910년에 독일 세균학자 파울 에를리히는 세계 최초로 항균성 약물을 개발했다. 그리고 1921년에는 인슐린이 발견되어 수 많은 당뇨병 환자의 목숨을 구했다. 1928년에 알렉산더 플레밍이 페니실린을 발견했다. 이를 계기로 1940년대와 1950년대에 항생물질을 만드는 기술이 눈부시게 발전했고, 한때는 죽음의 질병으로 여겨졌던 병들을 치료하는 데 사용되었다. 같은 기간에 황열병이나 독감, 소아마비 같은 바이러스성 질병을 치료하는 백신도 개발되었다. 1954년에는 인공 심폐 장치가 발명되어 심장 수술이 가능해졌다. 최초의 장기 이식 수술도 이 시기에 이루어졌다. 1970년대 이후로는 초음파, X-선 단층 촬영, MRI 같은 정밀 검사 방법이 도입되어 일반 의사나 외과 의사들이 훨씬 선명하게 3차원으로 환자의 내부 상태를 확인할 수 있었다.

항생물질에 대한 내성이 증가하고 1980년대 초에 후천성 면역 결핍증, 즉 에이즈까지 등장하면서 새로운 의학적 난관에 봉착하기도 했다. 국제 교류가 활발해지면서 전염성 질병의 통제도 점점 더 어려워졌다. 1960년대 이후로 더 한층 개방된 성문화로 성병의 발병률 또한 급증했다. 아울러 식생활에서는 가공 음식의 비중이 늘어나면서, 특히 북아메리카와 북유럽에서 심장 질환과 당뇨병, 비만 환자가 늘고 있다.

물리학 혁명

20세기 초에는 일련의 새로운 통찰력에 의해서 고전 물리학계에 혁명이 일어났다. 첫째로, 독일인 물리학자 막스 플랑크는 1900년에 에너지가 지속적인 흐름을 만들며 방출되는 게 아니라 '양자'라고 하는 미세하고 분리할 수 없는 덩어리로 되어 있다는 사실을 밝혀냈다. 5년 후에 독일인 과학자인 알베르트 아인슈타인이 '특수상대성이론'을 발표했다. 아인슈타인은 이 이론을 통해 공간과 시간의 개념이 관찰자에 따라 상대적이라고 주장하면서 뉴턴의 법칙을 반박했다. 아울러 물질이란 다른 형태로 존재하는 에너지라는 사실을 밝혀내서 원자력 개발로 향하는 길을 개척했다. 그는 또한 1915년에 '일반상대성이론'을 발표해 중력은 힘이 아니라 질량에 의해 만들어지는 4차원적인 왜곡 현상

● 이론 물리학에서 공로를 인정받아 노벨상을 탄 알베르트 아인슈타인은 '상대성이론'으로 유명하다.

이라고 설명했다. 1910년대에는 닐스 보어와 어니스트 러더퍼드가 원자 이론을 내놓았다. 그리고 1920년대에는 베르너 하이젠베르크와 에른스트 슈뢰더가 수학을 이용해 소립자 세계의 물리적 특성을 설명하면서 양자 이론을 발전시켰다. 하이젠베르크는 불확정성 원리를 주장하며 소립자의 속성을 완전히 알아내는 건 절대 불가능하다고 주장했다. 그 이후로 나머지 20세기 동안에는 과학자들이 양자 이론과 아인슈타인의 일반상대성이론을 접목시키고자 노력했다. 이른바 모든 물리학 법칙을 설명할 수 있는 통합 이론을 만들기 위해서였다. 과학자들은, 소립자의 성질이 드러나도록 하기 위해서 매우 빠른 속도로 입자들을 충돌시키는 강력한 입자 가속기를 이용한 실험으로 그 해답을 찾고자 했다.

첨단 기술의 발전

20세기 들어서 통신과 운송 수단, 컴퓨터 기술이 급격하게 발전했다. 1901년에 이탈리아 공학자 마르케스 마르코니가 최초로 대서양을 가로질러 무선 신호를 발송하는 데 성공했다. 미국인 발명가 리디 포리스트는 초기 라디오와 레이더, 텔레비전, 컴퓨터 시스템의 핵심 부품인 진공관(1906년)을 발명했다. 스카츠먼과 존 로지 베어드가 1920년에 최초의 텔레비전을 발명했고 영국인 물리학자 로버트 왓슨와트가 1935년에 레이더를 개발했다. 트랜지스터(1947년)의 등장에 이어서 1940년대에 최초로 컴퓨터가 조립되었고, 1968년에는 마이크로프로세서(초소형 처리 장치)가 만들어졌다. 1981년에 들어서자 수백만 대의 개인용 컴퓨터가 보급되면서 가정과 사무실 환경에 변화를 가져왔다. 통신 수단은 1990년대에도 인터넷, 이메일, 휴대 전화의 발달과 더불어 계속해서 발전했다.

1950년대부터, 냉전에 따른 일종의 경쟁으로, 미국과 소련이 '우주 개발 경쟁'을 시작했다. 소련은 1957년에 최초의 인공위성인 스푸트니크호를 발사함으로써 먼저 우위를 점했다. 그리고 1961년에는 최초의 우주 비행사인 유리 가가린을 배출했다. 그 이후로는 미국이 1969년에 우주 비행사를 달에 착륙시키면서 주도권을 쥐기 시작했다. 계속해서 미국은 1970년대와 1980년대에도 수성, 금성, 화성을 탐사하기 위해 무인 우주 탐사선을 발사했다. 1990년대에는 미국과 러시아가 손을 잡고 '국제 우주 정거장'을 만들기 시작했다. 1990년에 발사된 '허블 우주 망원경' 덕분에 인간은 먼 우주에서 일어나는 현상을 더욱 많이 알게 되었다.

연대표	
1900	막스 플라크가 에너지에 대한 양자 이론을 발표
1903	라이트 형제가 동력 비행에 성공
1905	아인슈타인이 특수상대성이론을 이끌어냄
1909	러더퍼드와 가이거가 원자에 있는 핵의 존재를 발견
1910	에를리히가 최초의 항균성 약품인 살바르산을 개발
1911	생화학자 카시미르 풍크가 '비타민'이란 용어를 만들어냄
1913	닐스 보어가 원자 모형을 제시
1915	아인슈타인이 일반상대성이론을 발표
1919	러더퍼드가 양자를 발견
1924	천문학자인 어윈 허블이 소우주의 본질을 밝혀내고 우주가 팽창한다는 사실을 발견
1927	하이젠베르크가 '불확정성 원리'를 제시
1928	알렉산더 플레밍이 페니실린을 분리하는 데 성공
1945	원자 폭탄 개발
1953	왓슨과 크릭이 DNA 구조를 밝혀냄
1957	최초의 인공위성 스푸트니크호 발사
1961	유리 가가린이 최초의 우주 비행사가 됨
1969	닐 암스트롱이 달에 첫발을 디딤
1973	유전 공학 기술 분야가 개척됨
1983	에이즈 바이러스가 밝혀짐
1990	허블 우주 망원경이 발사됨
1997	포유류 중에서 최초로 복제된 양 돌리 탄생
2000	인간의 게놈이 발표됨

미래로

2008~

인간의 역사 대부분 기간을 지배하던 제국과 왕조는 결과적으로 분명한 국경선과 독특한 사회적 문화적 정체성을 지닌 민족 국가 시대에 길을 내주었다. 그리고 21세기 초에는 세계화가 지속적으로 진행되면서 민족 국가의 개념 또한 위협을 받고 있다.

가속화된 세계화

● 카메라를 우주로 보내 지구 전체의 모습을 보게 되면서 새로운 시각으로 환경문제를 보게 되었다.

1990년대 전체를 거치면서 세계가 경제적, 문화적으로 점점 더 하나로 통합되기 시작했다. 공산주의 체제가 붕괴한 이후로 통신과 교통수단의 발달, 인터넷의 성장, 자유 시장과 민주주의의 확대는 모두 이 '세계화' 추세에 일조했다. 더욱이 세계 각국은 갈수록 초국가적인 문제에 봉착하고 있다. 지구 온난화, 국제적인 테러 행위, 마약 거래, 이민, 핵무기 확산, 세계적인 유행병 같은 문제들은 한 나라의 힘만으로는 해결이 불가능하다.

많은 국가들이 이런 문제에 대처하기 위해서는 UN 같은 국제기구를 통해 협력할 필요가 있다는 사실에 공감하고 있다. EU에 속해있는 국가의 경우에는 주권을 일부 포기하고 입법권을 국제기구에 이양할 각오까지 되어 있다고 한다. 어떤 사람들은 필연적인 추세에 따라 종교 단체나 세계 기구가 국가의 주권을 점차 축소하면서 궁극적으로는 범세계적인 정부가 들어설 거라고 생각한다.

미래에 언젠가는 다국적 기업들이 어떤 국가도 통제할 수 없을 정도로 강력해질 거라고 생각하는 사람도 있다. 실제로도 이들 다국적 기업은 이미 웬만한 약소국보다 강력한 힘을 과시하고 있다. 민주적 책임성이 없이는 이들 기업이 노동자를 착취하고 환경을 파괴하는 것을 결코 막을 수가 없다. 하지만 낙관주의자들은, 최초 자본주의 성장의 물결이 선진국에서 그러했듯이, 개발도상국의 세계화가 실질적으로 경제적 번영과 채용을 촉진하고, 시민권을 증진한다고 주장한다.

희소 자원

앞으로 다가올 세기에는 세계화가 가속될 뿐 아니라 희소 자원, 특히 에너지 자원과 물에 대한 경쟁과 갈등이 심화될 것으로 보인다. 지구 온난화의 위협 때문에 점차적인 변화가 일어나서 화석 연료 대신 원자력이나 재생 가능한 에너지 자원을 활용하고 에너지 소비를 줄이기 위한 노력이 확대(310-313쪽 참조)될 것이다. 그럼에도 화석 연료, 특히 석유가 앞으로도 한동안은 계속해서 주된 에너지 자원으로 사용될 전망이다. 하지만 매장량이 지속적으로 감소하고 세계 인구가 증가(2050년에는 90억에 이를 전망)하면서 석유는 갈수록 희귀하고 비싼 상품이 될 것이다. 이러한 문제는 세계 각국 정부가 환경 친화적인 에너지 자원으로 전환하게 만드는 강력한 경제적 동기가 될 수도 있다. 하지만 동시에 세계적인 기근과 혁명, 전쟁을 불러올 가능성도 다분하다.

제한된 공급원을 갖고 있는 또 다른 중요한 자원이 바로 물이다. 식수로 사용할 수 있는 자원은 세계적으로 매우 편중되어 분포하는 경향이 있다. 예를 들어 아프리카나 유럽에 있는 나라들

Tips of History

글로벌 문화란?

인터넷은 문화를 통합시키는 강력한 도구가 되었다. 사람들은 전보다 더욱 비슷한 옷을 입고 비슷한 음식을 먹는다. 똑같은 영화를 보고 똑같은 컴퓨터 게임을 하며 똑같은 음악을 듣는다. 이러한 현상을 단지 세계적 기업들이 노련한 마케팅을 통해 거둔 승리로 보거나, 아니면 진정한 글로벌 문화의 시작으로 볼 수도 있다. 어떤 경우든 상관없이 많은 정부는 인터넷이 그들의 정치적 권위를 위협한다고 생각한다. 중국과 이란에서는 한때 정부가 시민들의 인터넷 접근을 제한하려고 한 적도 있었다. 또한 많은 프랑스 시민들은 글로벌 '팝 문화'가 프랑스의 국가적 정체성을 해칠 수 있다고 우려하기도 했다.

은 자주 물 부족에 시달린다. 많은 전문가들이 주장하기를 이 문제는 갈수록 악화될 것이라고 한다. 인구 증가도 문제이지만 육류를 주식으로 하는 식생활이 확대되고, 그에 따라 일반 농경지에 비해 물이 훨씬 많이 필요한 가축 농장도 늘어나기 때문이다. 담수화나 수송관 건설, 안개에서 물을 얻는 것처럼 기술적 또는 공학적 해법이 어느 정도 도움이 될 수 있지만 물 부족은 결국 갈수록 심화될 것이고 무력 분쟁으로까지 번질 수 있다.

전쟁과 테러 행위

오늘날 지구촌 곳곳에는 많은 갈등이 계속되고 있다. 전쟁이 마치 21세기의 두드러진 특징처럼 여겨질 정도이다. 하지만 주권 국가들끼리 무력을 동원해 싸우던 전통적인 전쟁의 형태는 이제 '제4세대 전쟁'으로 알려진 형태, 즉 주권 국가와 그에 대항하는 하위 집단 또는 반란군의 갈등으로 바뀌고 있다. 제4세대 전쟁에는 좀처럼 따로 정해진 전쟁터가 없다. 반란군은 분산되어 있다가 때에 따라 공동의 적과 대항하기 위해 소규모 단체들이 연합하기 때문이다. 현재 이라크, 스리랑카, 이스라엘과 팔레스타인, 아프가니스탄, 수단에서 진행되는 갈등도 모두 이 같은 제4세대 전쟁에 속한다.

직접적으로 정부군을 공격할 힘이 없는 폭력적인 이데올로기 단체들은 계속해서 테러에 의존할 것이다. 전쟁과 마찬가지로 테러도 꾸준히 진화하고 있다. 미래에는 테러 조직이 화학무기나 생물학, 방사능 무기, 또는 핵무기 같은

● 위성방송 수신 안테나가 인공위성과 신호를 주고받으면서 세계 전역으로 정보를 발송하고 있다.

대량 파괴 무기를 손에 넣을 수도 있다. 또한 컴퓨터 네트워크를 무력화해 사이버 테러를 저지르거나 통신이나 발전 설비를 노려 전자전을 벌일 수도 있다.

겉은 변해도 근본은 그대로

인류의 미래가 어떻든 간에 분명한 것은 우리가, 세계화와 환경 문제뿐 아니라 인구 증가로 인한 위협이 계속해서 늘어가는 가운데, 전통적인 생활 방식으로, 끊임없는 변화의 시대를 살고 있다는 점이다. 세계사를 살펴보면 정치 · 사회 · 경제 구조는 변화하기 마련이지만 인간 사회의 근본은 항상 변함이 없다는 사실을 알 수 있다. 결국 우리는 진화적인 측면에서 대략 2백만 년 전에 아프리카에서 처음 등장한 원시인들과 크게 다르지 않다. 그리고 당시에 우리를 움직였던 욕구는, 마찬가지로 오늘날에도 계속해서 우리에게 동기를 부여하고 있다. 그 욕구란 바로 기본적인 욕구를 충족시키고, 사랑하는 사람들을 보호하며, 더 나은 삶을 추구하는 것이다.

세계사와 한국사 연표

A SHORT
HISTORY
OF THE
WORLD

고대 시대

연대	세계사		연대	한국사
BC 300만년	구석기(인류의 출현)		BC 70만년	구석기 시대(한반도 유입)
BC 8000–2000	초기 농경사회			
BC 4300–2334	수메르 문명(메소포타미아)		BC 6000경	신석기 시대
BC 3100–1700	인더스 문명(인도)			
BC 3000–1450	미노아 문명과 키클라데스 문화(그리스)			
BC 2650–2150	구왕국(이집트)			
BC 2334–1000	메소포타미아 제국과 왕국들		BC 2333	고조선(단군) *삼국유사
BC 2050–1640	중왕국(이집트)			
BC 1766–1122	상왕조(중국)			
BC 1700–1500	케르마 왕국(아프리카)			
BC 1700–500	인도 베다 시대			
BC 1600–1200	미케네 문명(그리스)			
BC 1532–1070	신왕국(이집트)			
BC 1250–1000	올메크 문명(메소아메리카)			
BC 1122–480	주왕조(중국)			
BC 1000–612	신아시리아 제국(메소포타미아)		BC 1000경	청동기 시대
BC 950–700	키메르족(중앙아시아)			
BC 900–AD 350	쿠쉬/메로에 왕국(동아프리카)			
BC 890–800	페니키아(지중해)			
BC 800–200	차빈 문명(남아메리카)			
BC 712–332	후기 이집트			
BC 700–350	스키타이족(중앙아시아)			
BC 627–539	신바빌로니아 제국(메소아메리카)			
BC 600–400	마야 문명(메소포타미아)			
BC 559–435	아케메네스 제국(페르시아)			
BC 500–202	카르타고(지중해)			

고전 시대

BC 800-350	에트루리아족(유럽)			
BC 590-AD 350	메로에 왕국(동아프리카)			
BC 509-27	로마 공화국(유럽)			
BC 500-AD 400	녹 문명(서아프리카)			
BC 500-435	고대 그리스			
BC 500-AD 50	마우리아 제국(인도)			
BC 500-AD 500	켈트족			
BC 336-321	마케도니아(그리스와 아시아)			
BC 312-60	셀레우코스 왕조(아시아)			
BC 306-168	안티고노스 왕조(그리스)			
BC 305-30	프톨레마이오스 왕조(이집트)			
BC 300-53	흉노족(중앙아시아)	BC 300경	철기 시대	
BC 238-AD 224	파르티아 제국(페르시아)	BC 200경-AD 494	부여	
BC 221-AD 200	한나라(중국)			
BC 200-AD 900	고대 마야(메소아메리카)	BC 195경-108	위만조선	
BC 135-AD 240	쿠샨 제국(인도)	BC 108	고조선 멸망(한사군 설치)	
BC 100-AD 600	모체 문명(남아메리카)	BC 57-AD 935	신라(박혁거세)	
BC 27-AD 476	로마 제국(유럽, 북아프리카, 서아시아)	BC 37-AD 668	고구려(주몽)	
		BC 18-AD 660	백제(온조)	
1-650	악숨 왕국(동아프리카)	194	진대법 실시(고구려)	
1-750	테오티우아칸(메소아메리카)	260	백제의 율령 반포(고이왕) *16관등과 관복 제정	
200-800	나스카족(남아메리카)	313	낙랑군 패망(고구려)	
224-637	사산조 페르시아(페르시아)	346	백제의 전성기(근초고왕)	
320-550	굽타 제국(인도)	372	고구려 소수림왕, 불교 전래 *태학 설립 및 율령 반포	
400-1000	우아리족, 티아우아나코족(남아메리카)	384	백제 침류왕, 불교 전래	
434-453	훈족(중앙아시아, 유럽)	405	일본에 한학 전파(백제)	
400-553	유연(중앙아시아, 유럽)	427	고구려 평양 천도(장수왕)	
80-629	비잔틴 제국(소아시아)	433	나 · 제동맹 결성	
553-600	돌궐(중앙아시아)	520	신라, 율령 반포(법흥왕) *백관의 공복 제정	

중세 시대

532년	사산조 페르시아와 강화조약(유스티아누스 1세)
533년	북 아프리카의 반달 왕국 정복(벨리사우리우스)
535–562년	비잔틴 제국이 이탈리아 재정복
589–618	수 왕조(중국)
600–814	카롤링거 제국(유럽)
618–907	당 왕조(중국)
629–1453	비잔틴 제국(소아시아)
632–661	이슬람 제국(중동, 북아프리카)
661–750	우마이야 왕조(중동, 북아프리카, 서아시아, 스페인)
687	카롤링거 왕국 수립(피핀 2세)
732	카를 마르텔이 푸아티에에서 아랍인 격퇴
751	단신왕 피핀이 프랑크족 왕위 등극
750–1037	아바스 왕조(중동, 북아프리카, 서아시아)
793–1100	바이킹(유럽)
802–1440	크메르 제국(캄보디아)
860경	스웨덴 바이킹 러시아 건국
870	바이킹, 영국 정복
907–1279	송 왕조(중국)
911	바이킹, 노르망디의 지배
927–941	프랑스 클루니 수도원 건립
939–1407	다이 비에트(베트남)
950–1168	톨텍족(메소아메리카)
954	웨섹스 왕국이 바이킹으로부터 영국 탈환
962–1806	신성로마제국(유럽)
982	노르웨이 바이킹 그린란드 발견
1000경	노르웨이 바이킹 북아메리카 발견
1000–1300	봉건 유럽
1030–1151	가즈나 제국(인도)

527	신라 법흥왕 불교 전래
536	신라 독자적 연호 사용(법흥왕)
545	신라 〈국사〉 편찬
552	백제, 일본에 불교 전파
612	살수대첩(고구려)
624	고구려, 당으로부터 도교 전래
645	안시성 전투(고구려)
647	첨성대 건립(신라)
676	삼국 통일(신라)
682	국학 설립
685	9주 5소경 설치
698–926	발해(대조영 건국)
722	신라 정전 지급
751	불국사와 석굴암 건립
788	독서삼품과 설치
828	청해진 설치(장보고)
888	〈삼대목〉 편찬(위홍·대구화상)
900	후백제 건국(견훤)
901	후고구려 건국(궁예)
918	고려 건국(왕건)
936	후삼국 통일(고려)
956	노비안검법 실시(광종)
958	과거제도 실시(광종)
976	전시과 실시
983	전국에 12목 설치(3성 6부)
992	국자감 설치
996	건원중보의 주조
1019	귀주대첩
1097	주전도감 설치

1037–1194	셀주크 술탄 왕국(중동, 서아시아)
1095–1291	십자군 전쟁
1144–1174	장기 왕조(중동)
1032	신성로마제국이 부르고뉴 장악
1016–1035	덴마크 왕 크누트 영국, 노르웨이, 덴마크 통치
1075–1122	서임권 투쟁(로마황제와 교황의 분쟁)
1174–1250	아이유브 왕조(중동)
1194	황제 하인리히 6세 이탈리아 남부와 시칠리아 정복
1200–1470	치무족(남아메리카)
1204–1405	몽골 제국(중앙아시아, 서아시아)
1209–1229	알비파 십자군 운동
1206–1526	델리 술탄 왕국(인도)
1241–1242	몽골의 헝가리 침략
1250경–1464	말리 제국(서아프리카)
1250–1517	맘루크 왕조(중동)
1309	교황 아비뇽 유수
1321	단테의 〈신곡〉
1325–1521	아스텍 제국(메소아메리카)
1336–1573	아시카가 막부(일본)
1337–1453	백년 전쟁(유럽)
1348–1351	흑사병 창궐
1368	명 건국
1378	로마 가톨릭 교회 대분열
1388	스위스가 합스부르크가로부터 독립
1398	티무르(몽골) 델리 정복
1400–1500	르네상스(유럽)
1405	정화 남해 원정(명)
1429	잔다르크 영국군 격파
1438–1533	잉카 제국(남아메리카)

1102	해동통보 주조
1107	윤관의 여진 정벌
1126	이자겸의 난
1135	서경 천도 운동(묘청)
1145	김부식의 〈삼국사기〉 편찬
1170	무신정변
1179	도방정치(경대승)
1196	최충헌 집권
1198	만적의 난
1231	몽골(원) 제1차 침입
1232	강화도 천도
1234	세계최초 금속활자본 〈상정고금예문〉 간행
1236	팔만대장경 조판(목판활자)
1270	개경 환도(무신정권 붕괴) *삼별초의 대몽항쟁
1285	삼국유사 간행(일연)
1359	홍건적 침입
1363	문익점, 목화 전래(원)
1372	직지심체요절 간행
1376	최영의 왜구정벌
1377	최무선(화통도감 설치)
1388	위화도 회군
1389	쓰시마섬 정벌(박위)
1392	조선 건국(이성계)
1402	호패법 실시
1403	주자소 설치
1411	한양 5부 학당 설치
1413	조선 8도의 지방 행정조직 *태조실록 편찬
1418	세종 즉위
1420	집현전 설치
1423	고려사 편찬
1433	4군 설치

근세 시대

1350–1767	아유타야 왕국(태국)		1437	6진 설치
1368–1644	명 왕조(중국)		1441	측우기 제작
1415–1600	유럽 탐험 시대		1443	훈민정음 창제
1464–1591	송가이 제국(서아프리카)		1446	훈민정음 반포
1492–1905	러시아의 확장(아시아)		1466	직전법 실시
1492–1918	오스만 제국(서아시아, 중동, 유럽, 북아프리카)		1469	경국대전 완성
1500–1700	합스부르크 제국(유럽)		1510	3포 왜란
1501–1722	사파비 왕조(페르시아)		1512	임신약조
1517–1618	종교 개혁(유럽)		1543	백운동서원 건립
1521–1721	스웨덴의 팽창(유럽)		1554	비변사 설치
1526–1765	무굴 제국(인도)		1555	을묘왜변
1531–1581	타웅우 제국(미얀마)		1582	마리, 제주도 표착
1550–1800	스페인령 아메리카 제국		1592	임진왜란 *한산도 대첩
1598	낭트 칙령 발표		1593	행주 대첩
1600–1714	네덜란드의 황금시대(유럽)		1608	대동법 실시(경기도)
1603–1867	도쿠가와 막부(일본)		1609	일본과 기유약조 체결
1607–1867	영국의 북아메리카 식민지화		1610	동의보감 완성(허준)
1608–1763	프랑스의 북아메리카 식민지화		1623	인조반정
1616	후금의 건국(누르하치)		1624	이괄의 난
1618–1648	30년 전쟁(유럽)		1627	정묘호란
1628	권리청원(영국)		1628	벨테브레(박연) *제주도 표착
			1631	천리경·자명종·화포 등 수입 *명나라(정두원)
1642	청교도 혁명		1636	병자호란
1643–1715	루이 14세가 통치하는 프랑스의 확장(유럽)		1645	소현세자·봉림대군 인질(청) *과학·카톨릭교·서양서적 유입
1644–1911	만주족 청 왕조(중국)		1653	하멜의 제주도 표착 *시헌력 채택
1650–1800	계몽주의(유럽)		1658	제2차 나선정벌
1651	항해조례 발표(크롬웰)		1659	대동법 실시(호서지방)
1688	명예혁명 *권리장전		1662	제언사 설치
1689	네르친스크 조약(청·러시아)		1678	상평통보 주조

1689	영국의 권리장전(의회제정법)		1708	대동법 시행
1740	오스트리아 계승 전쟁		1712	백두산 정계비 건립
1762	루소의 민약론		1725	탕평책 실시
1764	제니방적기 발명(하그리브스)		1750	균역법 실시
1763–1783	미국 독립 전쟁		1763	고구마의 전래

근 · 현대 시대

1765–1948	영국의 인도 통치		1776	규장각 설치
1770–1914	산업 혁명(유럽, 북아메리카)		1784	천주교 전래(이승훈)
1788–1914	영국의 오스트레일리아와 뉴질랜드 식민지화		1785	대전통편 완성
1789–1799	프랑스 혁명		1786	서학 금지령
1790–1945	유럽의 동남아시아 식민지화		1801	신유박해
1796–1815	나폴레옹 제국(프랑스)		1811	홍경래의 난
1783–1830	라틴아메리카 국가들의 독립		1831	천주교 조선교구 설치
1783–1910	미국의 서부 개척		1839	기해박해
1804–1903	소코토 칼리프 왕국(서아프리카)		1860	동학 창시(최제우)
1815–1849	민족주의의 성장(유럽)		1861	대동여지도 제작(김정호)
1815–1871	독일과 이탈리아의 통일		1863	고종 즉위 *흥선대원군 집권
1861–1865	미국 남북 전쟁		1865	경복궁 중건
1862	양무운동(청)		1866	천주교 탄압(병인양요)
1863	링컨의 노예해방 선언		1871	신미양요
1869	수에즈 운하 개통		1875	운요호 사건
1871	독일 연방 통합		1876	강화도조약 체결(일본)
1878	베를린 회의		1879	종두법 실시(지석영)
1880–1914	독일의 융성		1882	임오군란 *미 · 영 · 독과 통상조약 체결
1880–1965	유럽의 아시아 식민지화		1883	한성순보 발간, 전환국 설치, 원산학사 설립
				*태극기 최초 사용
1884	청 · 프랑스 전쟁		1884	우정국 설치, 갑신정변
1885	텐진 조약(청 · 일)		1885	거문도 사건, 배재학당 설립, 서울-인천 간 전신 개통,

	광혜원 설립
	1889 방곡령 실시(함경도)
1894 청·일 전쟁	1894 갑오농민전쟁 및 갑오개혁
1895-1945 동아시아와 태평양에서 일본의 팽창	1895 을미사변 *서유견문(유길준)
1895 시모노세키 조약(청·일)	1896 독립신문 발간 및 독립협회 결성 *아관파천
1896 제1회 올림픽(아테네)	1897 대한제국 선포
1898 퀴리부인 라듐 발견	1898 만민공동회 개최
1899 헤이그 평화회의	1899 경인 철도 개통
1902 영·일 동맹	1900 만국우편연합 가입
1904 러·일 전쟁	1904 한·일의정서 체결 *경부선 준공
1907 삼국 협상(러·일·중)	1905 을사조약 *천도교 개명
1911 신해혁명	1906 통감부 설치
1911-1949 중화민국	1907 국채보상운동, 헤이그 특사 파견, 고종황제 퇴위, 군대해산, 신민회 설립
1914-1918 1차 세계대전	1909 일·청의 간도협약, 의병 운동, 서울 진공 작전, 안중근의 이토 히로부미 암살
1914 파나마 운하 개통	1910 국권 피탈
	1912 토지조사사업 시작
1917-1921 러시아 혁명과 내전	1914 대한광복군 정부수립
1918-1938 파시즘의 발흥	1916 원불교 창시(박중빈)
1918 평화원칙 14조 선언(윌슨)	1919 3·1운동, 대한민국 임시정부 수립, 대한애국부인회 조직
1919 베르사유 조약	1920 청산리대첩(김좌진) *조선·동아일보 창간
1920 국제연맹 창설	1922 어린이날 제정(방정환)
1921 워싱턴 회의	1926 6·10만세 운동
1922-1991 소비에트 연방(중앙아시아, 동유럽)	1927 신간회 조직
1929-1939 경제 대공황	1929 광주학생 항일 운동
1931 만주사변	1932 이봉창·윤봉길 의거
1933 히틀러의 집권(독일)	1933 한글맞춤법 통일안 제정
1937 중·일 전쟁	1934 진단학회 조직
1938-1945 나치의 유럽 점령	1936 베를린올림픽 마라톤 우승(손기정)

1939–1945	2차 세계대전		1938	한글교육 금지
1941	대서양헌장 발표, 태평양 전쟁		1940	민족말살정책 강화 *한국 광복군 결성
1942–1945	홀로코스트(유럽)		1942	조선어학회 사건
1943	카이로 선언			
1944	노르망디 상륙작전			
1945	포츠담 선언, 일본의 항복		1945	8 · 15 광복
1945–1980	아프리카와 인도, 중동, 동남아시아의 비식민지화		1946	제1차 미 · 소공동위원회 개최
1945–1989	동서 냉전		1947	UN 남북한 총선거 결의
1948	아랍–이스라엘 갈등		1948	5 · 10 총선거 실시 *대한민국 정부수립
1949	중화 인민 공화국 건국		1949	백범 김구 암살
1950	한국전쟁 파병 결의(유엔)		1950	6 · 25 전쟁
1954–1975	인도차이나 전쟁		1953	휴전협정 조인
1957	유럽 경제공동체(1992년부터)와 EU(유럽)		1960	4 · 19 의거 *부정 선거
1961	유인 인공위성 발사(소련)		1961	5 · 16 군사 쿠데타
1962	쿠바 봉쇄, 핵실험 금지협정		1962	제1차 경제개발5개년계획
1964	달 표면 촬영 성공(미국 레인저 7호)		1965	한 · 일 국교 수립
1967	제3차 중동 전쟁		1967	제2차 경제개발 5개년 계획
1968	체코슬로바키아 민주화 선언		1968	1 · 21사태 *국민교육헌장 선포
1969	아폴로 11호 달 착륙		1970	새마을운동 *경부고속도로 개통
1972	닉슨의 중국 방문		1972	제3차 경제개발 5개년계획, 7 · 4남북공동성명, 남북적십자회담, 10월 유신
1973	제4차 중동 전쟁, 석유 파동		1973	6 · 23 평화통일 선언
1975	베트남 공산화		1974	북한 땅굴 발견
1976	UN 팔레스타인 건국 승인안 채택		1976	판문점 도끼 만행 사건
1977	SEATO(동남아시아조약기구) 해체		1977	제4차 경제개발 5개년 계획, 수출 100억달러 달성
1978	미 · 중 국교정상화		1978	자연보호헌장 선포
1979	이란의 회교혁명		1979	10 · 26 사태
1980	이란 · 이라크 전쟁		1980	광주민주화 운동
1981	우주왕복선 콜럼비아호 발사		1981	세계올림픽(1988) 서울개최 결정, 아시안게임(1986) 서울개최 결정, 수출 200억 달러 달성
1982	제1회 뉴델리 회의		1982	역사교과서 왜곡 사건(일본)

1983	미국의 UNESCO 탈퇴	1983	KAL기 피격 참사, 아웅산 사건, 남북 이산가족 찾기
1984	홍콩 반환 협정(영·중)	1985	남북고향방문단 상호 교류
1985	멕시코시티 대지진	1986	아시안게임 개최(서울)
1986	체르노빌 원전사고(소련)	1987	6·29 선언
1989	베를린 장벽 붕괴, 천안문 사태	1988	올림픽 개최(서울)
1989~1990	동유럽의 민주주의 혁명	1990	한·소 수교
1990	동서독 통일	1991	지방의원 선거 *남북한 유엔 동시가입
1991	걸프전쟁, 소련 연방 해체	1992	한·중 수교
1992	일본 자위대 첫 해외 파병	1993	금융실명제 실시 *대전 엑스포(EXPO)
1994	이스라엘·요르단 평화협정	1994	김일성 사망 *북·미 제네바 회담
1995	세계무역기구(WTO) 출범	1995	지방자치제 전면 실시, 한국 유엔 안보리 비상임 이사국으로 피선
		1996	한국, 경제협력개발 기구(OECD)가입
1997	덩샤오핑 사망, 홍콩 반환(영국)	1997	국제통화기금(IMF) 지원
		1998	북한 장거리 미사일 발사
2001	9·11 테러, 아프간 침공(미·영)	2000	남북정상 회담 *6·15 남북공동선언
2003	2차 걸프전쟁	2002	한·일 월드컵 공동 개최 *한·칠레 자유무역협정 (FTA) 체결
2004	수마트라 지진	2006	북한 핵실험

역사보다 더 위대한 가르침은 없다

역사는 우리가 지식을 쌓고, 더 나은 미래를 개척함에 있어서 밑거름으로 작용됨은 누구도 부인할 수 없는 사실이다. 역사에 대한 인식은 정치·경제와 사회·문화를 공부하는 학습 자들에게 사실 여부를 판별하는 능력과 또 가치 판단의 잣대를 제공하기도 한다. 특히 최근 에 이르러 역사가 이념이나 종교, 철학, 민족에 의해 왜곡되는 현상을 종종 목격할 수 있는 데 이는 우리가 경계하고 또 극복해야 할 과제임에 틀림없다.

왜냐하면 이러한 통합적 역사에 대한 인식이 결여되면 세계화를 추진함에 있어서 걸림 돌로 작용됨은 물론이거니와 창조적 인간을 양성하여 인류발전을 도모함에 있어서 부정적 영향을 끼치게 될 것은 너무도 자명하기 때문이다. 역사는 지식과 교양을 쌓는 첫걸음이다.

통합형 역사 교과서 (포켓판 4종 세트)
오정윤 외 지음 / B5판형 / 값 35,200원

단숨에 읽는 한국사
오정윤 지음 / B5판형 / 384쪽 / 값 15,000원

단숨에 읽는 세계사
역사연구모임 지음 / B5판형 / 400쪽 / 값 13,000원

단순에 읽는 세계인물
김근태 지음 / B5판형 / 392쪽 / 값 15,000원

단순에 읽는 세계문학

신단수PCC연구소 지음 / B5판형 / 384쪽 / 값 15,000원

최근의 입시제도하에서 통합교과형 논술이 강조됨에 따라 글쓰기 부문(논술)에서는 창의적이고 논리적인 글쓰기가 부각되고 있으며, 말하기 부문(면접; 구술)에서는 자유토론이 급물살을 타고 있는 실정이다. 1997년 제7차 교육과정부터 대학입시 전형에서 자신의 의견을 논리적이고 객관적으로 서술할 수 있는 능력을 요구함에 따라 논술이 꾸준히 강조되어 왔었지만 요즘에는 거의 학습 전반에 걸쳐 교육이념으로 활용되고 있다.

우리가 역사를 배우는 주된 이유는 무엇일까? 역사는 우리가 바로 지금, 우리가 존재하는 이유를 밝혀주는 등불이요, 우리의 삶에 교훈을 주고, 미래의 예측 불가능함과 불확실성에 대한 일종의 보험인 셈이다. 특히 인간에게 있어서 교양이나 지식을 제공하는 원천이요, 삶의 길찾기에 있어서 절대적인 자양분이다.

■ 창조적인 인간으로서의 비전을 제시

■ 세계화의 예비 학습과 사전 답사

■ 문화 및 과학과 같은 인류문명의 토대

■ 인간 한계를 극복하는 힘과 불굴의 도전정신

■ 과거와 현재, 미래를 연결해주는 통로

■ 인간의 윤리적 규범을 가리는 잣대를 제공

■ 진실과 거짓을 규명하는 척도

■ 교양과 지식을 넓혀주는 원천

테마별로 배우는
통합형 세계사 교과서 II

2011년 12월 15일 초판 1쇄 인쇄
2011년 12월 25일 초판 1쇄 발행

지은이 알렉스 울프(Alex Woolf)
옮긴이 김민수
감수 오정윤
편집기획 이원도
교정 홍미경, 이화승
제작 서동욱, 이경진
영업기획 김관호, 최정인
발행처 빅북(Bigbook)
E-mail bigbooks@naver.com
주소 서울 마포구 동교동 165-8 LG팰리스 1508호
등록번호 제 395-2009-000053 호
전화 02) 2678-0455
팩스 02) 2678-0454
ISBN 978-89-963811-8-1 03900
값 15,800원

*빅북(Bigbook)은 베이직북스의 임프린트사입니다.